国家社科基金丛书
GUOJIA SHEKE JIJIN CONGSHU

政务微博伦理研究

Research on the Ethics of Government microblog

王亚强　著

人民出版社

责任编辑:洪　琼
封面设计:石笑梦
版式设计:胡欣欣

图书在版编目(CIP)数据

政务微博伦理研究/王亚强 著. —北京:人民出版社,2023.9
ISBN 978－7－01－025366－4

I.①政… Ⅱ.①王… Ⅲ.①电子政务-伦理学-研究-中国　Ⅳ.①D630.1-39
②B82-051

中国国家版本馆 CIP 数据核字(2023)第 013513 号

政务微博伦理研究
ZHENGWU WEIBO LUNLI YANJIU

王亚强　著

人民出版社 出版发行
(100706　北京市东城区隆福寺街 99 号)

北京中科印刷有限公司印刷　新华书店经销

2023 年 9 月第 1 版　2023 年 9 月北京第 1 次印刷
开本:710 毫米×1000 毫米 1/16　印张:19.25
字数:310 千字

ISBN 978－7－01－025366－4　定价:79.00 元

邮购地址 100706　北京市东城区隆福寺街 99 号
人民东方图书销售中心　电话 (010)65250042　65289539

目　　录

前　　言

微博是微型博客(Micro Blog)的简称,最早起源于美国的 Twitter,是一种基于用户关系信息分享、传播以及获取的通过关注机制分享简短实时信息的广播式的社交媒体、网络平台,用户可以通过 PC、手机等多种移动终端接入,以文字、图片、视频等多媒体形式,实现信息的即时分享、传播互动。用户可以在平台上表达自己的感受、观点和情绪,文字必须在 140 字以内。我国第一家提供微博服务的网站是 2007 年 5 月成立的饭否网,但真正产生影响的是 2009 年 8 月新浪门户网站推出的"新浪微博",腾讯、搜狐、网易等门户网站随后也相继推出微博服务。作为一种新的网络交流形式和社会化媒体,微博的发展速度相当惊人,2010 年即猛增到 20 余种,并且衍生了政务微博、商业微博、官员微博、微博矩阵等产品。2010 年的重要年度人物、热点事件通过微博而成为全国网民关注讨论的焦点。此外,在认证机制下,名人、品牌企业、政府机构、社会组织等纷纷进驻微博,作为企业发布官方信息和与网民交流互动的平台,以至于业界称 2010 年为中国的"微博元年"。

由于政务微博属于新媒体,发展变化形态日新月异,因此对这种新媒体的定义仍然随着其技术功能的拓展变化而不断有新的诠释。根据百度百科的定义,政务微博,主要指代表政府机构和官员的、因公共事务而设的微博。用于收集意见、倾听民意、发布信息、服务大众的官方网络互动平台。其目的主要在于通过与公众的良性互动,搭建一个社会化参政、议政、问政的网络交流模式与平台。维基百科的定义是"社会媒体(social media),是人们用来创作、分享、交流意见、观点及经验的虚拟社区和网络平台。社会媒体和大多数传统社交媒体最显著的不同是,让用户享有更多的选择权和编辑能力,自行集结成某种阅听社群。社会媒体能够以多种不同的形式来呈现,包括文本、图像、音乐和视频"。

本书所指的政务微博,主要指代表政府机构和官员的、因公共事务而设的微博。用于收集意见、倾听民意、发布信息、服务大众的官方网络互动平台。其目的主要在于通过与公众的良性互动,搭建一个社会化参政、议政、问政的网络交流模式与平台。从原理来看,政务微博是运用计算机与网络等现代信息技术系统,将政府内部和外部的管理和服务职能进行无缝隙信息集成,在经过流程优化、资源整合、部门重组后,通过微博按行政程序运用网络实施政务信息活动,从而缩小时间、空间及部门分割的制约,力图高效率实现规范、透明且符合国际标准的政府其他职能。然而学术界对政务微博的定义尚无准确的权威说法,仅对其媒体基本性质是有共识的:第一是基于 WEB2.0 和 WEB3.0 技术;第二是用户创造内容,用户既是内容的生产者,又是传播者,同时还是读者;第三是具有便于用户沟通的社交属性。

政务微平台则包含多方面的内容,微博和微信同为政务微平台,但又有不同。其相同点在于党政部门间的信息共建共享、党政机关实时信息发布、电子化民意调查和社会经济统计等许多方面,不同点在于机理和功能有所不同。尽管对于政务微平台内涵目前尚存在着多样化的解读,但其各种解读的内涵均承认要建构一个"基于互联网的政务信息发布平台",即跨时间、地区、部门的全天候的官方公共信息服务网络。它的确切含义并非一般意义上的电子化网络信息展板,而是深层次的"官方网络化信息服务体系"。这种由行政主体和互联网络系统紧密结合的"扁平式"网络结构服务体系,正在对传统的行政模式(如"金字塔"式的科层制)和行政伦理形成新的行政模式和伦理冲突。

政务微平台勃兴于全球互联网浪潮中,是互联网在行政管理和公共管理领域的产物,也是政务管理实践在信息网络时代的必然要求。推进政务微平台建设发展牵涉公共行政理论的发展与创新、降低行政成本、提高行政效率、转变政府行政理念、重塑政府业务流程(GPR,Government Process Reengineering);牵涉决策科学化、透明化、民主化,有助于强化政府信息公开和接受公众监管的力度,有助于加强廉政和勤政建设。最终的价值导向是提升政府公共服务能力,提高公共服务的质量,构建管理主体与管理客体间的良性氛围,从而促进经济发展和社会进步。

"伦理"原意指一群人共同居住的地方,引申意为共同居住的人们所形成的人格、品质或风俗习惯。《辞海》对伦理的定义为:处理人们相互关系应遵循的道理和准则,现在常作为"道德"的同义词使用。道德"既是为了自身的生存与社会的发展而形成的和谐身心的生活准则和协调人际关系的社会规范","也是调节个体身心、人与人、人与自然之间利益关系,从而实现身心、人际、天人和谐等关系的原则规范、心理意识和行为活动的总和"。[①] 道德一般依靠社会舆论、传统习惯和人们的内心信念来维系。"合乎伦理道德",通常是指顺服对的与善的基本原则的行为。

网络传播伦理与传播伦理既有密切关系,又具有基于传播伦理基础之上的特殊性。"网络伦理,是指人们通过网络媒体进行交流时所表现出来的各种道德关系,包括人与人、人与社会、人与媒体对象等等之间的关系。"网络传播伦理相比传统伦理,具有新的方式、内容和特征。网络伦理问题不同于传统媒体,主要体现为两大类:"一是传统伦理问题早已有之,由于计算机技术而进一步扩大的问题,如网络诈骗、网络色情、网络隐私权等等;二是由计算机技术带来的新的伦理问题,如计算机病毒、黑客攻击等。这些问题也与人们的现

---

① 易小明、易岚:《道德概念的应然发展》,《齐鲁学刊》2013 年第 5 期。

实生活息息相关"①。研究网络伦理时既要以传统伦理为参照,也要看到网络伦理本身的特征、内容和方式。归根结底,人仍然是网络传播伦理问题研究的核心问题,因为网络技术本身是不具有情感和立场的,人才是网络传播活动中的主体,所有网络传播伦理的研究说到底还是以"人"为中心的研究,一系列由网络传播而引起的伦理问题最终还是要解决人的问题。

技术是一把双刃剑,它本身就是伦理调节与规范的主要对象。通过政务微博的推进和应用过程,人们逐渐发现了网络技术的应用和其他技术一样,也不同程度地存在技术风险特征。微传播的传播方式主要有微博、微信和客户端等,微传播的伦理失范研究主要是从微博、微信和客户端的传播过程和现象入手。综合梳理学者们的观点,本书将微传播伦理界定为:是指人们在微传播活动中的行为应当遵循的道德规范和准则,是人们基于微博、微信、客户端等微传播方式发展而形成的一种道德关系,以及对微传播活动中各传播主体提出的新型的伦理规范、要求、准则。作为信息社会产物的行政管理形式,政务微博在发挥进步作用方面,具有无可比拟的优势。但政务微博在网络安全、信息传播方面的某些本质特征,在带来进步的同时也日益体现着其负面效应。实践证明,政务微博的优势要继续充分地发挥,则必须要认识到微博技术的两面性,及早从理论和实践上重视和规约新技术带来的各种不确定性风险,并且采取力所能及的方式去应对和化解此类负面效应。本书首次将政务微博形态下的行政伦理问题定义为"基于政务微博的行政伦理问题",简称为"微博行政伦理",是因为无论何种政务微博技术产品的运行,都必须借助于不同形态、不同规模的信息网络方可发挥效能。

本书旨在把网络微平台条件下的行政活动及其伦理问题确立为研究对象,以传统行政伦理规范为基础,探求特定行政环境条件下的行政伦理冲突的规律和本质特征并加以规范约束,力求对行政伦理创新有所突破。

---

① 张国良:《全球化背景下的新媒体传播》,上海人民出版社 2008 年版,第 168 页。

///【相关背景材料】

2018 年全国政务微博达到 17.6 万个 全年阅读量超 3800 亿

中新网客户端北京 2019 年 1 月 22 日电 22 日,由人民日报主办,新浪微博和新浪网承办的 2019 政务 V 影响力峰会在北京举行,新浪微博 CEO 王高飞在北京介绍,截至 2018 年底,经过认证的政务微博达到 17.6 万个,影响力继续扩大,阅读量达 3800 多亿,较去年增长 750 亿。

报告称,信息公开方面,政务微博进一步形成科学的网络舆情引导机制,主动、及时、公开、高效地反馈舆情进展情况,提升信息时效性和便捷性,充分彰显了对公民的尊重和平等的对话态度,不断巩固自身公信力。

政务服务方面,政务微博继续提升矩阵联动能力,加强了线上线下紧密联系,高效地发挥联动政务处理效率。运营能力方面,政务微博从内容到形式灵活地、多样化地开展线上宣传活动,打破以往中规中矩的模式和固有的思想,以更加生动形象的方式推广话题,进一步地朝新媒体多样化发展。

此外,报告提出,政务微博的行业和地区发展也更均衡。

行业方面,报告提出,政务微博在行业上存在"偏科"现象,公安、外宣等行业的政务微博基础牢固、运营得当、发声及时,处于传统强势地位,而气象、文博、卫计、教育等行业则相对弱势。

不过,2018 年"偏科"态势较过去有很大改善,以往弱势行业的政务微博也表现亮眼。据介绍,仅文博行业,2018 年国际博物馆日、国家文化和自然遗产日、国家公祭日等主题日期间,各地文博官微联动开展主题策划,推动传统文化在微博上的广泛传播,取得良好效果。

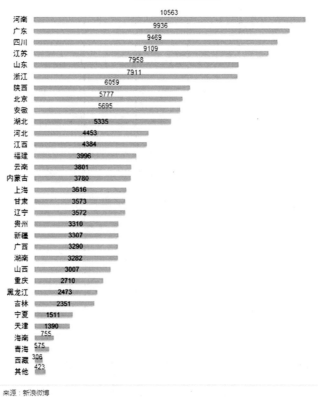

分省政务机构微博分布

截至 2018 年 6 月,中国大陆 31 个省、自治区、直辖市开通政务微博数量分布情况。
（数据来源：2018 年新浪政务微博报告①）

　　此外,在打击网络谣言方面,报告提出,2018 年 10 月更新的媒
体政务辟谣共治平台赋予了媒体、政务账号直接干预"谣言"内容的
能力和权限,政务微博治理谣言再也不是"隔靴搔痒",而是"直击要
害"。自此,媒体、政务账号不再只是提供消息来源的简单角色,而
是以更直接、更负责的姿态参与到平台内容治理当中,微博平台的信
息自净能力将得到质变层次的提升。

　　在政务微博的发展过程中,新浪微博还从平台自身优势出发,更

---

　　①　2018 年新浪政务微博报告 http://tiansongdata.com/data/385-cn.html。

加注重与政务微博的联动。

据介绍,仅在扶贫领域,新浪微博就联合政府部门、明星名人、企业发起"我和我的家乡""农品上热搜""百县千红新农人"等行动,助力脱贫攻坚。2018 年下半年,350 多位明星在微博为家乡"代言",推动数十种农产品"上热搜"。

另外,新浪微博还在会上表示,将推出一系列计划和举措,将从运营策略、资源、产品等层面,加大对县域基层微博和城市、行业维度的服务矩阵的扶持力度。具体来看,2019 年新浪微博将针对基层微博、矩阵特征优化评价体系,并投入 10 亿资源,推动政务微博的运营效果和影响力提升。此外,微博还将成立星火计划特训营,为政务微博提供运营指导和培训。

当天,国内首部政务新媒体年鉴——《中国政务新媒体(微博)年鉴·(2009—2018)》也正式发布。该年鉴系统整理了 2009 年以来政务微博的发展历程和运营案例,也对政务新媒体的发展历程进行了全景式回顾。

(资料来源:中国新闻网,https://baijiahao.baidu.com/s? id＝1623349447366785476&wfr＝spider&for＝pc)

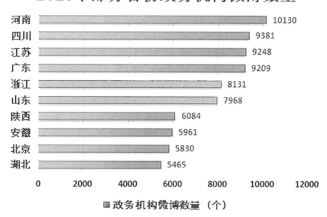

2020年部分省份政务机构微博数量

截至 2020 年 12 月，经过新浪平台认证的政务机构微博为 140837 个，较去年同期增加 1983 个，同比增长 1.43%。

截至 2020 年 12 月，我国部分省市已开通政务机构微博。其中河南省各级政府共开通政务机构微博 10130 个，居全国首位；其次四川省共开通政务机构微博 9381 个，居全国第二；江苏省共开通政务机构微博 9248 个，居全国第三。

（资料来源：互联网信息中心、智研咨询整理 https://www.chyxx.com/industry/202102/932442.html）

导　　论

第一节　问题的提出及研究意义

党的十六大报告提出要不断促进社会主义物质文明、政治文明和精神文明的协调发展,推进中华民族的伟大复兴。党的十七大报告提出要建设包括政治文明在内的物质文明、政治文明、精神文明、社会文明、生态文明。党的十八大报告指出,建设社会主义法治国家,发展社会主义政治文明,必须坚持五个文明有机统一。党的十九大报告中明确指出社会主义现代化强国的内涵是"我国物质文明、政治文明、精神文明、社会文明、生态文明将全面提升",随着新时代改革开放和现代化建设事业的推进,中国式现代化的内涵越来越丰富,党的二十大报告提出,中国式现代化是物质文明和精神文明相协调的现代化,也更能凸显出中国特色社会主义制度的优越性。

"五个文明"的协调发展必将加速推进我国建成为富强、民主、文明、和谐、美丽的社会主义现代化强国,实现中华民族伟大复兴。物质文明,是指人类物质生活的进步状况。它主要表现为物质生产方式和经济生活的进步。政治文明,指人类社会政治生活的进步状态和政治发展取得的成果,主要包括政治制度和政治观念两个层面的内容。精神文明是人类在改造客观世界和主观世界的过程中所取得的精神成果的总和,是人类智慧、道德的进步状态。社会文明是指人类社会的开化状态和进步程度,是人类改造客观世界和主观世界所获得的积极成果的总和,是物质文明、政治文明、精神文明和社会文明等方面的统一体。生态文明是指人类遵循人、自然、社会和谐发展这一客观规律而取得的物质与精神成果的总和;是指人与自然、人与人、人与社会和谐共生、良性循环、全面发展、持续繁荣为基本宗旨的文化伦理形态。

政治文明化是人类发展的历史潮流走向,是现代化建设的重要内容。社会主义政治文明建设能够保证我国社会主义全过程人民民主,实现最广大人民当家作主的目标。社会主义政治文明建设,行政伦理建设是题中要义。行政伦理又称行政道德,它是以"责、权、利"的统一为基础,以协调个人、组织与社会的关系为核心的行政行为准则和规范系统。行政伦理是行政管理领域中的角色伦理,是针对行政行为和政治活动的社会化角色的伦理原则和规范,尤其是新公共管理发展的情况下,行政伦理成为服务型政府构建、政府职能转型的新的需要。行政道德对于公共管理的开展,对于逐步实现制定和执行政策的合法化和规范化具有举足轻重的作用。行政伦理研究和实践有助于中国政府转型,逐步由"管理型政府"转向"服务型政府",逐步达到善治的要求,即"合法、法治、透明、回应、负责",充分实现公民与政府"权、责、利"的有效补充和配合,从而促进公民与国家的和谐,促进政治文明、经济文明,并最终使政府实现良好的"委托代理"。

行政伦理学是在人类社会治理发展到一个新的历史阶段出现的一门科学,它是在对人类社会治理历史经验和教训的反思中产生的,承载着人们探索社会治理变革的使命。换言之,关于行政伦理学需要在历史、现实和未来三个维度上来加以定位,它的研究也需要沿着这三个维度进行。就行政伦理学对现实的关注而言,所要解决的是如何在伦理向度上去重建人类现代社会治理体系和刷新社会治理过程的各种新老问题。因而,它需要确立起一系列新的观念,需要有开放的思维,广阔的视野。

行政伦理学可以看做是公共行政学的一门分支学科,行政伦理研究是直接指向公共行政实践的。从学科的角度看,行政伦理研究是出于完善公共行政学的学科体系的需要;从公共行政的实践来看,行政伦理的研究则是出于健全行政体系和规范行政行为的需要。因而,行政伦理研究需要回应当代公共行政实践的要求,需要在公共行政实践的演进逻辑中来规划行政伦理研究的新课题和确立行政伦理学发展的新方向。

一、问题的提出

1. 关于行政伦理的学科建设

中国在 20 世纪 90 年代中期提出了行政伦理研究的话题,但很快就成了人们普遍关注的学术热点。在伦理政治传统久远的中国,当代行政伦理学之所以能够得到迅猛的发展,是由于三个方面的原因决定的:其一,当中国恢复和重建行政学的时候,发现西方国家的行政学研究正在进入一个"范式转型"的时期,20 世纪初根据工具理性建构起来的行政体系正在受到广泛的诟病,学者们更多地要求用价值理性来重构行政体系;其二,20 世纪后期以来全球性的行政改革浪潮对片面的效率观提出了质疑,要求更多地关注公平、正义和公共利益的问题,因而,对行政伦理提出了理论上的需求;其三,中国在社会主义市场经济的建设初期出现了较为严重的腐败问题,而且这一问题的出现恰恰是在法治建设迅速增强的条件下,它意味着法治并不是解决这一问题的唯一途径,还需要得到行政伦理的支持。由于这些原因,中国的行政伦理学开始获得生成和发展的动力。

正是因为当代中国的行政伦理研究在一开始就走上了学科建构的路径,所以,有着矫正公共行政学的形式化、效率导向、控制导向等片面性的要求。[①]对于中国来说,行政伦理研究从学科出发是有益的,它可以使我们避免理论研究依附照搬西方话语系统的情况。从学科出发而不是从理论出发,能够使一

---

① 　张康之:《作为时代精神与中国话语的行政伦理学》,《光明日报》2017 年 3 月 13 日。

个学科更为清醒地看到不同理论中所包含的合理性因素,而不是形成对某一理论的迷信。行政伦理学的学科成熟形态将会是一个完整的体系,但这个体系必须是由系统化的问题以及解决问题的思想所构成的。当行政伦理学能够作为一个完整解决公共行政中的那些与伦理以及道德相关的问题的总体性方案出现时,它就会自然而然地拥有体系的特征,在解决问题的诸多具体性思考之间,就会拥有学科所需要的严密逻辑。

在西方,行政伦理学奠基于 20 世纪 30—60 年代,一般认为当时行政科学和行政管理实践的发展对威尔逊的"政治、行政二分学说"产生了冲击,人们开始逐渐关注公共行政中的"责任""效率"等伦理问题。行政学的基本理念和价值取向是行政伦理的理论基础之一,但从目前中国的学科体系看,行政学、行政管理学、公共行政学、公共管理学等多种学科之间的理论体系尚在发展健全过程中,因此很难为行政伦理研究提供充分清晰的理论支持。曾几何时,行政伦理的学科定位在学界被认为无定论[1]。这是因为,作为一门学科的行政学是建立在政治与行政二分的前提下的,在行政被作为一个独立的领域看待后,从属于工具理性,要求价值中立,要求祛除所谓价值"巫魅"。因而,基本没有行政伦理学的发展空间。虽然因为实践的需要而产生了一些行政伦理研究,但作为一个学科却无法建立起来。在改革开放后,中国的行政伦理学研究一开始就是从学科建构入手的。中国的行政伦理研究是在学科取向的基础上开展起来的,是被作为行政学的一个分支学科看待的,或者说是作为行政学与伦理学的交叉学科而引起了人们的重视。

而从学理渊源上,行政学或公共行政本身的发展历程自然应同时在行政伦理发展中得到体现。近年来,行政伦理学已被越来越多的人看做是公共行政学的一门分支学科,行政伦理研究是直接指向公共行政实践的。从学科的角度看,行政伦理研究是出于完善公共行政学的学科体系的需要;从公共行政

---

[1] 罗蔚:《我国行政伦理研究状况的分析与反思》,《公共行政评论》2009 年第 1 期。

的实践来看,行政伦理的研究则是出于健全行政体系和规范行政行为的需要。

因而,诸如政务微博等政务新媒体和政务微平台环境下的行政伦理研究,需要回应公共行政实践的现实要求,需要在当代公共行政实践的演进逻辑中去规划行政伦理研究的课题,去确立行政伦理学发展的方向。

科学技术是一把双刃剑,它可以用来为人类造福,但是,仅当人类生存的时间足够长时,我们才有可能进入这个为全人类造福的时期①。政务微博等微平台的推进使人们日益发现,新事物给政治文明和行政活动带来的除了便利,伴随而来的还有包括伦理方面的困境和诸多负面效应。

2.行政伦理学的研究范畴

在公共行政学的学科体系中,行政伦理学属于规范研究的范畴。一般说来,规范研究往往突出"应当是什么"的学术指向,它从既有的事实出发又不囿于事实,是从历史以及当前的现实出发去解决公共行政学长期以来无法解决的问题。

行政伦理研究以社会平等为规范化视角。长期以来,政府的组织体系及其结构是等级化的,即科层制。在政府与社会的关系中,由于政府处于社会的中心位置,也由于政府把内部管理的方式、方法应用于社会管理,往往使在与政府相关联的许多事务上很难做到平等。相反,政府在平等的政治目标追求中有时还因自己的行为使平等受到一定程度的损害。这个问题的解决,需要在当代行政伦理学的视角中去发现新的方案。

受到工业社会生产模式的影响,在社会生活的每一个领域中,都是把谋求标准化作为主导性目标的。随着现代社会越来越呈现出高度复杂性和高度不确定性,完全标准化的追求变得不再可能。在新的时代条件下,人们追求的是个性化和多样性,越是具有个性的因素就越具有生命力,越是具有多样性的领域就越充满活力。这种社会变迁的趋势也必然会反映到社会治理的领域中

---

①　陈昌曙:《技术哲学引论》,科学出版社 1999 年版,第 246 页。

来,反映在政府的存在形态、模式、制度、结构等各个方面,从而要求政府在作用于社会的过程中,必须充分考虑每一项来自于后工业社会的个性化诉求。当代行政伦理学恰恰要引领现代政府走出工业社会标准化、模式化的思维窠臼,探索后工业时代或者是互联网时代的行政方式。

从 20 世纪中期开始,关于社会主体的自主性和能动性开始越来越多地引起学者们的关注。在社会的高度复杂性和高度不确定性面前,社会治理的主题正在从制度优先转向行动优先的原则,即要求把视线放在影响行动和制约行动的各种因素及其系统上。在此过程中,行政伦理学作为政治文明建设题中要义,应该也能够提供适应这一客观要求的科学方案。

3. "互联网+政务" 冲击着传统行政伦理

人类正处在一个从工业文明向后工业文明转变的过程中,这样的历史性转型也必然会反映在社会科学发展上,会要求社会科学发生相应的改变。其中,社会科学的几乎一切门类都在不同程度地转向寻找伦理支持就是一个日益凸显出来的发展趋势。行政伦理学成为一门显学,本身已经契合了 20 世纪后期以来社会科学发展的基本趋势。

政务微博等政务微平台的出现,是网络信息技术与政府信息化过程相结合的产物。它对传统政务管理模式产生的深刻变革,重点表现在信息传递效能的提升和信息传递成本的降低,并且在价值导向上促进着政府行政管理公开、透明和行政价值的必须要有创新。进入了大数据、互联网、云计算、人工智能时代,人们在推进政务新媒体建设过程中,开始发现传统的官僚体制中职能式、集权化的政务流程越来越成为瓶颈。实践表明,政府必须通过流程再造(GPR Government Process Reengineering),才能适应政务新媒体的发展推进要求。实践还表明,政务微博平台的推进,对于行政人员的行政理念、行政方式、行政手段等诸多方面都会带来冲击和革新。并且网络科技的双刃剑特征决定了政务微博等事物也有其固有的负面效应。如网络虚拟世界将时空边界的扩展彻底化,网络虚拟社会独特的空间构成与形态形成了不同于现实环境的行政执法环境。事实上,国内外关于政务微平台的特点大多集中在有利于提升行政效率和行政透明度、降低行政成本等正面效应方面,而对负面效应的深层次研究目前较少。为了阐发本书"政务微博伦理研究"的主旨,以下首先说明的是政务微平台网络的负效应特征。

4.政务微博平台的负效应及其特征

和许多新技术一样,政务微博技术作为一种目前还不是很完备的行政工具,其不可避免地存在着许多值得警惕的负面效应。笔者大量参阅了这些专家学者的研究成果,大致总结了这些问题:微博问政的责任主体缺失、微博问政产生数据安全隐患、微博问政导致政府职员消极行政、微博问政产生部分网民行为失范等发展中的各种新问题。在此就其目前所认为与本书内容相关的方面作一些说明。

第一,政务微博网络环境下易于滋生无政府主义等极端民主化倾向。互联网的开放性、包容性、互动性特征逐渐使公众的上网习惯趋于自由发言且疏于负责。虚拟网络环境中的 BBS、论坛、社区等,有利于公民表达权和分享主张的发帖、跟帖、回帖、灌水、评论等功能。公众可以做到在全天候跨时空地进行多形式的信息沟通互动,即所谓无障碍公共信息服务平台和无缝隙网络服务平台。由于使用政务微博的行政主体多采用朝九晚五时段,很难做到后台全天候实现人性化和个性化服务,正是在这样的情况下,非法活动可以避开某些高峰工作时间。一些非法的黑客行为则可能变得隐蔽、直接、高效和难以控制。由于政务信息是社会民主参与和利益诉求的重要资源,许多利益集团日益重视利用网络特别是政府网站来影响舆论和体现话语权。利用政务网络的官方影响和论坛的匿名发言权利,制造虚假信息,混淆视听已经屡屡发生。许多网络行为直接威胁到官方微博的正常运行和当事人的利益。党政机关无法回避新舆论场,政务微博带来新的能量。数量有限的政府官员及职能部门应当如何预防和管控可能带来的风险,如何避免其简单化,如何理性应对一些非理性的网络舆论和社会情绪等诸多问题考验着政府、官员的智慧,这都是推进政务微博所必须要研究的问题。

政务微博发布的信息具有跨时空、跨层级、虚拟性特征。意识形态领域诸如极端自由主义者、恐怖组织以及持不同政见者也利用监管漏洞,在网络空间散布政治谣言,对公共政策肆意歪曲,攻击和诋毁政府,诱导民众,并有目的地侵入信息机构窃取机密危害国家政治安全。信息时代,这种"网络恐怖主义"式的行为除了解构政府权威,还造成政府网站系统的公信力、政务微平台公共服务系统瘫痪,增加了社会治理难度和成本。

正如未来学家托夫勒在《权利的转移》一书中所指出的那样,世界已经离开了依靠暴力和金钱控制的时代,未来世界政治的魔方将控制在信息强权的手里,他们会使用手中掌握的网络控制权、信息发布权,达到暴力与金钱无法达到的目的。

第二,政务微平台网络的交互性特性形成行政主客体角色感的模糊。网络与传统媒介不同的最大特点是交互性,而行政活动的交互对于网络媒介与网络活动交互性的实质是指在交流中传者与受者的角色是可以互换的,即交互主体的"主体间性"。使信息形成的整个过程得以改变,使交流者对交流内容和反馈的控制有了更多的可能空间。文字、图片、音频、短视频等多种媒介特征的信息可以在微博账号之间快速跨界传播,而且在4G、5G智能移动终端出现后还可以逐步在异质网络上进行多层面、多方式传播。

基于"顾客导向"的现代公共行政理念,要求政府管理要以提高公众的参与度和满意度为目标。在政务网上,网络空间中交互性的参与行为,除了指传播的双主体性和信息的双向流动外,同时也是人们确立自身现实感和社会角色的重要的技术保证之一。而个人通过点击、链接在虚拟空间中,人们常会把自己与现实社会的真实角色混淆乃至虚无化。政务微博语境的虚拟性还会导致行政主客体不同程度的心理异化。在技术进步中手段逐渐取代了目的的地位,人在某种意义上反而成为技术的奴隶。网络中的道德主体是模糊的,现实中确切明晰的道德主体,常常会随着网络空间中主体的虚拟化过程而陷于模糊与犹疑的情境。道德主体的伦理意识、道德标准与价值判断也会在虚拟化空间所形成的多元倾向中淡漠边缘化,乃至产生回避和幻灭的现象。现实中面对面的交流机会的减少,使"熟人社会"的"面子型"人际关系对人们的内聚力逐渐减弱。在网络行政过程中,扁平化的网络结构常常形成协作关系和本位意识错位。如在司法和举报方面,如果完全实行微博实名制,尽管在一定程度上利于疏导公众诉求,但也对公民的隐私权和其他方面的权利造成了严重干扰,其对举报者的权益和人本管理的背离也是显而易见的。此外,长时间面对屏幕的行政人员,呈现出生理上衰老、体质上衰退和心理上衰弱的亚健康状态也开始被人们所研究。人们常年在虚拟空间活动,心理会趋于敏感多疑,出现自我为中心的所谓"网络综合征""低头族病"等病例。这些特征对于行政能力所要求的保持大脑皮层神经过程的兴奋性、均衡性和灵活性均有危害。个人的公共领域和公众的个人事务在政务网络中起开放性和人际交互的共同作用,还构造了新的生存状态,有形成自我为中心的心理趋向。

第三,政务微博信息的多样性来源特性形成大量冗余信息。行政管理的效能与信息的运用密切相关,行政信息的不对称持有格局,必然会形成行政成本的增加和暗箱操作的空间。政务信息和非政务信息都可通过政务微博的实时发布与转发形成公共信息,尽管这些极大地方便了人们的公共参与和公共交流,把虚拟空间变成了灵活高效的公共信息平台,但微博信息的多样性也带来大量冗余信息。人们可以自由地将各种未经确认或者掐头去尾的干扰信息上传至微博发言区,也可自由转载发布各种诱导性和暗含某种倾向性意图的政务信息以及相关内容。例如政务微博和电子化公文的发展,促进了文件信息流动的加快和文件形态的变化,它具有信息流、物流和资金流的多样性特点,创造了更大的公共需求但也使泄密概率加大。假如某一著名大学有多个分校办学点,在银行、公安局、社保局等不同的微博矩阵系统中却以不同的法人信息出现时,存档文件中关于该大学的办学资质、招生信息、地址、联系方式却有各种"打擦边球"的信息,导致管理部门在操作层面难以进行确认与该大学的真实关系,从而无法依法依规予以登记。微博信息内容的冗余导致所需要的真实信息反而被埋没,虚假信息反而大肆传播,造成信息质量低下误导公众。由于电子文件复制保存的运作速度快且成本低,许多微博转发性的信息活动接近零风险和零责任。由此形成政务信息资源残缺、虚假,极易被用来进行各种攻击、欺诈、破坏和颠覆等活动。尤其是某些伪信息形成了吸引眼球的蛊惑效果,借助互联网的迅捷传播,在短时间造成各种网络群体事件和舆情危机,严重影响社会秩序和公共安全。

第四,基于政务微博的政务信息公开方式形成了信息安全和保密的新课题。2019年新修订的《中华人民共和国政府信息公开条例》第二十三条规定,行政机关应当建立健全政府信息发布机制,将主动公开的政府信息通过政府公报、政府网站或者其他互联网政务媒体、新闻发布会以及报刊、广播、电视等途径予以公开。

目前,网络平台上信息安全问题已成为政府信息保密的最大威胁,在总体国家安全观视域下,也对国家安全造成了安全威胁,包括我国国防部网站等一大批政府微博和网站都多次受到境内外黑客攻击。加上系统日常硬件故障、误操作、数据泄露、盗用、伪造、假冒、故意对数据或程序破坏、病毒、错误指向、黑客、特洛伊木马、搭线窃听等。在信息社会,政府的微博和网站受到攻击不能正常工作,甚至全部瘫痪时,整个社会正常运行将陷入危机,因此"没有网络信息安全就没有国家安全"早已成为共识。

政务微博的出现使行政信息可以低成本跨域自由流动,使地域差别变得更加模糊。微博信息传播有瞬时迅速扩散、跨时空地域特征,对传统媒介有补充作用。现在的问题是,信息传送所经过的环节越多、交互性越强,则越会给信息保密带来漏洞、困难和挑战。目前,传统媒体通过转型和融合工作,大量有特色的网络服务和网络工具如博客、播客、微信、点对点等传播技术日新月异、层出不穷,而反泄密制度却从来都是滞后于信息传播技术。对于这些挑战,除了行政伦理机制的规约,更重要的是对技术系统不断升级完善才可堵住泄密渠道,正所谓"网络安全永远没有完成时"。许多政府微博完全依托第三方的开发机构,政府只进行内容方面的更新,而服务器后台程序的更新,则往往不能顾及各级各地政府机构的具体工作特殊性而有漏洞。从表现看,政务微博的涉密事项较多,每一项事关机密的政务信息及其技术支持系统,都有着被特定人反复数据分析研究最后导致泄密后果的可能,且类似情况愈演愈烈。网络双刃剑的作用同样体现在网络反腐方面。公共网络对腐败团伙信息暴露后导致打草惊蛇,腐败分子有可能串供、销毁证据,增加国家机关查处难度;网络民意的一边倒倾向对司法公正性的影响;网民反腐过程中使用的"人肉搜索"等手段有可能造成对相关人员的隐私侵犯、人格受辱等次生问题;部分举报人举报不实,利用网络提供虚假信息,进行恶意诽谤等,是网络反腐正义性的另一面。为此,网络反腐必须进行合理规制。合理规制的基础是道德的合理性,包括网络反腐制度规制的伦理有序和反腐网民道德自律两方面。

第五,数字鸿沟会导致民主参与机会和新的社会阶层的分化。当部分人群的政治参与和行政活动愈加依赖政务微博方可实现时,意味着部分人群将被更加边缘化在网络之外。在组织实践中,数字鸿沟也就是信息技术的装备和运用差距,始终是信息化建设中的一个重要问题。数字鸿沟的存在是绝对的,但鸿沟的缩小则是相对的。国际上政务微平台建设排名靠前的新加坡和加拿大等国,人群聚居特征和地域联网便利程度,是其快速推进政务信息化的重要原因之一。如果网络连接地区仅限于城市和发达地域,在线的仅是某些信息技术富有群体,则意味着这部分人群可以更方便地参与公共政策和享受民主权利,而"信息边远地区"的人群则因为难以接触信息网络,日渐边缘化,加剧变成为信息弱势群体。最终必然会造成人们利用信息素养、信息能力、发展机会的不平等,加大了差距。有学者曾言,"民主制在这样一种计算机统治中就变成了一种怪物"①。

---

① ［荷］E.舒尔曼:《科技文明与人类未来》,李小兵等译,东方出版社1997年版,第1页。

政务微博是信息平台,同时具有商业价值、公共价值乃至社会文明进步导向价值。微博问政过程存在道德风险,需要进一步技术提升解决伦理问题;需要健全法律法规,确保问政安全;需要加强问政主体道德教育,提升网民道德素养;需要加强微博问政主体道德责任,构建微博问政责任机制等方面对其伦理、道德风险问题进行全面、有效的规制,以期建立良性有序的微博问政环境,保障微博问政的健康、持续发展,进而不断地提高我国政府人员的社会管理水平,推进政治文明的现代建设。在总体国家安全观视野看来,政务微博还对社会公共安全具有各种影响,行政活动者必须把握网络技术的两面性,弱化其负面效应发挥其正面效应,这已成为信息社会维护国家安全所面临的热点课题。

5. 政务微博活动中的伦理诉求

在科技应用史上,人们从伦理视角考察相关问题的意识由来已久。事实上,互联网在出现后便日益被人们佐以伦理关注。1931 年,爱因斯坦曾对加利福尼亚州理工学院讲:"你们想使你们一生的工作有益于人类,那么只懂得应用科学本身是不够的。关心人的本身,应当始终成为一切技术上奋斗的主要目标;关心怎样组织人的劳动和产品分配这样一些尚未解决的重大问题,用以保证我们科学思想的成果会造福于人类,而不致成为祸害。"公平和正义是社会和谐的伦理基础。前些年勃兴的"微博反腐""网络反腐",集中体现了网络和微博平台上的诉求,其表达的伦理相关诉求首先集中表现在对社会不公方面的诉求。当前我国处于转型期,经济社会发展不平衡,贫富差距等诸多社会结构性矛盾相互激荡。一些行业在社会资源分配中占据优势地位,社会资源分配有失公平,在社会心理层面广大网民对建立合理、公正的社会资源分配机制呼声甚高,社会正义诉求强烈;其次人们关注的是公仆执政伦理方面的诉求。在我国,公职人员是人民的公仆,遵守宪法,清正廉洁、全心全意为人民服务,是对公职人员职业伦理的基本要求。个别贪腐人员严重违背公仆伦理的要求,将手中的权力与群众的利益严重对立。广大网民对清正廉洁、以人民为中心、全心全意为人民服务的公仆精神回归,诉求十分强烈;最后还有是社会底线伦理诉求。健康、文明、向上的生活是人心所向,德才兼备是对公职人员的理想预期。一些腐败分子私德败坏,公款畸形消费等行为屡屡突破社会伦理底线,引起人民的愤慨。老百姓自己通过网络,把一个个单个的个体诉求,短时间可以形成舆情。无数通过微博的反腐和举报案件,说明了人民不仅反对公权滥用和腐化堕落行为,还表达了人民对政治文明的伦理诉求。

政务微博的负面效应随着其快速推进表现多样,并日益形成很多衍生的伦理问题。

第一,政务微博行政行为引发的伦理困境。现实社会中的道德评判常常产生较好的引导、规范人们言行的效果。倘若有人无视这些道德评判,一般会受到相应的惩罚。而在网络中人们却易迷失应有的道德评判意识。网络无政府主义拒斥权威的状况,一方面使人获取了现实生活中难以享有的信息自由权,但另一方面,却在虚拟空间行政活动中弱化了人文道德关怀。原因在于:道德关怀大多是针对自己周围、为自己所熟悉、与自己有关的事情,微博更新速度和内容让人接受丰富信息的同时还要进行鉴别,人们的道德关怀程度很难达到现实同步的速度,相应道德评判意识也会降低。传统伦理道德评判中应有的庄重、谨慎、深刻常常被电子公告栏中的戏谑、随意、轻率所取代。网络信息流动的迅捷,使人们无暇仔细反思某一行为应有的道德依据,没有精力对道德准则的援引、道德推理的进行、道德规范的运用加以追究;也由于人们在繁忙之余渴望轻松、休闲,倾向于将道德标准、道德评判边缘化。加上目前的网络道德随着技术进步尚处于发展演变阶段,对网络的上很多行政行为仍无法从道德层面作出评价,此类道德制裁途径和制裁机制也处于初步实践阶段。

微博行政伦理问题的提出前提就是网络行政活动对伦理的诉求。因此,虚拟空间与现实世界的社会活动基础、交流方式、思维方式和社会形成的巨大差异,在传统现实世界中衍生和发展形成的伦理体系,也就无法全部使用于虚拟空间。而现实的行政伦理道德要求,也难以直接运用于评价网络行政活动的伦理困境。网络技术,尤其是政务微博的发展和应用各方对于利益的不同

诉求,主要有以下几种情况:

对技术的负面效应未能足够重视。人们对某些新技术的演变及规律的认识还处于初级阶段,在运用科技手段对某些事物及其客观世界进行改造时,只侧重于良性结果而未能察觉或忽视了负面效应。

旨在谋求地域和本民族利益,损害其他地域和其他民族以至全球利益。如美国借助网络技术作为其对其他族群价值观干涉的工具,形成信息霸权。

旨在谋求小团体利益,损害社会公共利益。如一些政府部门人员为了部门利益,把政府所辖网络系统信息库中的公民私密资料提供给特定的一方,最终导致公平正义的丧失。

旨在谋求行政活动者的私利而缺乏职业责任,过度运用政务网络对他人利益的损害。如某电脑使用者炫示个人能力,变动政务微博栏目甚至修改某些信息,都可能引发外交争端。

还有由于人类对政务微博新技术应用造成新伦理困境。如信息过滤技术的滥用、特定信息被违规监控、数码照片被修改、数字信息修复篡改等。特别是对政务微博发布的信息修改和数字政务信息资源的伦理缺位,会造成公共信息混乱和公民信息滥用等问题。

第二,行政伦理介入的必要性。本书所提及的"行政共同体",是我国政务微平台环境下行政模式中所包含的从事政务、党务、人大和其他从事政务活动的人员所形成的群体。之所以这样定义,是与我国政治体制特色有关。中国特色社会主义最本质的特征即中国共产党的领导,决定了我国的公共管理主体不只是政府,且有政党等多元主体的深层参与,故在本书中统一使用"行政共同体"来表述。政务微博相关行政伦理是对于行政活动的道德引导,是调节政务微博使用者内部之间、"行政共同体"与社会公众之间诸种关系的道德原则、道德规范等的总和。行政伦理介入政务微博行政活动的重要性在于,一方面可以使政务微博的运用甚至规划得到明确的道德理性的指导,从而最大限度地减少被不善目的利用网络的可能性;另一方面,作为道德理性的行政伦理又可以弥补单纯的政务微博技术的工具理性之不足,增强政务微博使用者对于技术开发后果的道德责任感,从而以价值理性的自觉来最大限度地消解工具理性在社会负面作用上的不自觉。

本书所研究的行政伦理并非只是对政务微博技术相关问题的外在伦理规约,还包括研究通过何种方式把伦理理念内化于行政共同体形成政务微博相关行政活动的内在制约力。

传统行政伦理对人们的行政行为具有规范约束作用,旨在规约人类行政活动得以良性运行。当规范被人们普遍接受,并成为调整人们在行政活动中的关系的行为规范时,人们会通过自我伦理反省行为,以便获得行政活动最优效能。现代社会中人类相互联系的便利化和依赖性增强,城市化对人们的行为规范提出了越来越高的要求,并产生了各种协调相互关系和行为准则的新型道德标准。在人们越来越依赖于信息网络技术时,人们逐渐意识到是信息网络社会的特性,决定了政务微博平台和传统行政方式的不同特性。因此,基于政务微博行政活动的行政伦理规约,不但要有利于规约行政共同体的行政行为,更重要的是要有利于行政目标的实现和进一步维持相对合理的社会秩序。

第三,制度性创新是行政伦理建设实践的必然归宿。行政伦理是一种道德规范,并无强制性。实践证明,人性的特征和外界的各种影响,仅靠行为人的自律外还必须靠制度性手段加以约束。全球许多国家已经颁布了行政伦理法规,以便通过法律的权威性来约束行政活动中的失范行为。法律作为一种强制性的社会规范,法律的强制性、权威性、稳定性和长期性,能够从不同层面对人们的行政行为予以约束。为了更好发挥网络技术的积极作用,必须从规范和制度两个方面进行行政伦理规约的探索,研究其伦理规约的可能、依据、特性、原则等问题,最终使行政伦理的道德规约作用不但能内涵于行政共同体,且在外部从制度安排甚至法律的高度予以保障,使政务微博领域的行政伦理发挥出更好的规约作用,即本书后面要说明的伦理制度化和制度伦理化。

综上所述,为更好发挥政务微平台的积极作用而弱化其消极作用,除了技术升级之外必须高度重视探索伦理价值因素,特别是在政务微博过程的伦理规约。通过行政伦理的构建和规约,不断有序规范人的行政行为,使"互联网这个最大变量"化为更多善的增量结果。

基于以上原因,本书的研究将为防范和减弱政务微博形态下的行政活动所引起的负效应消解提供方法论指导。针对政务微博行政活动的特点,提出政务微博行政伦理的概念和理论主张,进而对微博行政伦理规约的可能、依据、特性、本质、机制做逐项研究。同时结合政务微博技术特征,对政务微博技术系统的价值负荷进行研究,并对政务微博行政伦理的制度安排做初步探索。

///【相关背景材料】

从韩国网络实名制的实行与废除看法律和道德的互补

2005 年 10 月,韩国政府发布了实名制相关规定。2006 年底,韩国国会通过了《促进信息通信网络使用及保护信息法》修正案,规定主要门户网站和公共机关网站在网民进行留言、发布照片、视频等操作前,必须首先对留言者的真实姓名、身份证号码等信息进行记录和验证,否则将对网站处以最高 3000 万韩元的罚款。由此,韩国成为世界上首个强行实施网络实名制的国家。韩国推行网络实名制的初衷,在于减少网上的语言暴力、名誉损坏、侵犯隐私、虚假信息传播等不良行为,促使网民对自己的网络行为负责。而三年后的一份调查数据显示,效果并不理想。

"2010 年 4 月,首尔大学的一位教授发表《对互联网实名制的实证研究》称,该制度实施后,诽谤跟帖数量从 13.9% 减少到 12.2%,减少了仅 1.7 个百分点。"在《韩国互联网实名制的教训》一文中,英国《金融时报》中文网专栏作者金宰贤写道:"更值得一提的是,以 IP 地址为基准,网络论坛的平均参与者从 2585 人减少到 737 人。可见,互联网实名制导致的'自我审查'可能在一定程度上抑制了网上的沟通。"

调查显示,三分之二曾发布恶意帖的网民对是否使用实名并不在意。出于"法不责众"的心理,他们即便以真实姓名登录,仍会故伎重演。同时,一种被称为"身份证伪造器"的软件也应运而生。这类软件可以伪造韩国身份证号,骗过网站的身份验证系统。

网站自身也存在各种规避行为,部分日访问量可能超过 10 万人次的网站选择不公开浏览次数,部分网站选择绕道海外。2009 年 4 月,YouTube 被指定为实名制对象后,关闭了韩国站的视频上传和留言功能,将用户转往国际站。

近年,推特(Twitter)、脸书(Facebook)等社交网站风靡韩国。2011 年 3 月,韩国放送通信委员将此类网站排除于实名制对象以外,理由是社交网站属私人领域,不适用实名制。至此,网络实名制已名存实亡,人们开始把更多目光投向伦理规制途径。

(资料来源:韩国网络实名制的兴废始末,http://play.163.com/special/jianzheng_44/)

/// 【相关背景材料】

新《政府信息公开条例》强化提升信息公开的在线服务水平

2019 年修订后《政府信息公开条例》,强调要通过加强信息化手段的运用提高政府信息公开失效,切实发挥政府信息对人民群众生产、生活和经济社会活动的服务作用。《条例》为了方便公众获取政府信息,强化便民服务要求,提高政府信息公开实效,做了三项规定:其一,要求各级人民政府加强政府信息资源的规范化、标准化、信息化管理,加强互联网政府信息公开平台建设,提高政府信息公开工作的质量和效率。其二,规定依托政府门户网站,逐步建立具备信息检索、查阅、下载等功能的统一政府信息公开平台。其三,要求在政务服务场所设置政府信息查阅场所,并配备相应的设施、设备,为公民、法人和其他组织获取政府信息提供便利。

(资料来源:新浪网,政府信息公开条例修订七大亮点,http://news.sina.com.cn/c/2019-04-16/doc-ihvhiqax2974692.shtml)

//【相关背景材料】

微博的特性

(一)数字化

传播媒介的历史分为以下几个阶段:"语言媒介、文字媒介、印刷媒介、电子媒介及数字媒介"。相比依托物质载体的报纸,以及模拟格式的电视节目,数字化的政务微博信息可以和物质载体分离,可以对数据进行压缩,使其只占用很小的空间,同时视觉效果并不因此而降低。同时,数字性也使得信息的传播、搜索、储存、使用极为便捷。数字化的特点,使政务微博相比传统媒介,一开始就拥有无可比拟的优势。

(二)开放性

基于数字化的属性,政务微博的开放性可从传播方式和用户层次说明。

1.传播的开放性。依托互联网,信息的传播已经打破了国界和地域,实现了全球性传播。重大的消息,通过政务微博告知民众并发起讨论已是常态。在互联网时代,任何一条消息都存在成为热点的可能性。

2.用户的开放性。由于社交媒体的门槛非常低,任何接入互联网的设备都可以产生一个社交媒体用户。比如影响力最大的社交媒体Facebook,是世界上第一个真正的国际性媒介,在全球拥有13亿活跃用户,这些用户分布在世界各个国家。即使在对其有限制的国家,依然有庞大的用户通过各种途径登录Facebook。而新浪微博、腾讯微信等中国特色的社交媒体,在海外也拥有数量巨大的用户。

(三)多维性

微博的构架,使用户可以将文字、图片、视频、音频等几乎任何形式的数字信息综合在一条信息里。同时,用户还可以通过超链接在其他任何网络媒体中实现分享。每个用户都是潜在的传播节点,特别是粉丝众多的意见领袖转发后,通过海量粉丝的裂变扩散,有时候多个"意见领袖"先后参与传播,往往在瞬间形成爆炸性的舆论影响。

此外,任何一个用户都是潜在和传播节点。这使得传播效果具有极大的不可控性,人们无法预料信息会在哪个节点突然爆炸性传播。同时,也使得信息传播速度极快,摆脱了传统的线性传播模式,信息可以瞬间达到全球任何角落。

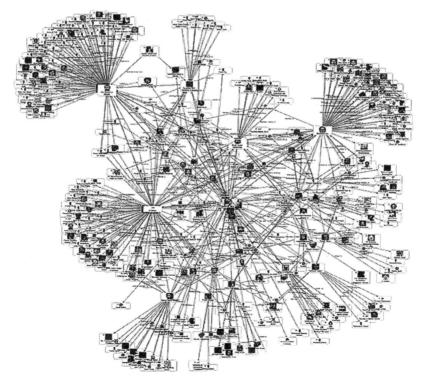

微博传播一般模型(图片来源:百度百科)

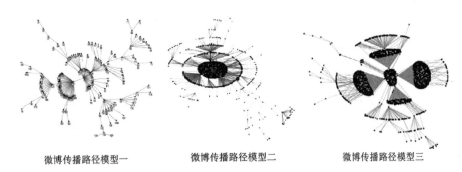

微博传播路径模型一　　微博传播路径模型二　　微博传播路径模型三

三种微博热点话题传播路径模型（图片来源：百度百科）

（四）大数据

与微博低门槛、多维性相关的，是社交媒体形成的庞大数据。因为低门槛，社交媒体产生了庞大的用户群。因为社交媒体的多维性，人们不但可以自己随时成为信息源头，还可以通过对现有各类信息进行信息检索、重构，轻易形成一条新的信息，由此产生了前所未有的数据井喷。同时，也使得信息甄别极度困难。

（五）交互性

传统媒体的传播方式是单向的，受众被动接收信息，极少反馈。而微博带来的是"高频互动"。传播者和受众之间平等性更加突出，双方可以随时互动，而互动本身又在产生新的信息。

学术界对政务微博的定义尚无准确的权威说法，仅对其媒体基本性质是有共识的：第一是基于 WEB2.0 和 WEB3.0 技术；第二是用户创造内容，用户既是内容的生产者，又是传播者，同时还是读者；第三是具有便于用户沟通的社交属性。

（资料来源：百度百科，https://baike.baidu.com/item/%E5%BE%AE%E5%8D%9A/79614? fr=aladdin）

二、研究意义

伦理研究的前提总是因为人们对新技术和新产品应用产生了新的伦理困

惑。政务微博行政伦理规约的研究,力图开辟一种特定行政环境下的行政伦理研究视角。和许多伦理研究一样,即使该研究结论仍不完备,也比用旧伦理来限制新现象更能体现伦理学存在的价值。卢梭说:"我们的灵魂正是随着我们的科学和我们的艺术之臻于完美而越发腐败的。……我们可以看到,随着科学与艺术的光芒在我们的地平线上升起,德行也就消失了,并且这一现象是在各个时代和各个地方都可以观察到的。"而汤因比说:"技术每提高一步,力量就增大一分。这种力量可以用于善恶两个方面。"①如上所述,既不能因为政务微博对人类行政活动的推动作用,就忽视其可能对社会发展产生潜在的风险;也不能因为政务信息网络尚存在自身的不足而否定其在人类文明进程中的光明前景。正是由于信息网络技术的两面性,我们应探索和利用并控制政务微平台技术,无论在政务信息资源传播过程方面还在政务信息资源内容公开方面,应该都要有所作为,对网络行政的规约和制衡机制,更需要科学精神与伦理精神的互补和融合。

本书研究的理论意义在于把技术和伦理、科技和人文交叉领域予以研究,以显示工具理性和价值理性的统一。

第一,丰富了行政伦理和行政哲学理论。行政伦理的研究在国内大多停留于概念性辨析,而实证性案例则较少。关于行政环境和特定时空条件下的行政伦理特点,则因为政务微平台的初步发展而刚刚起步。本书将对未来作为常态的政务微平台环境下的行政伦理和行政哲学研究做出基础性探索。值得指出的是,政务微博导致出现的问题尽管是新伦理问题,但并非是与传统伦理的断裂,而是传统伦理在以信息技术为基础的现代社会中的发展。本书梳理各种关于政务微博推进阶段,并首次提出了微博示政、微博问政、微博行政这三个政务微博行政活动阶段(见下图),力图对网络行政伦理研究有所开创性贡献。

---

① ［美］卢坡尔:《伦理学导论》,陈燕译,中国人民大学出版社 2008 年版,第 45 页。

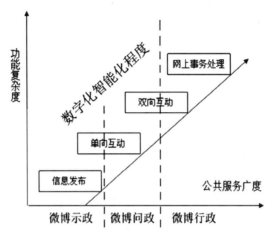

政务微博的发展阶段及阶段性特征

本课题组制图

第二,拓展并深化了信息网络与伦理关系的理论研究。政务微博行政伦理研究是一个全新的行政伦理视角,不仅开创了行政伦理研究的实践视角,而且提升和细化了方兴未艾的网络伦理研究。当前的网络伦理多集中于对网络行为和网络信息使用的失范等方面,而基于网络行政行为的行政伦理规范则尚未受到普遍重视。

第三,延伸了技术伦理学研究。技术伦理的研究目前多体现在高科技、生物科技、环境科技等领域,本书则开辟了一个信息网络和行政伦理交叉的研究视角,并力图有所贡献。

第四,本书深化了技术社会学理论研究。从行政伦理规约的角度来探索伦理因素对政务微平台技术产品应用的影响,旨在对人类行政活动走向高技术时代的活动规律进行社会学思考。

本书的现实意义在于:在当前我国社会处于双重转型期,由于相关制度尚不健全以及行政管理体制等因素,政务微平台环境下不可避免地存在行政主体的失范行为。这些失范主要表现为:借助各种当代新型技术手段形成行政权力运行过程中的依附型、本位型、寻租型、泛化型等失范表现。要研究政务微博行政伦理规约，需要切实把握好公共性和服务性原则，健全政务微博等新条件下的行政伦理制度体系，积极开展行政伦理教育，努力完善行政人员的行政伦理素养。通过本书研究，力图推进行政伦理的制度建设。政务微博实践正在证明，网络技术和政务微博的高速发展使网络行政活动结果的不确定性增大，导致社会管理及其赖以存在的行政环境不确定风险增加。而且网络技术和政务微博的高速发展使人们的认知自由度和物质自由度迅速提高，进而对低自由度状态时的伦理道德观形成冲击，也期待人们对既有伦理体系进行创新和探索。

第二节　文献综述

我国的行政伦理研究从20世纪90年代初开始起步以来，目前已经取得长足的进展，文献数量在稳步增长。较多文献只是研究所谓"伦理失范"，即没有或失去社会伦理规范。现代社会的迅猛发展和深入变革，使人们与传统的生活方式渐行渐远，反映信仰、情操、感情共同体的已有社会规范系统随之减弱或破裂，难以解决许多新的社会问题。如新媒体的兴起和发展将人们带入前所未有的信息爆炸时代，传统的受众变身为集接收与传播于一身的网民，微传播的兴起进一步降低了网络使用门槛，许多骤然获得较大自由的微传播用户，缺乏与"人人都是麦克风"相匹配的媒介素养，新的矛盾和问题随之产生，急需建立相应的伦理规范对个人欲望和行为进行调节。随着研究的深入，行政伦理学的学科创建需求日益凸显。虽然有一些文献已开始阐释行政伦理学的学科理论架构、基础问题与核心问题等内容，但在特定行政环境条件下的行政伦理研究则极少。

一、国外研究

国外研究者主要针对 Twitter（推特）进行研究。通过对国外研究文献的梳理，可以分为三个研究角度：政府接受微博技术的过程；政务微博行为研究；新媒体与网络政府和电子政府。

大多数学者认为，与个人微博和企业微博不同，政府微博应该主要发挥四种功能：拓展沟通的触角、更新信息、发布和分享信息、与外界建立良好的关系与协作。也有对澳大利亚政府微博的研究发现，政府微博更多的是用来发布自身和外部信息，很少回应受众的咨询。

目前所掌握的国外与本题目接近的主要是网络伦理研究，最相关的是关于资料版权、个人信息、公民隐私等方面的研究，而对政务微博活动中行政伦理问题的研究资料还很少。本书认为与两个原因有关，一方面是因为政务微博在各国均处于推进阶段，当代超过 90 多个国家早有公务员伦理方面的法规。另一方面，国外特别是政务微平台发展排名靠前的国家政治传统多属于契约性政治，有别于我国的以伦理政治为主。目前所能找到的文献资料主要是围绕政务微博中的公民隐私权问题、知识产权问题特别是信息安全问题的研究。随着我国信息化建设推进和 2019 年新修订的《政府信息公开条例》的实施，公民对政务公开和政务透明的需要日益成为常态，政务微平台中涉及的公民隐私问题备受关注。国外已经出现了首席隐私官（Chief Privacy Officer，CPO）这一新职业，负责解决组织的隐私问题。国外对网络条件下活动伦理研究的具体内容主要包括个人生活安宁权、个人生活情报保密权、个人通信秘密权和个人隐私利用权。美国学者本森和米勒认为，政府有责任和义务使居民知晓包括彩票在内的有关信息（Benson and Muller，2001）。GIPI 认为，隐私是社会公认的公民权益之一，必须得到妥善的保护。政府在实施公务活动中，必然收集和使用公民有关的私人信息，但是信任是任何在线项目的关键（Online program）（GIPI，2003）。

Anderson & Schwartz 提出了在网络条件下进一步保护隐私措施(Anderson & Schwartz,2003)。Lambert 研究了信息披露的风险与伤害(Lambert,1993)。Flaberty 探索在看守社会(Surveillance society)保护隐私的必要性以及保护隐私的措施(Flaberty,1989)。

Zinnbauer 认为,公民对利用互联网络提高政务透明度具有强烈的需求,并借此获得所提供的极具前景的机会和缓解信息不对称(Zinnbauer,2004)。Sturges 认为信息不对称和政府工作缺乏透明度是导致腐败的根本原因。相信加强信息披露,施工中获得更多的政府公务信息,可以减少腐败,消除社会贫困(Sturges,2004)。Kaufmann 认为,尽管腐败和管制不是一个概念,但是它们具有紧密的内在联系。透明政府作为一个世界性的趋势和遏制腐败的有效措施,直接挑战公共部门和私人部门。这种挑战直接涉及传统立法和司法改革(Kaufmann,2004)。Davis(2005)探讨了在政务微平台中如何保护个人的调节信息问题。

Krairit & Choomongkol 等从网络技术的发展趋势上,表述了采用 E-id 和 E-citizen 的虚拟技术对于保护居民隐私和公司机密的风险问题。

GIPI 把网络环境下的隐私保护原则归纳为:隐私信息收集的有限性、隐私数据质量保障、隐私信息收集的特定目的、隐私信息使用的有限性、隐私信息使用的安全性、隐私信息使用的开放度和隐私信息使用的法律责任范围等七个方面。卿斯汉提出了通过可信第三方角色的作用在政务微平台中保障公民的隐私权。日本的古川一夫对当时新一代的因特网络协议(IPv6)的运用前景进行了分析,认为该技术在网络发展方面具有广阔的运用前景。参考了部分学者的成果,本题目下面内容认为,应该着重从政务信息视角切入进行研究。

二、国内研究

针对我国行政伦理研究的反思性研究论文中,罗蔚的《我国行政伦理研究状况的分析与反思》一文认为,我国缺乏对行政制度以及目前行政体制改革的价值基础进行哲学考察,对中外丰富的行政伦理资源比较分析不够,对创立何种行政伦理规范以引导和约束政府行为研究不够深入,不能在行政伦理建设机制上提供完整的操作性方案。刘祖云总结了5部专著、1部译著以及120多篇期刊文章的研究内容,对行政伦理学的研究对象、内涵以及学科定位等问题进行了反思,提出行政伦理研究需要改变思路和拓展内涵:在思路上,需要加强对西方行政伦理学发展史和我国传统政治伦理思想的研究;在理论上,需要拓展对角色冲突、责任冲突与伦理冲突和行政伦理关系两大基本理论问题的研究。同时也指出,需要加强对伦理教育、伦理咨询、伦理评价、伦理监督等四个实践性问题研究。张康之认为,行政伦理研究最大的特点就在于从学科建构出发去开展这项研究工作,这就需要建构一种新的思维方式,并明确道德存在如何从可能性转化为现实性,并以此为起点,展开对行政人员的行为以及行为空间、环境、规范途径和内容的叙述。

麦尚文在《佛山南海区政务微博发展模式与改革思路研究报告》中总结了国内政务微博在定位上的"南海发展模式",即从过去的以信息发布为主的"微发布"转向应用服务与信息发布并重的"微门户"。强调实现发布平台与网络问政结合的必要性,提出以公民需求为核心进行政务资源配置的新模式。黄明波的《网络文化生态平衡与网络传播伦理规范》(《文化与传播》2014年第12期),李文冰、强月新的《传播社会学视角下的网络传播伦理失范治理》(《湖北大学学报(哲学社会科学版)》2015年第3期),张咏华的《传播伦理:互联网治理中至关重要的机制》(《全球传媒学刊》2015年第6期),张明海的《社会化媒体时代网络传播伦理创新研究》(《当代传播》2017年第5期)等,这些论文从不同方面分析网络传播中的伦理问题,并提出有针对性的应对措施,为进一步研究微传播的伦理失范提供了帮助。另外,一些硕士学位论文也以网络传播伦理为中心展开研究,如盛凤的《自媒体时代公民传播伦理失范现象研究》(重庆工商大学,2016年),张晴的《网络传播伦理失范之原因探析》(成都理工大学,2017年)等,从不同视角探讨近年来网络伦理失范现象,虽然研究成果有待于进一步深入,但都在不同程度上丰富了网络伦理的研究资料。

政务微博的兴起,被认为是加强政府组织和公众互动的重要途径。窦含章、李未宁在《政务微博实用指南》一书中,探讨了政府为什么要开微博以及如何开微博,包括党政干部个人微博管理、政务微博信息发布规则等都做了解释性分析。

此外,在对微博特点及传播技巧的分析领域,余锐在《论政务微博的特点及传播技巧》中指出,目前,部分政务微博存在更新迟滞、缺乏交流、语言不当等问题,政府机构及公务人员的急需转变。

也有研究人员对微博问政的规范化提出质疑,李少文、秦前红就在《论微博问政的规范化》中明确指出"立法规范"即是微博问政发展的动力,又是社会稳定和持续发展的需要。他们认为宪法上的很多规定都可以被援引作为微博问政的依据。促进公众参与,控制政府权力,是微博问政的重要目标。应当设计出具体有效的制度,充分发挥微博的特点,回避其不足。

基于CNKI对"政务微博"的相关文献研究时发现,对中国政务微博的研究大致可概括为传播学、社会学、政治学、公共政策、公共管理、公共关系等六种视角。已有研究以描述性论文居多,多为观点阐述或案例介绍,经验研究和理论研究较少,部分文献采取比较研究。

不同的学科视角对政务微博的研究内容和方向如下表所示:

学科视角	关注的内容或方向
哲学	政务微博及其关系型技术的、网络伦理、技术伦理问题。
社会学	政务微博作为新媒体的社会功能,即对社会文化、大众心理、社会关系产生的影响等。
传播学	微博的新媒体信息传播特征、传播方式、传播机制、内容特点等。微博何以有效控制虚假信息扩散、舆情引导、突发舆情危机应对。

续表

学科视角	关注的内容或方向
政治学	微博在公众有序民主参与，社会监督中发挥的作用。新媒体对民主政治建设和公共性培育的作用。
公共政策	结合具体的社会热点事件分析微博对公共政策制定执行评估监控等环节的作用和机制。微博"意见领袖"对公共议题设置的影响。
公共关系	政务微博对提升政府和官员正面形象的作用。如何改善干群公共关系，在危及公信力时如何进行危机公关。政务微博发言人的培育。
公共管理	微博运用于公共行政实践的影响及局限，以及如何提升政务微博运营效果。

国内学者目前对政务微平台下伦理问题的研究较少，与之相关的主要是网络伦理问题和网络政治方面。网络伦理是"人们在网络空间中进行网络信息活动时应当遵守的行为准则与道德规范"。① 许多文献是关于档案信息的流转问题中的权利和责任研究。也有针对隐私权方面的研究，这和政务微平台当前的主要应用领域有关。专门论述"基于政务微博的行政伦理"这一论题的文献不到 5 篇。这也对本题目的大胆假设和小心求证形成较为宽松的空间。国内的相关论文，主要是档案信息研究者对电子文档的处理过程中的伦理问题之研究。自 2016 年以来，学界对微传播的研究逐渐深入。如对其概念的界定和描述由众说纷纭到渐渐趋于集中，对其传播特征与规律的介绍由较为浅表而逐渐转向深入，对微传播产生的伦理也开始有研究涉及。李彦冰、杜剑峰的《微传播对传播生态的四大影响》重点探讨微传播促使新闻传播形态发生的革命性变革，认为微传播的影响主要表现在，一是改变了新闻信息生产和消费的形态；二是打破了传统媒介环境下传播类型的界限；三是把"受众"变为"用户"，从被动接收变成主动表达；四是对新闻传播的自律和约束机制提出挑战。作者不仅看到了微传播带来的传播现象的变化，而且对微传播未来给新闻信息产业可能带来的影响有所前瞻，将微传播的研究引向深入。②

---

① 谭志敏主编：《网络文化与伦理概论》，重庆大学出版社 2015 年版，第 65 页。
② 李彦冰、杜剑峰：《微传播对传播生态的四大影响》，《新闻与写作》2016 年第 8 期。

特定信息是发展政务微平台最宝贵的资源之一,也是纠缠众多法律问题并影响着今后政务微博发展的核心要素之一。褚松燕认为,中国的网络信息存在重保密、轻公开,信息披露的渠道少和公民或区政府信息缺乏保障和救济。如张锋提出网络中的隐私权保护问题。他把隐私权客体界定为:公安部门收集的有关公民身份认证的信息;银行、保险等金融部门收集和储存的个人数据。税务部门在办理个人所得税、财产税等个人事务中收集的个人信息;社会保障部门收集的有关个人养老、失业、工伤、医疗等社会保险账户的详细资料;档案管理部门收集的个人资料;司法部门也通过电子化手段储存公民刑事犯罪记录、检察案例和审判案例。把隐私权的侵权形式表述为:政府管理部门在个人数据收集中的侵权行为、政府部门在储存和利用个人数据中的侵权行为、政府部门在网络监视中对个人信息的侵犯、政府部门在个人信息查询中侵权行为和黑客攻入计算机系统侵犯个人数据。其他诸如政务信息公开方面和行政伦理的应用研究方面,由于行政伦理学科本身目前尚不完备,在此不再赘述,在后文中陆续提及。

1. 行政伦理方面的文献总结

迄今出现的人类行政活动模式大致可归纳为两种,即强制性特色浓厚的集统治兼管理一体化的"统治行政"模式(权治)和民主参与色彩浓厚的相容性"管理行政"(法治)模式。虽然后者比前者进了一大步,但是相比"后工业社会"复杂多元的治理需求,"管理行政"模式在各国的实践,因其效率、机构、成本、贪腐等问题而受到的诟病日多。人们对传统行政模式的各种修补措施以致出现了全球性的行政改革浪潮,但仍频频受挫。本题认为,此类改革的共同趋向在于建立一种新的行政模式——"服务行政"模式(德治)。微博即微型博客(MicroBlog),是基于用户群的信息分享传播平台,用户可通过固定或移动客户端小篇幅发布图文信息,并可被全球范围的用户即时共享和附加评论。政务型微博作为微博应用领域之一,近10多年来以其显著的实用效能被纳入各国政府信息化建设内容。

（1）行政伦理是一门新兴的实践性很强的应用伦理学学科。在西方，行政伦理作为一门单独的学科奠基于20世纪中叶，当时因行政实践的发展对威尔逊的"政治、行政"二分学说产生了冲击，人们开始关注公共行政中的"责任""效率"等伦理问题。在作为公共行政理念的变革的所谓"新公共行政运动"和"新公共管理运动"中，特定条件下的行政伦理研究不断深入。综合起来，国外关于信息网络条件下行政伦理研究的主要成就归纳有：

①从20世纪70年代至90年代，"计算机伦理"概念逐步演进为"信息伦理"和"网络伦理"问题。②从"新公共行政运动"到"新公共管理运动"再到"后现代公共行政"，每次行政理念的转变都相应地会对行政伦理产生冲击。③"网络技术官僚"日益影响决策民主化，树立科学的行政伦理观是建立服务型网络政府的主导理念。④规范网络行政行为有道德规范法律化的趋势。⑤行政伦理渗透和体现在行政实践中，作用于具体行政环境中。⑥工业社会与"后工业社会"条件下伦理冲突与伦理困境的实质为特定条件下的责任冲突。

（2）在我国，从20世纪80年代始对行政伦理的研究与行政管理体制改革基本同步。进入21世纪后，随着我国行政理论的不断发展和行政实践的深入，对行政伦理的各种研究也逐步展开。部分相关研究著述有汪玉凯的《网络状态下的政府管理》；刘文富的《网络政治：网络社会与国家治理》；张康之的《寻找公共行政的伦理视角》；刘祖云的《行政伦理关系研究》；严耕等人的《网络伦理》；政务微博方面的著作更多，如窦含章的《微时代危处理》、公安部发言人办公室编的《公安微博实践与前景》等。其他研究学者还有戴木才、陈瑛、万俊人、周宏仁、田海平、甘绍平等。相关主要观点归纳有：

①现代型政府应具备服务性、责任性、制衡性、有限性等伦理理念。②行政道德原则是行政伦理准则体系中最高层次的道德原则。③制度和伦理的互融是未来行政伦理发展的一个趋势。④行政伦理的终极关怀体现在满足公众对社会公平、正义以及秩序等的追求上。⑤基于信息网络条件实现公平行政，既是建立公正体制的过程，也是提升行政主客体德性精神的过程。⑥行政伦

理规范研究趋于制度化探索。⑦政务微博可使碎片化的信息快速形成超越传统媒介的舆论场。

从研究现状看,我国行政伦理研究带有浓厚的思辨性色彩,较多关注行政伦理基本问题。也有一些学者从网络伦理和传统行政伦理对比的视角进行研究,但走入政府行政实践的真实伦理情境的研究偏少。对特定行政环境诸如信息网络技术条件下的行政伦理问题研究,特别是近年勃兴的政务微博形态下的行政伦理课题研究则尚属起步。造成此现象的一个重要制约因素在于,该方向研究要求研究者必须具备相当深度的网络信息技术专业知识作支撑。例如微博出现已经 10 年了,直到 2018 年,我国国家互联网信息办公室才在 2018 年 2 月 2 日发布出台了《微博客信息服务管理规定》,可见适合我国国情的新媒体有关规范出台之不容易。

2.微博伦理方面的文献总结

世界上最早的微博(即推特)——于 2006 年诞生于美国。与国外相比,微博在我国诞生和发展的时间要晚一些,所以对于微博的研究,国外学者明显早于国内学者。笔者根据国内其他学者对数据库里有关微博的文献进行搜索和分析,发现 10 多年来国外微博伦理的研究仍然处于起步阶段,微博的使用所引发的伦理问题,有关学者也开始对此进行研究,但研究的集中点主要在信息伦理方面,主要内容包括:微博让人远离了真实的人际交往、微博使用中需要搭建去中心化的架构、青少年信息伦理观的培养、应注意隐私问题等。关于微博谣言、虚假信息等微博伦理问题,在微博刚出现时是热点,但百姓的微博和政务微博相比,后者很少出现谣言性质的热点。我们认为该现象可能与新闻制度和政党制度差异有关,但也正是当前微博伦理研究的不足,才使信息伦理研究等微博的伦理问题成为未来研究的趋势。

国内对微博伦理问题的研究起步较晚,从"中国学术期刊网"和"万方数据"的文献检索来看,该问题的研究始于 2011 年,最早的 1 篇文献是荀德培的《走出"断章取义"式的伦理困境——微博传播中的舆论监督方式漫议》。但对基于政务型微博的行政伦理研究,则只有 1 篇,还属于本书成员,因此这个选题属于典型的前沿交叉学科选题,在移动政务和人工智能技术开始大行其道的今天,这个选题显然仍有广阔的研究前景。

国内学者对微博伦理和政务微博的研究大致如下几个方面:

①从针对微博发布伦理失范问题的研究,这是最普遍的,但研究的同质化和低水平重复也是事实。苟德培(2011 年)在《走出"断章取义"式的伦理困境——微博传播中的舆论监督方式漫议》剖析了"只考虑断面预设的话语方向,而模糊或忽视整体的、具体的话语情境",提出了"三步走":进行伦理抉择、谨守信息真实、控制负面伤害。

②从不同学科视角出发对微博伦理问题的研究,但一般与具体个别案例相关,涉及民事案件或法律纠纷较多。如袁泽友在《传媒伦理视野下的微博伦理问题突围》指出微博存在的两个伦理问题:信息造假、"收买粉丝制造知名度"成为灰色利益链问题。再如莫楠在《围观中的隐忧——对微博围观的道德反思》分析了公私域模糊使道德成为表演或报复的工具、道德评判时尚化造成无谓恐慌与对立问题。

③对微博的伦理规制的研究,一般不外乎是强调管制而缺少协商。如贺冰心在《浅析微博的伦理规制》认为伦理观念方面表现为道德相对主义、"意见领袖"主义和个人主义,提出要用户自我约束;完善法律法规,做好道德规范;采取实名制、媒体做好引导。

④对微博伦理的基础性研究,则有哲学思辨和技术伦理学特征。如吴锋教授在《微博伦理初探》指出微博伦理本质上是立足于互联网伦理的另一种伦理形态,日新月异的技术手段对传统伦理学提出了新的挑战,提出了构建微博伦理的基本原则:不作恶原则、公平正义原则、授权原则、科学发展原则。在微博伦理失范的道德重建方面,他提出四条对策:完善微博相关法规、强化微博监管体系、引导微博道德规范、推广微博实名机制。

如果说 2011 年是政务微博元年,2013 年是政务微信元年,2014 年则是政务"双微"联动发展新元年。目前,政务新媒体政务服务"双微联动"模式格局已形成。政务微博已经从试点发展为标配,在数量上已有目共睹,但在服务质量上离公众的期许还有差距。如何实现质与量的协调发展,需要结合新技术的问世继续谋划。考察国内学者现有的研究可以发现,国内研究微博和微博伦理的也不少,但总体而言目前研究较少涉及技术哲学和伦理学。更多是从微博伦理或传播伦理、信息伦理角度进行的理论思辨,而从政务型微博视角来探讨行政伦理问题的文章仍然稀少,这显然与政治学、互联网技术、社会学、行政管理学、伦理学等诸多学科复杂性有关。

可喜的是,政务微博作为政务新闻和权威信息公开的媒介载体,特别是2019 年新修订了 2008 年出台的《政府信息公开条例》,2018 年 2 月,国家互联网信息办公室颁布了《微博客信息服务管理规定》,2018 年 12 月 27 日,国务院办公厅又印发《关于推进政务新媒体健康有序发展的意见》这为政务微博在新时代的进一步发展创造了新的机遇。

第三节　研究方法、研究思路和研究难点

一、研究方法

对政务微平台形态下的伦理研究,即微博行政伦理及其规约制度建设研究,本书采用方法主要是:

1.实证主义的研究方法

本题目涉及自然科学和社会科学知识,属于典型的交叉性方向。实证性研究作为一种研究范式,自然科学实证的精神贯穿于社会现象研究之中。实证主义研究方法所推崇的基本原则是科学结论的客观性和普遍性,强调知识必须建立在观察和实验的经验事实上。我们通过选择的许多代表性案例,即微博示政、微博问政和微博行政等案例来揭示其本质,并且力图实现这种本质

在同一条件下具有规律性。实证研究使该课题的理论研究从设想转向现实归纳,从理论转向实践。实证研究使行政伦理不再生产和传播纯粹的演绎知识,而是累积在制度诉求框架中行动着的知识,从而使行政伦理冲突的规律成为研究的观察点。当然,由于转型期的中国行政伦理研究尚未到成熟状态,这种研究更有可能脱离常见的理论模式,而凸显一种探索和假设的趋向,但也可能有助于新的研究范式的发掘。尽管我国尚未形成政务微博行政常态,但从微博示政到微博问政过渡阶段中仍然可以考察到微博行政的症候和特点。笔者通过对研究目标的清晰化,有目的、有计划地整理案例材料,从而对每一部分形成尽可能客观和科学的认识。另外,书中选择参考文献时注意国内外研究现状,了解该领域已取得的研究成果、现存的主要问题或主要的争议,并有选择地为我所用。根据以上考虑,本题目采用对现有案例实证分析的研究方法,就是通过对微博行政活动实践的分析,获取客观材料,从个别到一般,归纳出微博行政伦理及其规约的内涵和发展规律,力图使研究成果经得起时间的检验。

2.系统整合的方法

由于政务微博是将地理位置不同的具有独立功能的多台计算机及其外部设备,通过通信线路连接起来,在网络操作系统、网络管理软件及网络通信协议的管理和协调下,实现政府与公民(G2C)、政府与企业(G2B)、政府与政府(G2G)等行政主客体之间的资源共享和信息传递。根据前述界定,政务微博必须借助信息技术和数字网络技术,依赖于信息基础设施和相关软件的发展。政务微博的目的是利用网络通信与计算机等现代信息技术更好地整合和履行政府信息公开活动,塑造一个更有效率、更精简、更公开、更透明的政府信息发布平台,为公众、企业和社会提供更好的公共信息服务,最终构建政府、企业、公民和社会和谐互动畅通的信息关系。

由于政务信息网络构成要素是计算机及辅助设备(如 HUB 集线器)、通信介质(如导线、无线)、网络软件(如 Windows NT、Novell)。在这个系统整体中,各部分是协同运行关系,形成政务微博系统。该系统是多层次、多结构、多序列的完整网络。这种由实体、智能和工艺要素构成的复杂系统是按照一定结构相互耦合发生作用的。政务微博并不是简单地将传统政府信息服务进行简单网上移植,而是要对其进行精简处理。微博行政也应以整体思维方式对网络环境下的行政价值和规律进行综合的整体的探索,理性地控制行政主体行为。政务微博的建设是系统工程,是对传统政府信息管理的重组、整合和创新,除了技术整合,还包括管理创新、制度创新在内的社会的全面创新。在政务微博出现之前人类行政信息活动体现出经验型的单向度特征。但在近代,电话电报等新技术出现以后,行政信息的传递和运用还由经验型管理者和诸如译电员等技术性管理者所承担,于是具有双向度特征。而在当代社会,出现了以互联网大数据为支撑的全天候智能化值机装置系统,人类开始进入智能时代。管理主体发展为技术系统后台或周围的监督者、调解者同被管理者发生关系,网络开发方将持续承担系统售后服务,进而形成了经验型、技术型、知识型的三向度特征。三向度导致系统内部有传统经验管理、专业技术管理、技术平台开发者三方协同运行的共同体。技术人员,个人和企业用户、政府官员都开始有资格成为参与技术系统的社会角色,并致力于确保在技术设计过程中表达自己的利益。基于此,我们在分析微博行政伦理规约的时候,也必须采用系统整合的方法,注重系统运作的协同过程而不是形而上学地分析某一过程。在各方的相互关联中,探索伦理对行政共同体的作用规律。从政务微平台对公共事务的解决和运行来看,阅历经验型的管理者,专业知识型的管理者,电子系统控制者和开发者必须协同才可以实现正常的微博行政。因此,微博行政伦理规约除了对行政主体的约束和对技术系统开发者的前置规约,还是对传统经验管理、专业技术管理、微博系统开发者各方协同过程的行政伦理规约。

3.历史与逻辑统一的方法

尽管行政伦理作为学科角度其理论储备尚在积累,但也已形成了针对有关概念和原理的一些理论基础。历史和逻辑统一的研究方法,就是指由概念、原理及推理所组成的技术逻辑发展过程,与行政发展历史过程或管理者对它的认识路径相关。国内外网络条件下政府与公众互动阶段一般划分不外乎三个阶段,从初级、中级到高级分别是:管理型互动模式、协商型互动模式和参与型互动模式。参与型互动将是网络条件下构建善治政府的必然趋势,而当前我国政府与公众的互动还处于管理型互动阶段,要达到善治政府所倡导的政府与公众之间的协商参与型互动,必须先做到政府信息公开,提高公众对政府的信任度。然后要积极推行网络民主,提高公众对政治的参与度,加速提高政府对公众的回应力,这个历史阶段是不可跨越的。

行政管理的历史有其演进规律,如从集权走向民主,从个人决策走向协商民主等。而微博的推进也有其阶段性特征,本题目梳理政务微博实践的发展阶段性特征,然后作出了微博示政、微博问政、微博行政(如前图)的三个发展阶段,以此趋势和阶段性特征作为逻辑推演,以逻辑次序从理论上概括和总结描绘微博行政趋向。网络环境中,从信息的提供者到获取者,行政环境都不同于韦伯官僚制的体制藩篱,普通民众的琐碎事务都可能因为微博网络系统的快速传播引发成社会公众的剧烈反应,因此必须重视责任伦理规约下的行政。微博行政伦理规约的理论研究应该揭示行政价值在微博环境下相互作用时的逻辑走向。

从历史看,人类的行政活动从未离开信息技术。从中国宋代的邸报密折到近代的密码电报再到微博举报系统,从历史演变过程显现出人类对行政手段与伦理关系的进化过程。因此要客观全面地认识政务微平台形态下的行政伦理规约的特征和本质,则必须使用历史与逻辑相统一的研究方法。书中分析了不同历史时期的特点,结合从古代就有的伦理政治到近现代的民主政治的辩证发展图景,探索并证明了伦理对行政技术的影响一直存在。在行政技术和手段变革的不同历史时期,伦理和行政活动之间的关系表现方式有所不同,进而概括提出了"微博行政伦理"及其这一全新概念,并通过历史与逻辑的研究方法提出微博行政伦理规约的制度化安排等问题。

4.案例分析归纳和演绎的方法

本题目的研究过程,也是政务微博从简单的信息发布功能到微博产品不断衍生不断升级的过程,相应地出现了运营模式的政务服务方式的深化和拓展。在这个新媒体技术日新月异和新媒体技术产品层出不穷的时代,我们密切关注着微博及其相关活动的变迁,不断搜集、整理、迭代更新着我们可以掌握的所有案例资料。为了使本项目不至于被案例在正文中的穿插冲淡理论阐释,我们采取了案例单独列出的行文风格,以便阅读者能够从这些原汁原味的相关背景材料中印证我们所述观点,同时也尽量能看出案例中蕴含的相关规律。通过对这些精选的案例进行分析归纳和演绎,我们力求使对本题目的论证做出符合时代特色的研究结论。

二、研究思路和研究框架

由于本题目问题涉及的领域十分复杂,有政务微平台、行政伦理、网络伦理、技术伦理等方向,且这些方向均属交叉方向,因此研究过程至少有两条线索贯穿其中:

第一条线索是,通过对政务微博技术的负面效应及其本质特征的分析,佐以对行政手段和行政技术与行政伦理关系的历史回顾,总结出行政伦理作用于行政手段和技术的演变规律。依据行政活动的当代特征,对微博行政伦理规约做逻辑上的辨析。运用历史和逻辑相统一的方法,以历史回顾为实证。以电子网络化政务的案例分析为基础,把理性思考和行政实践结合起来,认为微博行政伦理规约的本质特征是过程性。

第二条线索是,从技术哲学角度通过对互联网和微博技术的价值负荷,以及微博行政活动过程的社会化分析,寻找微博行政伦理规约的内在驱动力和外在压力。从国内外行政伦理和技术伦理研究的思路,探索了政务微平台技术的价值负荷与微博行政伦理规约的理论依据和可能。通过对新公共管理运动以来公共管理者社会责任的普遍认同,得出微博行政伦理规约应遵循的原则。综合以上分析,最后探索了微博行政伦理规约的制度安排问题。

总的思路是,以当前微博行政伦理活动面临的问题困境为起点,提出微博行政伦理规约不但要对传统经验管理、专业技术管理、网络系统开发者各方组成的管理共同体进行规约,还要对政务微平台技术产品开发阶段和资源配置方面进行前置性规约。目的旨在为政务微博行政伦理构建一种利于对各方协同过程进行规约的协商和博弈机制,并分析了微博行政伦理规约的层次性、过程性以及或然性的特性,认为要通过各种制度安排来具体实施对政务微平台环境下的政务活动进行伦理规约。

三、研究难点

难点之一,本题目试图给出政务微平台形态下的行政伦理——微博行政伦理规约的内涵和一般规律。但新公共管理运动以来,善治等理念的兴起使公共管理主体成为一个庞大驳杂的群体。因信息化建设的各种阶段性特征特别是一些相关政策变动发展,导致目前使用的各种政务微平台技术系统和技术产品之间存在差异性。本题目在研究中,选取了一些典型政务微平台应用案例做研究,从中力图归纳和总结出一般的规律性。在新媒体产品日新月异层出不穷的当代,微平台概念其实也在不断发生内涵和外延的变化,如果不能对整个政务微平台体系做出整体把握,对政务微平台的行政价值没有前瞻性的洞悉力,则研究成果难以体现出行政伦理理论所急需的实践价值。

难点之二,基于政务微平台的行政伦理即微博行政伦理规约的本质在于对过程的规约,这是本题目的观点之一。这一主张关键是要能够敏锐地寻找和把握准网络行政过程规约中涉及的各种网络行政环节,以及这些环节要素之间的逻辑关系。然后按照行政程序过程的逻辑,探讨各个环节中的行政伦理规约作用。最容易可能导致的一种误区是只给出了一系列的概念,描绘了一个逻辑框架,却未能对微博行政过程做进一步的动态考察。从一项政务微平台项目的开发试点、推广使用、升级的生命周期中,对行政伦理可能的前置规约,过程规约等环节的探索,无疑是有相当大的难度的。

难点之三,行政伦理关系到行政和伦理,而本题目旨在研究微博行政伦理,该命题的研究事实上还会涉及传统行政模式的变革。由于政务微平台的重点虽然在政务而不只是博客,但政务微平台的运行却涉及许多技术性较强的产品,不可避免地又会关涉到技术伦理、社会学、行政学、管理学、政治学、互联网技术等多学科前沿问题。这些问题目前在国内外仍然属于学科新领域,这些因素不同程度地影响和制约着问题的分析和解决过程。本题目对网络行政及微博行政伦理和相关学科之间的关系,做了下图划分:

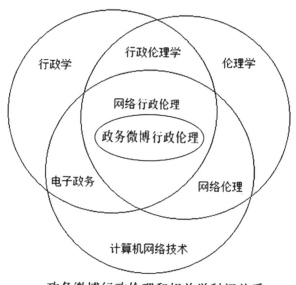

政务微博行政伦理和相关学科间关系

本课题组制图

难点之四,基于政务微博条件的行政活动在中国的发展阶段,本题目大致划分为前述的微博示政、微博问政、微博行政三个阶段。我国区域发展水平有很大差异,各地信息化水平均未完全到达微博行政的成熟阶段。换言之,微博行政目前只是少部分发达城市的部分部门的行政常态,本题目所需要的大量案例,有的属微博示政和网络问政的现实案例,作为前置性规约,微博行政的伦理规约有待于以后微博行政成为常态后,从更多涌现出的实际案例深入研究。

　　一个新概念的确立,总是要依托若干相关概念来加以概括,这一认识过程的终结,就必然会产生最后的概念来加以概括。微博行政伦理概念及其规约活动的研究,一方面离不开行政环境的变革和基于网络化行政冲突的伦理诉求,另一方面则是研究者问题意识的一种表达方式。以上通过对微博行政伦理这一概念的提出和微博行政伦理规约研究的初步设想,其实是对微博行政伦理这一颇具前景的新媒体伦理问题,做了概念的确立和问题边界的划分。行政伦理学科身份在目前尚存在研究路径模糊的现实困境,本研究试图从方法论和价值层面予以尝试。我们结合自己的能力、优势和条件,尽量使研究的切入视角方面有新意,或在材料选择方面有新意,也可以在搜集和使用原始数据方面有新意。力求不但从概念的确立上有所突破,也通过案例实证研究了微博行政伦理规约的过程本质、基本原则、制度安排等问题,以供其他行政伦理研究者继续深入研究做参考。

第一章　微博化行政出现的历史逻辑

信息化是通过对信息的处理,实现对现实事物有效管理的过程。广义上讲,人类任何的生活生产活动都不会脱离信息化过程。同样,信息处理作为政府部门工作的主要内容,几乎承载了政府机构的所有工作。随着新技术的不断发展,信息处理方式也在不断更新,从某种意义上来说,通过信息处理方式变化情况,可以折射出政府服务能力的水平状况。

第一节　"互联网+行政"何以形成

基于政务微博的行政活动以网络行政方式为主要特征,而这种行政活动的兴起有内在的历史必然性。要考察该必然性,则须先考察人类行政活动方式的变迁规律或特征。本题目为了阐明微博行政伦理出现的必然性,对人类行政活动方式的变迁,把切入点选择在政务信息处理方式变迁视角。研究政务微博活动中的行政伦理,离不开行政关系的研究,而行政关系的研究则离不开行政共同体内部和其他有关各方之间的政务信息传播。技术远不是一种"硬件",它终究是一种"人的活动",并与人相互塑造。① 人类行政活动的历

---

① 〔加〕马歇尔·麦克卢汉:《理解媒介》,何道宽译,译林出版社 2019 年版,第 22 页。

史演进表明,政务信息资源的处理与传播是政务活动的常态活动,而政务信息处理方式和传播技术在人类社会发展的不同历史阶段各有不同特征。例如作为政务信息化发展重点的档案领域,其形态与历史发展水平相呼应。中外档案的种类从甲骨档案、石刻档案、简牍档案、缣帛档案、金属档案、泥板档案、纸草档案一直发展到当代的电子介质形态的光盘档案。所以,政务信息技术的发展进步,实质也是政务信息资源的处理手段和传播技术的进步。而政务微博诸如提高行政活动透明度、降低行政成本、提升行政效率等特征,无不以政务信息的流动与传播为支撑。基于政务微博条件的行政伦理,须厘清行政关系,而行政关系的厘清则离不开行政共同体内部和其他有关各方之间的政务信息传播关系。本题目从政务信息处理方式变迁视角作为切入点,通过考察农业社会、工业社会、后工业社会的政务信息处理方式演变,力求挖掘服务型政府与微博行政勃兴的历史逻辑。

对传统行政伦理进行的研究,很多学者侧重于考察行政价值取向,而对于传统行政伦理现代转化的发展逻辑及其动因系统分析方面,也多以社会制度变迁为逻辑起点。例如有学者认为大致可以把政府行政模式划分为三个发展阶段,即"统治行政""管理行政"与"服务行政"①。与之相对应的政府形态分别是统治型政府、管理型政府和服务型政府。笔者认为,学术界所提的三种行政模式的转变,本质上可看做是不同行政条件下统治、管理、服务的权重动态变化的过程,因为这种转变并非是界限分明的。政务微博的社会价值之一,要从根本上提升政府的公共信息服务能力。笔者通过对不同行政条件下的政务信息传播方式及行政价值取向进行比较,不仅有助于确认上述三种政府行政模式,而且能够从这一视角深化对微博行政伦理的认识。

信息的沟通和流转是管理组织正常运行的基本条件。信息是较为抽象的概念,故需载体予以承载才易为人所掌握。政务信息是与政务相关活动的文

①　张康之:《寻找公共行政的伦理视角》,中国人民大学出版社 2002 年版。

档、情报、资料、数据、图表之总称。笔者所指政务信息资源，主要指政府机关合法采集和整合的与经济、社会管理和公共服务相关的信息，包括行政共同体所提供的公共信息产品，也包括存于各种形式载体的信息资源。政务信息的传播过程牵涉各种形式的行政伦理关系，我国传统行政伦理环境浸淫于农业经济、宗法族制和儒家思想意识形态化的相互作用之下。而现代化进程中，市场经济体制的建立、政治民主化趋势以及公共行政功能作用的变化，使政务微平台微博活动过程中出现伦理困惑和伦理诉求，促使政府不得不从自身内部调整原有的行政价值体系，从内部推动了传统行政伦理的重构。中国现代化进程中的改革开放、全球化和入世的特殊际遇又把传统行政伦理规范置于全球背景中，因此全球化和互联网的兴起使我国行政共同体得以与各国行政效能形成更多机会的对比乃至互动。其间基于现代行政手段所形成的价值理念碰撞与行政方式更新，加速了传统行政伦理价值重构，可以看做是开放带来的外部因素推动了我国传统行政伦理的现代转化。

基于以上前提，本章将对农业社会、工业社会、后工业社会条件下的政务信息处理方式和行政价值取向做梳理，考察行政伦理的发力的社会条件，从历史演变角度剖析传统行政伦理现代转化的历史发展逻辑，尤其是政务信息处理和传播方式随着三种行政模式的转变而相应变化的特点，探察"互联网+行政"在这个逻辑运行的背后潜藏的行政伦理规范演变的规律性。

一、前工业社会的政务信息处理

这里的前工业社会主要是指农业文明社会而非渔猎或游牧社会的那种划分方法。农业社会政务信息资源的处理与传播，主要是基于人际传播和自身传播基础上延展的团体传播与组织传播。农业社会相对落后生产力水平决定了政务信息处理方式和传播技术也相对原始，政务信息资源具有分散、封闭、易为传播者个人因素所影响的特点。与此种政务信息处理方式和传播技术相应的农业社会多是自然经济为基础的个人或家族集权的君主统治体制。在此类政务信息处理方式和传播手段基础上,以农业生产关系为特征的经济主导模式和专制体制之下,高效、大众、统一、快速的服务型行政不可能成为主流价值取向。

统治型政府是人类历史上最早的一种政府行政类型,它是伴随着国家产生而形成的。统治型政府无论其政体为何种,均有威权和乾纲独断意味。统治型政府的行政理念是统而治之,政府活动是基于更好实现其统治职能而展开的。为了巩固政权虽有人提出过诸如"民贵君轻"的见识,也包括一些社会经济管理活动,但总体上统治型行政则多体现为专制乃至极权政体。包括管理信息资源在内的诸多行政资源归统治阶层掌握,决定了统治型政府必须把不利于统治者的信息流动予以排斥或边缘化以最大程度地保证领袖专制。统治者控制各种资源和话语权,政府与公众之间的关系是臣与民的关系。行政阶层必须要对最高统治者负责与效忠才可获得个人发展机会,因此这种行政类型的政府多呈现出浓重的人治色彩。漫长的农业社会和简单分工的自然经济,在人类行政活动发展史上是属于职能尚未细化的阶段,其管理职能与统治职能的分化边界是模糊的。

在农业社会,政务信息资源的处理与传播的指导方向是遵循旧制和唯上的。政务信息活动通过为统治型政权服务为其存在前提,此为最大的伦理。在此类体制和传播方式之下,难以形成管理者和被管理者之间平等自由的行政伦理关系。实践中多依赖于官员的暗箱操作和双面手段来进行施政,马基雅维利主义色彩甚浓。自然经济基础之上的社会制度进步相对缓慢,政务信息的大众化传播鲜见也没有太多必要,官员的道德观念以对君权旧制的效忠为常态。在统治型行政条件下,由于统治者的合法性多来源于君权神授或世袭,行政层沿袭文本和先朝旧例自觉定位的臣民角色,常态上是政务信息的处理规制和传播伦理关系。在中国隋唐通过科举制度,以典籍考试方式扩大入仕机会后,也有通过发行官文或邸报的形式公布政务信息等制度来维护和巩固统治。在西方,宗教伦理强调政教合一,通过君权神授等解释来控制社会信息流动和社会安全。在信息来源相对单一、技术相对落后的农业和手工业生产中,直接从祖宗和旧例那里习得修身齐家治国平天下的技能和方法,是这种社会阶段的基本政治伦理。因改变旧制或变法的成本过高,导致整个官僚群体见识、经验乃至技能活力不足,社会进化迟缓。统治层信奉"君不密,失其国""防民之口甚于防川",各级官员信奉"臣不密,失其身""圣谕一言九鼎",唯上是从与沿袭旧制是绝对的主流行政伦理取向。如此政务信息资源的日常处理也时时与"祖宗之法不可变""遵循惯例"等理念发生冲突。官僚系统的大胆开拓也会被视为"忤逆"或背离"为往圣继绝学",敢于变法者更将付出高昂成本。公众无公民意识和天赋人权理念,官员以"父母官"自居,百姓乃是子民、臣民和草民,臣民社会的传统文化是"义务文化",臣民则无独立人格,只需"臣服"。如此行政关系下,对文本、经验和技能的继承,使相应的政务信息处理效率相对缓慢,还形成民众心理易被愚弄、盲从维护被统治地位的心理根源。个人和他人的权利表现为专制体制下的权利,直接从前辈那里习得相关经验、技能和方法,是后辈们介入相关行政过程的一般途径。如此对前人的忠实和注重、对前人行政文化的继承和接受的信息活动方式,不仅成为维持农业社会漫长而稳定、落后而保守的迟滞状态的前提,而且也是造成公众盲目崇拜长者,迷信权威,维护神权、皇权和族权的伦理根源。

在政务信息传播方式上,统治型政府通过官僚制实现信息流动,规定各级行政层和将重要信息逐级上报朝廷,怠慢将获罪。从我国宋代起,邸报作为信息资源载体,其主要内容已定型,主要是统治者的诏令谕旨,以及法令、政令、地方官员选拔、奏章、言官和其他官员对朝廷政务的规谏与建议等政务信息。此类名为抄报和邸报的文档,即属于有传阅范围限制的政务信息文件。分散的农民无法脱离土地,信息公开发布权和话语权由中央机构掌握,农民无从得知更多信息。如宋代的"定本"制度就是对即将公开发布的政务信息的严格审查,只有通过了审查才能编成邸报发布给低级官员知晓。明清两代,此类行政事务甚至升格至皇帝要亲自参与最后审定。在政务信息的发布范围方面，相对开明的唐代，发行邸报也仅限京师官吏。到了宋代出现了"小报"，虽屡遭查禁却从未断绝，反映了普通民众对政务信息公开的强烈需要。清代雍正和乾隆初年，都有过禁止小吏传阅和私抄邸报的规定，但因抄报工作都由这些办事人员经手，可知这些禁令常常被用来徇私。由于抄报是在手抄、转抄的过程中产生传阅，难免出现纰漏，明清两代的史传文献中，都载录过"伪传邸钞"的案件。

二、工业社会的政务信息处理

在工业社会，政务信息资源除了人际传播和自身传播基础上延展的团体传播与组织传播外，现代媒介技术，例如公开发行的报纸和广播电视媒介，能把信息资源迅速分散与聚拢。工业文明时代的主流政治体制是民主共和理念，而经济体制的特征多为市场体制。市场经济体制和民主共和政治体制要求高效率的政府作为，行政活动运用广播、电视、报纸等三大媒介来传递政治信息。这一政治、经济体制要求社会全体保持衔接和同步，还要求政府管理层具备高效乃至标准化倾向的行政价值取向。

管理型政府产生于西方资本主义制度确立时期，但最终形成于19世纪末20世纪初。在资本主义经济由自由竞争走向垄断阶段，工业化进程迫使政府改变"守夜人"的角色。政府的职能在扩展，其行政管理职能在扩大，使管理行政模式在20世纪初上升为主导。经济上的等价交换，政治上的自由民主突破了专制统治枷锁，权力体制出现制衡。工业文明的进步和资本主义的发展引发土地所有权和经营权分离，分权管理和经济民主思想勃兴。这些变化逐渐从根本上改变了因统治型权力集中形成的特权思想，民权逐步地替代皇权或特权。民权替代皇权或特权使政务信息公开的要求有了形成条件。肯特·库柏（Kent Copper）在20世纪40年代中期最先提出知情权（又称"知悉权"或"了解权"）。其基本含义为"公民有权知悉、获取官方和非官方信息的自由和权利,政府则负有将非法律特别限制的一切情报、信息予以公开的义务"。①
其意即为政务公开。由于在管理型政府中,政府的统治职能弱化,因此对政务
信息资源的控制方式相对开明,效能成为首要行政价值追求。行政管理和经
济体制均要求管理层在理性官僚制下遵循效率伦理。

在工业社会,政务信息资源的处理与传播的指导方向,是力求把握现实和
唯利的。这一时期信息处理,特别是政务信息量远超农业社会。信息自由作
为资产阶级新闻自由口号,实则为其利益。与这一状态相应,政务信息传播日
渐侧重对现实利益的关注。新闻界与政界关系微妙却又密切,新闻界既是政
界的宣传者也是政界敌对者,有"第四权力"和"无冕之王"之称。工业社会勃
兴的政党政治以及民主共和思想,把民众从沿袭旧制思维中解放出来,政党竞
争活动中的信息控制,让政客意识到只有掌握那些看来是"有用"的信息并加
以灵活运用,才是值得的行政价值取向。因此政务信息流动关注社会现实,形
成追求效率和经济收益乃至"顾客导向式"的政务信息传播方式。

工业社会的经济活动要求产品规格型号的标准化、行业工作时间的标准
化、生活方式的大众化。在政界体现在党派合法的、标准化的程序中各种理性
科层制的有效运作。与此相一致的体制,方能保证资本代言人的最大利益。
资产阶级控制媒介,竭力影响政务信息传播机构与内容,体现把持信息工具的
管理层利益目标。由于由官僚统治集团所主宰的大众传媒是社会信息媒体中
的主导,故普通民众通过大众媒介所获信息具有趋同性。不同利益集团的代
言人,按照符合自身利益的价值取向的行政伦理进行政务信息的宣传和运作。
所谓资产阶级维护信息传播和新闻的自由,实质也是为利益群体或党派利益
而维护信息传播的自由。这种注重当前、追求现实的信息活动不仅有助于维
持分工合作的工业社会政治、经济体制,而且也造成了工业时代人本价值观念
弱化等若干短视性缺陷。这种价值取向伴随着对社会远期发展和代际伦理困

---

① 王利明:《人格权法新论》,吉林人民出版社 1994 年版,第 498 页。

境,加之行政层的官僚弊端和对自然价值的漠视,使得越来越多的学者开始反思传统官僚制的弊端与伦理困境并寻求超越的方式。

三、后工业社会的政务信息处理

从历史发展看,政府部门信息处理方式大致历经手写、油印、手工打字、传真、复印、电子排版、办公软件、互联网应用(电子邮件)、信息系统、图文音频视频处理、移动办公(手机 APP)等阶段,目前已进入到"大数据时代",很多事项需要多部门业务线上线下协同处理。

为了阐发后工业社会的政务信息处理方式与行政价值取向,先对后工业社会的特征做一提及。美国未来学家奈斯比特认为,新时代即"第三次浪潮",是继农业社会、工业社会以后的"信息社会";法国学者米歇尔·波尼亚托夫认为,20 世纪 70 年代工业社会向科学文明社会的过渡阶段是"科技社会";德国学者拉尔夫·达伦多夫认为新的时代是"后资本主义社会"。① 无论是"后工业社会""后资本主义社会",还是"信息社会""科技社会",这些提法都概括出了 20 世纪 70 年代末以来的社会特征:它不同于传统的工业社会,是高科技特别是信息产业革命的产物,是工业化的资本主义发展又一阶段。1979 年,美国负有盛名的社会学家丹尼尔·贝尔在他的著作《"后工业社会"的来临》一书中指出:"前工业社会依靠原始的劳动力并从自然界提取初级资源。""工业社会是围绕生产和机器这个轴心并为了制造商品而组织起来的。""后工业社会是围绕着知识组织起来的,其目的在于进行社会管理和指导革新与变革;这反过来又产生新的社会关系和新的结构。"全球性信息变革引发经济产业结构变革,产业结构变革引发社会结构变革,"后工业社会"即为发达工业社会的社会结构变革的产物。

在我国,走工业化和信息化融合的"新型工业化"道路已形成政策,正在

---

① 智库百科,后工业社会,词条,http://wiki.mbalib.com/wiki/。

向工业化和信息化深度融合发展。后工业社会的重要标志是信息经济和知识经济,网络化的信息活动方式在其形式上具有交互性、开放性、全球性、多元性、共享性等复杂特征。基于信息网络的信息处理、创制和传播,使网络信息活动难以由单一机构控制,信息在网络中扩散的自由程度、随机性极大,且在虚拟空间中人们总会用各种方式规避单一信息控制,因此信息流动总是不同程度地带有难以被单一化控制的"弥散性"特征。与网络信息扩散的自由度和随机性极大的情景相对应的是,政务微平台网络中扩散的政务信息在量上的冗余和在质上的多元。此类特征可突破工业社会和农业社会的信息处理方式与传播格局。

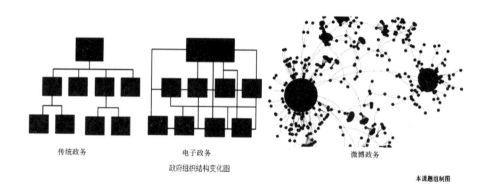

传统政务　　　　　电子政务　　　　　　　　　微博政务

政府组织结构变化图

本课题组制图

在后工业社会,政务信息资源的处理与传播的指导方向,是以谋划未来发展和凸显公共性为目标的。在工业社会中,科学技术的发展多是非预测性的、自发性的,随着新的技术性预测模式的出现,后工业社会将有可能对技术进行规划和预测[1]。在工业社会,技术开发者在市场促进下不断革新研发,但技术革新总伴随着技术运用后果的不确定性。工业社会中的人们难以对技术发展有效控制,而在后工业社会中,伴随着新的预测方法和"探测技术"的不断产生、发展,人们有可能在社会发展的经济史上开辟崭新的阶段,即有意识、有计

---

[1]　蔡翥、石侃:《后工业社会理论:贝尔与马克思的对话》,《江苏教育学院学报(社会科学版)》2003年第2期。

划地推动技术变革,从而减少技术应用中的不确定因素。后工业社会中,信息技术不仅对经济结构和劳动力构成带来了变化,而且使社会的政治、经济、文化各领域均被信息化。后工业社会的战略资源是信息,合作的战略将比竞争的战略更适合于信息的扩散和使用。信息社会的政府要体现其公共服务职能,必须运用政务微博等新媒体完善社会舆情信息汇集和分析机制,注重协商式合作和服务性行政。从这个角度看,"治理"理论的引入与城市社区建设进程的契合并非偶然,也非学术偏好。"参与""治理"和"善治"等成为热点词汇以及协作和协商成为当前的价值选择,是有其深刻的背景和根源。相对于统治型行政对信息资源的垄断和管理型行政对信息资源的单向控制,后工业社会适于以互动协商为特征的治理理论。治理理论强调的权力中心的多元参与,而不是政府对权力的一元化或垄断,它否定社会管理及权力运用的自上而下的单一性和单向性,而是强调政府与社会各种权力的互动性。治理理论并不否认政府权力的强制性,但更强调权力与组织间的协商与合作;治理理论也不否认政府的管理必要性和必然性,但更强调社会的自主和自治。因此,治理理论强调社会组织和公众个人通过某种平台和途径参与社会和社区的管理过程,发展政府、企业、社会组织及公民各主体间的多元参与、合作、协商和伙伴关系。政务微平台网络具有的交互性、开放性、全球性、多元性、共享性等特征,在建立政府主导,社会、企业、公民多元主体参与的管理机制方面显然举足轻重。

基于以上历史演进可以看出,政务信息的传播方式和记录载体的变化,带有人类社会不同文明形态的烙印,和人类的行政伦理的演变也有着明显的关联性。行政伦理关键是行政主体和客体之间关系的处理。不同行政模式有不同的政务信息传播方式,影响着人类行政伦理的演变、特征、规范的形成。随着网络等信息技术和材料的普及,记录在光介质、磁介质等电子存储材料的政务信息日益增加,故政务信息目前包括丰富形式载体所反映的内容。政务信息的传播变化对行政管理发展的意义,不仅表现在为管理提供工具和实现途径,更重要的是它将引发行政价值观、行政环境、行政权力体系以及行政组织结构等一系列深层次的变革。政务信息传播方式的进步,对实现政务信息公开和构建服务型政府均有重要意义。从统治型行政、管理型行政再到服务型行政模式,现代的政务微博能为互动协商为理念的服务型行政模式提供技术平台。因此,基于微博的行政活动出现有着其发展逻辑必然性。

/// 【相关背景材料】

国家网信办发布《数字中国建设发展报告(2018 年)》

2019 年 5 月 6 日,第二届数字中国建设峰会发布了《数字中国建设发展报告(2018 年)》。报告指出,当今世界,信息化、数字化、智能化是鲜明的时代特征,世界经济数字化转型成为大势所趋。

报告显示,总体上看,2018 年数字中国建设整体推进、成效明显,信息化发展能力明显增强,信息化整体水平持续提升,信息化践行新发展理念迈出坚实步伐,信息化促进供给侧结构性改革,信息化有力支撑重大改革实施,信息化发展环境进一步改善。

报告指出,2018 年,《"十三五"国家信息化规划》确定的国家信息化发展主要指标完成情况良好。从重大任务实施成效看,新一代信息基础设施加快建设,信息技术创新能力逐步增强,数据资源体系建设成效明显,数字经济培育壮大发展新动能,电子政务和新型智慧城市建设水平明显提升,网络扶贫与数字乡村建设接续推进,信息化发展不断增强人民群众的获得感、幸福感、安全感。

报告分析了数字中国建设面临的形势,提出 2019 年数字中国建设要加强战略统筹,开展"十四五"信息化规划预研;要优化创新生态,增强网络信息技术创新能力;要发挥投资关键作用,加快建设新型基础设施;要立足高质量发展,推动数字经济创新发展;要着力缩小数字鸿沟,统筹推动城乡信息化融合发展;要促进改革创新,推动电子政务发展与信息惠民;要坚持安全发展,加强网络安全保障能力建设;要深化开放合作,推动共建网络空间命运共同体。

(资料来源:信息安全与通信保密杂志社,http://www.qianjia.com/html/2019-05/07_335821.html)

四、"微博+行政"对既有行政伦理的冲击

农业社会和工业社会以物质、能源为基础,且易于被私有化和独占。信息网络技术兴起后,社会资源的分配方式相应变化,必然会推动传统社会结构与组织形式的裂变。网络文化中的平等、公正、高效的理念逐步深入人心。后工业社会以信息和知识为基础,信息资源可以快速被多个主体同时所占有、共享,且政务信息的作用和价值还可以在传播过程中出现增值或贬值,具有共享性、再生性和倍增性的可能。"每个信息包都可以经由不同的传输路径,从甲地传送到乙地。……正是这种网络分散式体系结构令政客都无法控制网络"。[①] 随着全球政府改革浪潮的推进,人们意识到,政府通过现代化的电子信息手段和管理手段优化政府业务流程、规范工作模式及公文格式,是保持政府合法性的必经之路。在信息社会中,人们发现,行政方式越加依赖相应的信息技术支持,而有些行政方式就是专门为保证信息流通而创立。如目前行之有效的网络规划技术,就运用先进的信息技术提高了行政管理效能。该技术源于19世纪末美国学者甘特发明的甘特图,后发展为横条图形计算法,是较为简单地安排工序和时间的图表。甘特图不断改进后,其工作程序的模型化建立依靠现代信息技术最后创立了全新行政方法和行政措施。其他如决策支持系统(DSS)、电子会议系统(EMS)、远距离控制、分布式工作等此类管理方法的应用,为行政管理创新提供了新的手段。

---

① [美]尼·葛洛庞帝:《数字化生存》,海南出版社1996年版,第22页。

后工业社会的信息经济、善治理念以计算机网络化的政务信息传播方式为其技术前提。如前所述,网络化的政务信息活动方式具有交互性、平行性、开放性、全球性、多元性、自由性、共享性、平等性和非权威主义特征。形成了信息来源多样性对传统一元性的冲击、网络信息开放性对传统封闭性的冲击、网络平等性对官僚等级性的冲击、人的个性化对传统整体性的冲击。正是这种网络化政务信息传播方式的发展和普及,使行政伦理随着行政关系的变化而必须重构。从技术基础视角,网络化简化了监督信息反馈的传输通道,使政府得以更便捷地获得准确的信息反馈,提高了政府的回应性,实现了传统官僚制难以实现的公民和政府之间的直接沟通。从社会基础来看,公民通过政务网络方便地关注政策制定、财政预算、公共服务等信息,网络化扩大了公民的政治参与,促进了公民社会的发育和壮大。人们已经习惯也依赖于通过新媒体而不仅仅是传统媒介进行事务办理和政治参与,政府从封闭行政到开放行政的转变是大势所趋。2019 年 5 月 1 日实施的《政府信息公开条例》和国务院办公厅印发的《2019 年的政府信息公开要点》中,就可以清楚地看到这一趋势。

网络化的信息活动方式不再使统治行政模式和管理行政模式成为主导,而使服务行政模式成为必然归宿。服务行政的价值导向会继承管理行政中的社会管理职能,但在实施过程中公共权力与行政职位的结合,仍从属于具体的管理需要。这种管理与以往的管理不同,它是建立在为社会化服务的原则基础上的,管理是手段,服务是目的。事实上,互联网的交互性本身最能体现服务对话精神。公众乐于通过互联网进行政策参与获得多元信息,即使这种多元的信息来源也可能形成冗余信息导致真实性和准确性降低。

从伦理视角考察,政务微博平台技术是政务实践中人为规定的操作方法或途径,而微博行政伦理规约是力求凸显善治理念的规范或约定。微博行政伦理是一种基于微博的客观关系存在,它由操作者、工具和对象等技术要素的自然本性共同决定,微博行政伦理规约是政务微博条件下行政活动的价值规范。人们常常注重技术环境下活动的工具理性而忽视价值理性,注重技术活动局部效益的绩效而忽视系统各相关要素整体关系的优化。这种从技术理性到价值理性的追求过程,同时影响着政务微博行政活动过程中各要素的配置。无论是泄密问题、技术滥用和政务微博的"僵硬无活力"问题,还是政务微博平台产品质量和技术风险问题,都是有待微博行政伦理规约的重要现实问题。而当前为了解决此类问题而提出的对策,又多停留在新媒体技术进步层面。对行政绩效评价,也多看重事务的处理量而忽视对行政伦理的评估。服务型政府理念指导下的微博行政活动,要求人们既要关注政务微博的工具价值,还要关注技术所带来的负面效应;不仅要看重技术带来的既得效益,还要关注长远的谋划与发展,使之通过伦理规约尽量弘扬技术理性"善"的一面进而凸显出价值理性"善"的追求。因此,在微博行政活动中,应该把人、环境、社会和行政伦理因素看做有机的整体,以追求整体和谐的行政环境角度处理网络行政活动相关各要素的关系。同样,在对行政共同体的培养,应当力图使之形成整体的新媒体行政价值取向,不仅要对政务微博等新媒体技术娴熟运用,还要能够凸显微博行政伦理的"善治"意蕴。

近年来有学者提出"网络化公共行政",其理论探索所指是由网络理念、网络组织和网络运行机制为核心要素构成的新型公共行政体系,该理论认为网络化行政是公共行政领域结构性变迁在理论上的内在反映,是对公共行政领域现存各种理论的一种扬弃与整合,既能够体现现代民主政治的核心价值,又能够有效应对现代社会治理的复杂性、动态性和多样性,是后工业社会理想的公共行政范式。① 其他还有诸如政策共同体理论、政策网络理论、公共产品与服务提供的网络理论、网络组织理论、网络化公共行政核心功能及其实现方式等理论的形成与发展,共同构建起了新型网络化公共行政的基本理论框架。"网络化公共行政"的理论探索与笔者所讨论的政务微平台网络行政虽有区

---

① 杨冠琼:《网络化行政:公共行政的新范式》,《新视野》2008 年第 5 期。

别,但不容否认的是,基于信息网络的行政的确是后工业社会和知识经济时代公共行政模式的一种必然方向。

笔者结合统治行政、管理行政、服务行政三种范式的演进思路,具体探讨政务信息传播方式与人类社会文明形态、行政伦理体制变革的相关性,对行政范式与社会治理规律变化的相关性,用下图予以表示。这种变化过程随着科学技术的进步和一次又一次产业革命的不断发生,社会治理的复杂度和所需信息资源的精细化程度必然也是日新月异,对数据的规模和质量的要求也是越来越高,人类社会在现代社会无法脱离智能化和海量数据的支撑才能运行以成不可逆转的发展方向,此图中用横向和纵向坐标来呈现。因人类社会变迁是个历史的过程,缓慢且复杂,因此图示中有重叠交叉部分。该图有助于厘清思路,更为清晰地划分人类社会变迁和行政价值演变之间的关系,同时对信息网络时代的政务微博行政伦理形成的历史逻辑以及特点提供一种观察视角。

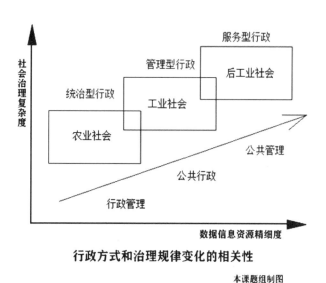

行政方式和治理规律变化的相关性

本课题组制图

综上所述,当代中国公共行政价值的取向变化和伦理重构问题的提出,从行政实践的现实印证了伦理观念与现代行政活动的内在张力,这是后工业社会与传统伦理的矛盾冲突的行政表征。从当前我国从农业向工业社会、从工业社会向后工业社会、从计划经济向市场经济、从工业化道路到"新型工业化道路"多样化存在的现实看,我国的行政价值变迁必然会受到这些复杂因素的影响。从"暗箱行政"到"透明行政"、从非完全责任到完全责任、从统治到多元参与治理、从遏制贪腐到标本兼治、从依法治国到法德并举、从传统社会向现代社会的转变过程中,依托网络的行政活动已经凸显出其主流特点。而社会变迁与行政伦理的相关性,也体现在政务信息交换对象、传播者责任、传播机制等领域。一方面,行政伦理思想的演变凸显了社会信息传播活动的特性,其发展带有鲜明的社会属性;另一方面,行政伦理思想的发展也有其内在的逻辑特征,基于服从上级、各司其职、行为规则化等前提的行政伦理思想的占主流地位;从不同的发展阶段内部而言,微博行政的形成逻辑主要体现在:社会治理任务的日益庞杂公民诉求多元化,网状式的多元善治趋向使政务信息传播必须从单向传播到互动传播以实现协商式民主参与。从伦理政治到民主政治,从为政以德到为政以法,从道德自律到道德他律,从道德的人到道德的社会,由此引起了相关行政伦理思想的变迁。相对于不同的历史阶段,人类运用政务信息的行政价值取向也从沿袭过去旧制、把握现在利益,演变到注重谋划将来。总之,当代中国公共行政价值取向发生的变化不仅包括公共行政理念的转变,还包括公共政策选择、公共权力定位和政府治理范式的变革。要把这种变革的内涵从时间层面上升到价值层面,必须构建网络化系统配套的制度平台,把微博等新媒体的行政实践从理念选择上升为成熟的制度安排。

第二节　新媒体和政务微博

一、微博政务、电子政务和传统政务

作为新媒体,正如"新"这一汉字所涵盖的意思是多层次的那样,关于政

务微博的定义有很多,并且继续在随着政务信息化的实践发展而不断更新。为了说明政务微博,我们先要介绍电子政务。

联合国经济社会理事会将电子政务定义为,政府通过信息通信技术手段的密集性和战略性应用组织公共管理的方式,旨在提供效率、增强政府的透明度、改善财政约束、改进公共政策的质量和决策的科学性,建立良好的政府之间、政府与社会、社区以及政府与公民之间的关系,提供公共服务的质量,赢得广泛的社会参与度。

综合以上表述,将电子政务界定为:电子政务是运用计算机、网络和通信等现代信息技术手段,实现政府组织结构和工作流程的优化重组,超越时间、空间和部门分隔的限制,建成一个精简、高效、廉洁、公平的政府运作模式,以便全方位地向社会提供优质、规范、透明、符合国际水准的管理与服务。总之,电子政务是电子通信技术与管理的有机结合,成为当代政府信息化的最重要的领域之一。而微博政务则是依赖于政务微博等新型政务新媒体进行的政务活动,在书中政务微博(微政务)一词已经涵盖了微博政务的绝大部分要义。

传统政务、电子政务、微博政务的异同,通过设计的下表做一对比。

传统政务、电子政务、微博政务的异同比较

对比条目	传统政务	电子政务	微博政务
政府存在形式	物理实体存在	网络虚拟化	政府发言人
用户参与区域	地理限制(跑路)	跨地理局限(联网)	跨地理局限(联网)
政务办理方式	现场接洽	网络接洽	信息发布与收集
办理时间段	特定时间段内	基本全天候运行	全天候运行
政府组织结构	金字塔垂直结构	网络扁平辐射结构	点到面网状结构
程序认可方式	公章批示等	数字签章等	权威官方公众号
行政流程特点	线性协同	非线性协同	几何级数传播
政务权力重点	管理和审批	服务和指导	权威政务信息
政策形成途径	内部权力层决策	内外结合决策	决策阶段性结果
行政边际成本	边际成本递增	边际成本递减	边际成本递减

续表

对比条目	传统政务	电子政务	微博政务
政务信息公开	重大事项公开	非涉密均公开	非涉密均公开
人员素质要求	经验型和熟练型	技术型和复合型	技术型和媒体型
行为规范方式	制度伦理	制度伦理和技术	制度伦理和技术

世界各国发展政务微平台的侧重点各有特点,但共同点是都不同程度地依赖互联网来建设。笔者要研究的微博行政伦理规约便是基于这一现实。各国积极推行信息化应用领域中政务信息公开被列为基础地位,足见政府信息网络化在社会信息网络化中的重要作用。在政府内部,各级公务人员可以基于网络进行行政事务,各部门之间可以通过网络实现信息资源的共建共享联系,既提高办事效率、质量和标准,又节省政府开支、起到反腐倡廉作用,已经带来办公模式与行政观念上的革命。理顺政务新媒体管理机制,建立健全相关工作制度,做好开设整合、内容保障、安全防护、监督管理等工作。推进整体协同、响应迅速的政务新媒体矩阵体系建设,统筹推进政务新媒体与政府网站的协同联动、融合发展,加强县级政务新媒体与本地区融媒体中心的沟通协调,提升信息发布、解读回应、政民互动、办事服务的整体水平。[①] 紧紧围绕政务舆情背后的实际问题,以解决问题的具体举措实质性回应社会关切。加强舆情回应台账管理,认真核查已作出的承诺落实及公开情况,切实维护政府公信力。增强回应工作的主动性,通过网上调研等方式,了解掌握社会公众对政策执行效果的反馈与评价,主动回应存在的共性问题,助力政策完善。密切关注涉及疫情防控、房地产金融、工资拖欠、环境污染和生态破坏、食品药品安全、教育医疗养老、安全生产、困难群众生活等方面的舆情并及时作出回应,助力防范化解重大风险[②]。以上政策精神也是笔者将研究将政务微博行政伦理

---

① 国务院:《2019 年政务公开工作要点》,中国政府网,http://www.gov.cn/xinwen/2019-04/29/content_5387467.htm。

② 国务院:《2021 年政务公开工作要点》,中国政府网,http://www.gov.cn/zhengce/content/2021-04/23/content_5601602.htm。

集中定位于"微博行政伦理规约"的关键原因。

特别要提的是,近年的情况表明,政务微博的行政价值正在由提升行政效率降低行政成本向更加广阔的内涵发展。在政务微平台中,政府机关的各种数据、文件、档案、社会经济数据都以数字形式存储于网络服务器中,可通过计算机检索机制快速查询、即用即调。政府信息资源以纸质存贮,其利用率极低,若以数据库文件存储于计算机可以极大提升应用效能服务于政府决策。因我国政府部门的职能正从管理型转向管理服务型,承担着大量的公众事务的管理和服务职能,以适应未来信息网络化社会对政府的需要,提高工作效率和政务透明度,建立政府与人民群众直接沟通的渠道,为社会提供更广泛、更便捷的信息与服务,实现政府办公电子化、自动化、网络化。通过互联网这种快捷、廉价的通信手段,政府可以让公众迅速了解政府机构的组成、职能和办事章程,以及各项政策法规,增加办事执法的透明度,并自觉接受公众的监督。同时,政府也可以在网上与公众进行信息交流,听取公众的意见与心声,在网上建立起政府与公众之间相互交流的桥梁,为公众与政府部门打交道提供方便,并从网上行使对政府的民主监督权利。国务院印发的《2021年政务公开工作要点》提出,加强政策咨询服务,政策制定机关要积极解答政策执行机关和企业、群众的咨询,精准传达政策意图,助力营商环境持续改善。政务公开工作机构要加强内部协调,畅通本机关政策咨询渠道。有条件的地方可依托政务服务便民热线、实体服务大厅和政府网站,设立政策咨询综合服务窗口,为企业和群众提供"一号答""一站式"的政策咨询服务。创新政策解读形式,加快形成以国务院政策问答平台为龙头,各地区各部门协同联动、对接共享的政策问答体系,增强政策解读效果。更加注重对政策背景、出台目的、重要举措等方面的实质性解读,避免设定过高的解读率考核指标催生形式主义问题,全面提升解读工作质量。①

---

① 国务院:《2021年政务公开工作要点》,中国政府网,http://www.gov.cn/zhengce/content/2021-04/23/content_5601602.htm。

发达国家政务微平台的重点强调的是服务,即如何利用互联网更好地为居民和企业服务。但因我国政务微平台是在市场机制已经初步建立但未达完善的条件下进行的,市场监管、信用体制等亟待建立或加强,这种需求在发达国家总体来看不是主要问题。因此,在我国,在当前和今后政务微平台的重点,应该首先是加强政府有效监管能力,其次是提高政府工作效率,然后是积极开展服务。而地方政府特别是最接近居民大众的基层组织应更多地强调开展服务。制定推进基层政务公开标准化规范化的指导文件,构建政府重点信息公开标准化机制。各地要立足基层实际,积极探索创新,多出可复制可推广的经验,全面提升基层政务公开水平。[①] 通过公共行政的电子化和网络化,因地制宜通过多种渠道提供有效的公共服务。

各国政务微平台发展历程表明政务微平台的发展一般经历四个过程:政府信息网上单向发布阶段、政府主动用户被动的官民单向互动阶段、政府和用户的官民双向互动阶段、网上事务全方位处理阶段。我国已经明确提出:推进政务新媒体健康有序发展。国务院《2021 年政务公开工作要点》要求:依法规范开展政府信息公开工作考核、评议,避免简单地以第三方评估代替应由政府自身开展的考核、评议,严肃整治评估工作中的形式主义苗头问题,有效防范廉政风险。[②] 本书也在前面章节将我国政务微博活动阶段大致划分为微博示政、微博问政、微博行政三大阶段。其中网上事务交易服务和网络行政阶段则是同一阶段的不同方式表述,具体可参看下表。

[①] 国务院:《2019 年政务公开工作要点》,中国政府网,http://www.gov.cn/xinwen/2019-04/29/content_5387467.htm。

[②] 国务院:《2021 年政务公开工作要点》,中国政府网,http://www.gov.cn/zhengce/content/2021-04/23/content_5601602.htm。

政务微博服务功能的分类

	微博示政 （信息发布服务）	微博问政 （互动沟通服务）	微博行政 （事务交易服务）
基本公共服务	和政府网站共同提供行政相对人的职业、房屋、医疗、教育、交通、保险等政策信息	对于民生保障的话题、就业机会和公共信息产品咨询等	审核和批准、报名、挂失、转账等
远距离行政	提供行政相对人公共服务索引和行政程序的指南、各类数据库调用等	用微博、微信和客户端等在线联系	运用微博和公众或行政相对人交互式传递信息、交换文件等
政治参与	法律说明，公共政策文件、公报、咨询翻案、决策背景等	对政治议题的探讨与论坛、和网络发言人的联络等	互动表达意见、投票、选举、表决等

网上事务的全方位处理的实现必然导致政府机构的结构性调整，也必然导致政府运行方式的改变。政务微博并不是简单地将传统的政府信息原封不动地搬到互联网上，而是要对其进行信息结构的重组甚至信息发布流程的再造。因此，政务微博不是将现有的信息网络发布，而是要将原有的政务信息通过流程再造为微博化的政务信息。这个阶段的实现，才能表明政务微博的成熟并彰显其优势和特征。

相对于传统行政方式，政务微博的最大特点就在于其行政方式的电子化，即行政法律关系的虚拟化、行政方式的无纸化、信息传递的即时化、政务运行手段的技术性等。为了本书的研究表述方便，将行政视角的政务微博特征择要介绍如下：

1. 行政法律关系的虚拟化

在传统的政府行政方式中，行政法律关系双方当事人（行政机关及其工作人员与行政相对方）做出行政决定和送达行政裁决信息，各方都能感受到对方和信息的实际存在。但政务微博则有虚拟性。以北京市公安局开设的网上申请行政复议为例：行政相对人可以直接在政府网站公布的电子表格中填写相关内容，填写完毕后，点击发送按键即可完成行政复议的申请程序。公安复议机关经过审查，可以通过电子邮件通知复议申请人是否受理，并可以通过电子传输的方式向复议申请人送达复议决定。在整个复议过程中,当事人双方完全可能从未谋面,也不能借助任何传统的凭据如受理通知书、实实在在的复议机关办公设施等来判断对方的可信度。行政相对方仅能从微博的设计以及信息内容感觉是在与行政机关打交道;行政机关也只能通过行政相对人在自己网站电子表格中填写的复议申请与行政决定书的编号(或者电子签名签章)来判断行政相对人的真实性与可信度。

2.行政方式的无纸化

减少纸面公文,实现无纸化办公,既是政务微博的特点之一,也是其宗旨之一。为此美国政府甚至颁布了《削减书面文件法》,意图借助电子信息技术实现公文制作及交换、传输的网络化、电子化,即无纸化。政府机关采用计算机及网络技术,使政府文件的生成、修改、存储、发送与接收都可以实现无纸化。信息无纸化行政有助于提高政府的工作效率,减少公文差错,但电子文件的大量产生,这又会带来其他相关问题。

3.政务信息传递的即时便捷化

传统的信函、电报、直接交付、发布公告等信息交流方式在信息的发送与接收之间存在着长短不同的时差。而在政务微博中,只要设备运行正常,各方当事人通过信息的网络交换时空差距被淡化了,行政相对人与行政机关工作人员的信息交互行为无需延迟。

4.政务运行手段的技术密集化

政务微博是借助于现代计算机与通信技术而建立在信息网络平台上的。政务微平台的运行,政务微平台的安全,电子信息数据库的保密,等等,都需要先进计算机技术支撑。政务微博是必须借助于电子信息化硬件系统、数字网络技术和相关软件复杂技术的综合服务系统;硬件部分包括内部局域网、外部互联网、系统通信系统和专用线路等;软件部分包括大型数据库管理系统、信息传输平台、权限管理平台、文件形成和审批上传系统、新闻发布系统、服务管理系统、政策法规发布系统、用户服务和管理系统、人事及档案管理系统、福利及住房公积金管理系统等多个系统。如程序较多的网上申请许可、电子行政决定的通知与送达将成为微博行政管理关系中通行的行政方式。传统政务中以书面文件为中心而构建的行政运行体系,在政务微博中将被电子文件、电子签章、电子邮件入口链接等所取代。

二、政务新媒体和政务微平台

如前所述,政务微平台主要是指政务微博和微信为主的政务新媒体。政务微博属于社交媒体,但又与新媒体的概念不一样。新媒体是指新的技术支撑体系下出现的媒体形态,如数字杂志、数字报纸、数字广播、手机短信、网络、桌面视窗、数字电视、数字电影、触摸媒体等。相对于报纸、广播、电视、杂志四大传统意义上的媒体,新媒体被形象地称为"第五媒体"新媒体强调的是媒介形式与传统相比之下的"新",它包含了社交媒体,而社交媒体则强调该媒体的"交流"作用。目前很多学术研究对这两者的概念界限划分不太明晰,对新媒体的很多研究,实际上指的是社交媒体。在 2018 年 12 月 7 日国务院颁发的《国务院办公厅关于推进政务新媒体健康有序发展的意见》中,对政务新媒体的定义是:"各级行政机关、承担行政职能的事业单位及其内设机构在微博、微信等第三方平台上开设的政务账号或应用,以及自行开发建设的移动客户端等"。① 从广义上讲,社交媒体包括博客、微博、图片分享、博客及视频分享、论坛、社交网站和网络社区等。此外,还要包括虚拟网络游戏、虚拟现实、百度百科、维基百科以及带有社交功能的手机 APP 软件等。狭义上的社交媒体,主要指侧重于社交功能的 Facebook、Twitter、新浪微博、腾讯微信等。本书所研究的政务微博属于社交媒体中的狭义范畴。

我国的行政体制中,党、政府、人大和政协四套班子都存在政务活动,只是分工不同。如果称为"政务微平台",势必要另行定义或说明,此"微平台"是

---

① 国务院:《国务院办公厅关于推进政务新媒体健康有序发展的意见》,中国政府网,http://www.gov.cn/zhengce/content/2018-12/27/content_5352666.htm。

广义的意义上使用,应包括党、政府、人大、政协等微博和微信,称为政务微平台则可统一使用。

政务微平台与政务新媒体的关系的认识,目前理论界和实践界观点不一,多有争论。为了本书表述统一,在此认为基于字面词意的区别来看,两者仍然不可混为一谈。政务多强调行政活动,而政务微平台则强调政府的形态。在本书内容中,政务微平台与政务新媒体的界定倾向于不是相同的概念,也不能相互替代。如果严格从字面意思表述,政务微平台是现有的政府机构在开展政务活动过程中,对现有的政府组织结构和工作流程进行优化重组之后所重新构造成的新的政府信息管理形态;而政务新媒体,则是从政府业务角度上讲的,是政府机构应用电子信息化和网络通信手段,将管理与服务通过网络媒介技术进行集成,在互联网上实现政府信息组织结构和信息流的优化,突破时间、空间和部门分隔的限制,全方位地向社会提供优质、规范、透明、符合国际水准的信息管理和服务。电子形态的政府是政务微平台发展的总目标。政府要在政务微博过程中,进行信息组织结构和信息流程的优化和重组,克服传统的部门分隔和时空的限制,最终构建成政务融媒体平台。另外,如果政府开展了一部分政务微博活动就说它建成了政务新媒体平台,这种说法是不准确的,因为政务微博的量的积累究竟达到何种程度才算是达到政务微平台的目标还没有量的标准,而且目前世界上还没有任何一个国家的政府敢于声称已完全实现终极政务新媒体。因此,政务新媒体是一个实体概念,主要是建立一个功能完善的信息资源处理中心,着重点在政府信息便利化;而政务微平台更偏重于是程序概念,主要是通过电子手段完成信息公开目的,着重点在政务。因此,政务微平台是信息社会中具有适应性的政府信息管理模式之一,是作为其要素的政务微博的有序性达到一定程度的开放性系统。

综合国内外的研究成果,我们可以将政务微平台的本质归于一点,即利用现代信息技术(特别是网络技术)进行行政。实践证明,不能忽视政务微平台与政务微博之间的差异、在此,我们将政务微平台看做政府机构和其他有关机构运用现代信息技术和电子化手段处理各类政务信息。从概念表明而言,政务新媒体平台的实现是以全面的政务微平台活动即电子网络化行政活动来运作体现的。总之,政务新媒体侧重于是一个实体概念,着重点在政务信息的传播特性;而政务微平台则更侧重于具体信息活动,主要是通过微博微信手段完成行政公开信息目的,着重点在政务。

三、微政务和政务微平台技术系统

微政务和政务微平台系统是与政务微博息息相关的两个重要概念,为了有助于本书后面内容的理解,特在此做一说明。随着移动设备的普及和网络条件的不断改善,移动互联应用在人们工作、生活中发挥着越来越重要的作用,人们对通过手机、平板等移动设备实时便捷的获取、处理和传递信息的需求也在增加。各级政府部门利用微博、微信等新兴渠道面向民众提供信息服务并面向相关业务办理人员提供移动办理业务的需求越来越明显。

微政务:微政务是指由中国政府部门推出的以"微博+微信"为主要平台的电子政务2.0模式下的公共管理方式。微政务在社会管理创新、政府信息公开、新闻舆论引导、倾听民众呼声、树立政府形象、群众政治参与等方面起到了积极的作用。一般来说微政务是一个系统工程,应该符合三个基本条件:第一,微政务是必须借助于相关软硬件平台。硬件部分包括手机、笔记本电脑、平板电脑、PDA(个人数字助理)、RFID(射频标签)和GPS(全球定位系统)终端等;软件部分:主要包括微信平台、新浪微博、腾讯微博等。第二,微政务是处理与政府有关的公开事务,内部事务的综合系统。包括政府机关内部的行政事务以外,还包括立法、司法部门以及其他一些公共组织的管理事务,如检务、审务、社区事务等;第三,微政务是新型的、先进的、革命性的政务管理系统。微政务并不是简单地将传统的政府管理事务原封不动地搬到"双微"上,而是要对其进行组织结构的重组和业务流程的再造。因此,微政府在管理方面与传统政府管理之间有显著的区别,是电子政务在新时代的新发展。

政务微平台系统:政务微平台系统实质是指实现政务微平台运作的计算机软硬件支撑系统,包括各种软件产品和硬件产品等。是为政务微平台活动提供实现手段和保障支持的计算机网络软硬件平台,包括政务微平台网络平台、政务微博和微信应用服务平台及提供上下衔接的政务微博微信中间件平台等。

政务微博微信网络平台:即保障中央以及地方各级政府业务系统互联互通的计算机网络通信平台。对政府内部,政务网络平台为实现向各层次和上下级政府间资源共享、信息应用、信息交换提供统一的安全、保密网络平台;对政府外部,该平台将沟通政府和公众之间的联系,是政府向社会发布信息、提供信息服务的统一平台。

政务微博微信应用服务平台:即在政务微平台网络平台的基础上建立的政务综合应用服务平台。该平台具有实现资源共享、信息应用、信息交接、应用服务等功能,为各级政府、公务员、公民和企业提供个性化服务。

政务微博微信中间件平台:即在政务微平台网络平台和其他网络应用服务平台之间,需要使用适于政务微平台的中间件在不同的平台或应用之间共享资源。通过中间件平台标准的程序接口和协议,政务微平台应用系统可以实现不同硬件和操作系统平台上的数据共享和操作应用。

移动政务微博微信平台:又称移动政务(Mobile Government, mGovernment),即手机等移动通信设备在政务微博微信领域里的应用。主要是指无线通信及移动计算技术在政府工作中的应用,通过诸如手机、PDA、Wi-If 终端、蓝牙、无线网络等技术为公众提供服务。主要功能是微博微信接收政府快报、公文提要、重要文件到达提示、天气预报、民众可以使用适当的权限进行申请、查询、上访等服务、在发生紧急情况时,如地震、火灾、楼宇倒塌,紧急警示指挥中心网、手机短信、无线上网等方式实现部门移动办公、公务员即时沟通等传统政务微平台无法实现的任务。事实上,智能手机时代,微博和微信主要运行于手机上。

四、微博技术产品的通用功能

● **发表微博**。包括文字、图片、视频等多种形式。

● **删除微博**。在自己微博列表中可以将已发表的微博进行删除。

● **评论、转发、收藏微博**。可以对微博进行评论,也可转发、收藏别人发表的微博及评论。

● **关注、粉丝**。访问他人博客或对他人博文进行评论时可选择对该用户进行关注,关注后成为该用户的粉丝;查看用户关注列表,可以取消对某人的关注。

● **发表私信**。可以通过私信功能查看好友发送给自己的消息,也可以给自己的粉丝发送消息,仅发送双方可见。

● **@别人**。如果你想对某人说话,或想将某人的微博推荐给朋友,都可以使用@,发微博的时候只要在用户名之前加上@即可。

● **发起话题**。发表文章的时候用两个#将文字内容包起来。

● **搜索功能**。首先发起话题,用鼠标点击两个#之间的关键字,就能搜出所有含有关键字的微博。

● **微博广场**。微博广场为用户提供了一个宽松的交流平台,用户可以在这里随便看看,也可以根据喜好自行搜索话题或者人物参与交流、进行关注。

● **设置**。用户可在此对个人用户信息进行设置,包括修改昵称和完善用户个人信息,用户信息越完善,越方便其他用户查找。

● **微刊**。只在新浪微博上存在,是一个基于兴趣的内容阅读和分享平台,用户可以订阅微刊,也可以自己创建微刊,可以把感兴趣的东西分享到自己微博中。

● **相册**。可以分享、上传图片。跟 QQ 的相册功能差不多。

● **微音乐**。相当于一个音乐播放器,在这里可以听自己喜欢的歌曲。

● **微群**。微群大概可分为:明星粉丝、兴趣爱好、同城生活、行业交流、同学校园大类。用户可以创建微群或加入微群,进行话题讨论。

● **微公益**。用户可以发起求助,整个捐赠过程都可以在网上随时查询。可以捐款、也可以捐物,如果有招募,还可以申请成为志愿者。

● **写随笔**。等同于 QQ 上的日志。用户只需选择与公众号属性相符的表情,并配以文字,提交即可。

● **投票**。可以发起文字或者图片投票,创建标题和选项,供别人选择。也可以给别人发起的活动投票。

● **位置**。位置里有一个位置签到功能,用户可分享地理位置,告诉微博好友你在哪里,也可以查看个人"足迹",完成微博位置旅程,还可以通过别人的位置签到,查看别人的"足迹"。

五、微政务的健康发展需要多种条件

大量的实证和理论分析得出,政务微平台的推进水平与国家的政治体制、经济水平、科技水平、法制环境等宏观环境有关,也与业务需求、人员素质、业界标准、管理机制和信息安全等微观影响因素有关,而上述影响因素的具体影响程度则大有区别。

这些因素的影响具体体现在以下几个方面:

一是经济和社会发展进程中,全球化和信息化的趋势已不容逆转,越来越要求政府服务满足全天候、跨地理空间、快速、便捷的要求,对政务微平台构成强有力的发展需求。

二是旨在提高政府效率、透明度和响应能力的政府改革的潮流将继续为政务微平台提供持续、强有力的推动力。

三是技术进步正在逐步深刻影响人类活动的方式,也将深刻影响政府活动的方式,影响的速度正在加快,影响程度不断加深。

四是法律法规不断调整和完善,使得包括政务微平台在内的信息化建设的法规环境逐步优化。

五是政策引领力依然是政务微平台的重要前提和保障,但随着政务微平台不断深入,单纯依靠政策引领力所产生的作用是有限的。

六是随着政府业务不断复杂化和公众要求不断提高,政务微平台受到的来自业务方面的需求仍将十分强烈。

七是标准的日益完善将使政务微平台在互联互通、信息共享和业务协同等方面更为有序。

八是管理手段的丰富和成熟将为解决政务微平台深入发展过程中存在的问题提供方法和手段。

九是安全威胁将是政务微平台发展过程中必须长期重视和需解决的重要问题。

十是政府公务员和公众技术能力的不断提高对政务微平台形成重要的需求拉动。

国际政务微平台发展的最新趋势表明,在一些政务微平台高度发展的国家,政府门户网站开始作为提供政府服务的政务微平台网站。政务微平台的发展正在走出相互独立、单独发展的路子,一些国家开始在一个统一的政府网站下,将比较分散的各类政府网站综合到一个协调一致的目录下,根据特定用户群的需求开发一系列集成的政府服务项目。这方面比较典型的例子有"美国第一政府"网站和"英国在线"网站。

///【相关背景材料】

国务院办公厅印发
《关于推进政务新媒体健康有序发展的意见》

国务院办公厅 2018 年 12 月 28 日印发《关于推进政务新媒体健康有序发展的意见》,指出要努力建设利企便民、亮点纷呈、人民满意的"指尖上的网上政府"。

  各级行政机关、承担行政职能的事业单位及其内设机构在微博、微信等第三方平台上开设的政务账号或应用，以及自行开发建设的移动客户端等。到2022年，建成以中国政府网政务新媒体为龙头，整体协同、响应迅速的政务新媒体矩阵体系。各地区、各部门要遵循政务新媒体发展规律，明确政务新媒体定位，充分发挥政务新媒体传播速度快、受众面广、互动性强等优势，以内容建设为根本，不断强化发布、传播、互动、引导、办事等功能，为企业和群众提供更加便捷实用的移动服务。中国政府网政务新媒体要发挥龙头示范作用，不断提升政务公开和政务服务水平。

  要把政务新媒体作为突发公共事件信息发布和政务舆情回应、引导的重要平台，提高响应速度，及时公布真相、表明态度、辟除谣言，并根据事态发展和处置情况发布动态信息，注重发挥专家解读作用。

  对政策措施出台实施过程中出现的误解误读和质疑，要迅速澄清、解疑释惑，正确引导、凝聚共识，建立网上舆情引导与网下实际工作处置相同步、相协调的工作机制。

  畅通政务新媒体互动渠道，听民意、聚民智、解民忧、凝民心，走好网上群众路线。

  加强与业务部门沟通协作，对于群众诉求要限时办结、及时反馈，确保合理诉求得到有效解决。

  要善于运用大数据、云计算、人工智能等技术，分析研判社情民意，为政府决策提供精准服务。

  政务新媒体、政府网站、政务热线等应依托政府网站集约化平台完善和使用统一、权威、全面的咨询答问库。

  推动省级政府和国务院部门的咨询答问库与中国政府网对接联通。鼓励采用微联动、微直播、随手拍等多种形式。

强化政务新媒体办事服务功能,围绕利企便民,聚合办事入口,优化用户体验,推动更多事项"掌上办"。

重点推动与群众日常生产生活密切相关的民生事项向政务新媒体延伸。

政务新媒体提供办事服务应依托本地区、本部门已有的办事系统或服务平台,避免重复建设,防止形成新的信息孤岛和数据壁垒。

(资料来源:中国政府网,http://www.gov.cn/xinwen/2018-12/27/content_5352739.htm)

【相关背景材料】

人民微博和新浪微博产品功能的异同

人民微博是中央重点新闻网站推出的第一家微博客,同时也是第一家以政务内容为主的微博。经过三年多的发展,形成了鲜明的政务特色,在高端政务微博市场享有优势,发展成为主要针对政府及类政府机构,提供信息及产品等服务的互动平台。

新浪微博是一个由新浪网推出,提供微型博客服务类的社交网站。用户可以通过网页、WAP 页面、手机客户端、手机短信、彩信发布消息或上传图片。新浪可以把微博理解为"微型博客"或者"一句话博客"。用户可以将看到的、听到的、想到的事情写成一句话,或发一张图片,通过电脑或者手机随时随地分享给朋友,一起分享、讨论;还可以关注朋友,即时看到朋友们发布的信息。

(资料来源:百度知道,https://zhidao.baidu.com/question/1949368122810872308.html)

第三节 "互联网+行政"在中国

网络行政环境表现为网络规模的不断扩大和社会公共事务交流与传播的网络化。近年来的诸多重大网络舆论事件也表明,网络舆论正成为社会公众舆论的源头,中国正以网民人群为基础产生新的社会意见群体,这一群体正以强大的舆论力量影响着政府的决策与社会治理的结构。在涉及公共权力使用的网络事件中,网络民意常常代表着现实社会民众的呼声和诉求,也代表着社会和国家整体利益的要求。网络化社会将形成一种崭新的信息与通信网络系统,能以更快的速度传送和处理数量日益增加的数据、信息和知识,正深刻地影响着社会生活和政治生活。如同工业化促使行政模式要求韦伯官僚制大行其道那样,随着信息技术在政府管理中的广泛应用,促使传统行政模式转换形成新的适应网络行政要求的模式。

网络行政环境下,行政活动从暗箱行政转变到透明行政是大势所趋。所谓"透明行政",又作阳光行政,亦即政府和公共部门行政透明,受公众监督的行政理念和行政范式。在我国,从体制内相对封闭的行政到透明行政的价值取向转变,最初体现在"十五"计划的制订上。政府不再采取以往由计划部门提出框架,社会参与修改的做法,而是面向全国启动了为"十五"计划献计献策活动,用征文形式向社会公开征集对"十五"计划的意见和建议,吸收国内外各界人士,共同参与、反复讨论,形成建议,鲜明地体现出了参与性、透明性、公开性和包容性的行政价值取向。但由于缺乏配套的制度平台,因而它更多的是一种政策选择而尚未形成成熟的制度规范。在2010年的《国家中长期教育改革纲要》制定时,这个不足已由网络参与代替,取得了良好的公共政策社会参与效果。2010年5月,中国软件评测中心正式发布了《2010年中国政府网站绩效评估指标体系(征求意见稿)》,并启动了指标体系意见征集活动。结合深入推进服务型政府建设要求,中国软件评测中心联合人民网组织开展

"第九届(2010)中国政府网站绩效评估工作",以期推动各级政府进一步整合办事服务资源,提升面向百姓民生和企业办事的服务能力。政府网站绩效评估指标体系的设计思路和主体框架方面有了显著的调整,这是中国政府网站绩效评估工作开展以来指标体系的一次重大调整。根据 2021 年上半年CNNIC 数据,截至 2021 年 7 月,经过新浪平台认证的政务机构微博达到158253 个,我国各省(区、市)均开通了政务机构微博,覆盖了省部县处等各级行政单位以及公检法文卫等各领域的职能部门。公安领域的微博,因为与用户息息相关,而受到最广泛关注,政务微博粉丝数排名前 20 中,公安机构占8 个。

前面已经论述了基于政务微博的行政伦理研究集中于网络行政伦理的原因。对于政务微平台形态下的行政方式,"互联网+行政"的发展的表述最能体现其特征和要旨。在此,本书对"互联网+行政"即网络行政这一概念定义如下:网络行政是基于计算机网络环境,通过综合运用信息及通信技术,在对传统政府组织结构包括信息传递、运行方式和业务流程等进行不断革新和改善基础上进行的行政管理活动,形成超越时间、空间与部门分割的制约而形成的新型政府行政运转模式,实质是在政务网络上行政行为过程中所进行的组织、控制、协调、监督等行为的总称。网络行政权力属于执行权,它是按照法律规定的权限和程序去行使国家职能从而实施的法律法规行为。总之,网络行政是行政主体通过政务微平台网络对国家事务和社会事务以决策、组织、管理和调控等特定手段发生作用的活动。本节后面的内容旨在揭示网络行政的基本内涵,分析我国微博网络行政存在的主要问题,进而探索我国微博行政的发展方向。

一、"互联网+行政"在我国的发展

网络化引发传统行政模式的转换,形成的适应信息时代要求的行政模式主要体现在:行政组织结构由金字塔型转向扁平型网状式;行政权力运作结构由集中式转向多元参与式;行政决策结构则由自上往下式转向上下交互式;政府管理方式则由单一负责式转向多元参与式;行政人员素养则要求由专业经验型为主转向复合知识结构型为主。伴随着计算机技术和网络技术的不断进步和成熟,经过多年信息化基础建设和政务微平台建设的推进,我国网络型行政也就是电子政务已经初步具备了进一步实施的条件,一些基本的行政和办事功能已经在网上开展。但传统体制影响和"放管服"环境以及信息社会的不确定性因素,使网络行政的深化面临诸多挑战。各国的政务信息网络从建设角度大致分为信息发布期、交互处理期、无缝隙期,其中无缝隙期对政务微平台系统要求最高,可使公众得到全天候跨时空公共服务。我国的网络示政、网络问政和网络行政也是逐步推进。

政府网站的单向信息发布体现的是网络示政,而官民之间的交流则体现的是网络问政。高层领导亲自上网咨询问政,为各级领导干部利用网络、重视网意,树立了榜样。为了进一步了解、宣传和推动"网络问政",人民网与国家行政学院社会和文化教研部、中国人民大学公共政策研究院共同开展了"网络问政"大型网上有奖调查活动。这一活动自 2009 年 6 月 3 日推出至 7 月 2 日结束,历时近一个月,参加网络问卷调查的网民近 5 万人。这次调查采取网上调查和网下调查两种形式,除网上调查外,还在网下对有关领导干部进行纸质的问卷调查。

网民通过填答网络问卷,促进了他们对"网络问政"所需要具备的条件、要求的认识,促进了他们对领导干部以及本人参与"网络问政"所需要做的工作的认识,因为问卷上相当一部分题目是当前和今后一个时期领导干部和网民互动时需要注意把握和解决的问题。政务微博还专门为网民留言开辟了填答问卷等特色功能,还可以在留言板上充分地表达他们对"网络问政"以及网上问卷调查的意见和看法,大大拓宽了问卷调查的范围和内容,增加了调查的容量。这次网络调查过程中,人民网还先后邀请了中央党校党建教研部、国家行政学院社会和文化教研部的专家,与网民进行在线交流,对"网络问政"以及这次调查数据进行分析和点评,帮助广大网民进一步了解"网络问政"的特点、趋势和要求。

调查数据分析表明,"网络问政"逐步得到广大网民的认可,而且被寄予较高的希望,网民的素质在不断提高,网络环境也在不断优化。但是,"网络问政"要想充分发挥其在表达民意、反映诉求、完善决策、解决问题中的作用,还需要官员和网民双方从制度、技术、态度、道德等多方面做出努力。该次调查的数据反映的情况和意见,有助于各级党政领导干部正确认识和对待网络民意,进一步完善"网络问政"的形式,提高"网络问政"的效果;有助于网络媒体创新工作机制,为网民上网自由充分表达意见,与领导干部网上对话交流,提供更多更好的网络平台;有助于干部教育培训机构,重视和改进对领导干部进行"网络问政"的教育培训工作。另外,2018 年中国政府网站绩效评估结果表明,综合绩效排名靠前的无论从部委政府网站还是省市级政府网站来看,西部地区的建设成就明显落后于东部。

在网络示政和网络问政之后的网络行政,主要体现通过网络进行公众事务办理或公共服务成为常态之后的行政行为。但网络行政并非将传统的行政方式及其运作原封不动地搬到网络上,而是网络和行政的有机结合后实现行政主体与行政相对人之间的关系互动,是随着现代网络信息技术的发展和广泛应用,以及政府行政管理改革的内在需求这两方面推动应运而生的必然现象。与传统行政方式相比,通过对政府的公共管理和服务职能进行集成,网络行政不仅可以实现精简、高效、公平的政府运作方式,关键是经由政务平台网络途径,向社会提供规范、透明的公共管理和服务。作为依托网络与信息技术而产生的行政方式,网络行政首要特点是其虚拟性。一般是以政府网站和政府双微公众号形式发布基本信息,通过页面程序接受办事请求,公众和政府机构地域不再成为办事限制条件,接通网络即可运作。其次网络行政有公开性特点,用户只需按照程序要求,在网上即可完成事务处理,不需直接与政府官员打交道,从而增加了办事执法的透明度。透明行政既可展示政府绩效强化政府合法性;也可在面临困难时理顺部门关系,并与公众及时保持信息对称,获得社会的理解和支持;还有利于社会监督和参与,保障公民知情权和参与权。此类过程的行政透明和政务公开,体现了参与性、公开性和协商互动性,有善治意蕴。

//【相关背景材料】

我国政务网络推进难点
已由基础建设转向体制和制度环境变革

我国政务信息化首先是办公自动化阶段。20 世纪 80 年代中期开始,政府机关运用计算机技术辅助一些简单的政务活动,例如政务信息的修改、存储等一般意义上的"办公自动化"。1993 年启动"三金"工程以及之后的"金"字系列工程等,主要是解决政府部门内部迫切需要解决的信息互通和共享问题。一些专业性较强,业务模式较规范的政府纵向业务系统的建设和应用取得了明显的社会效益和经济效益,在海关、公安、税务等系统体现得尤为突出。1999 年初,由中国电信联合国家经贸委等数十家政府部门共同发起了"政府上网"活动,到 2006 年 1 月,中央政府网站正式开通,中国政府网站总体拥有率达到了 85.6%。有 10 多个部委建立了专网,并开始在网上办理受理、发布、听证、调查等行政事务。经过了大规模的信息基础设施建设,我国实施网络化行政的基本框架已初步形成,但由于电子政务建设的进一步推进实质上开始涉及我国行政管理体制改革和全面深化改革的推进等诸多问题,特别是涉及行政部门资源和权力的整合,因此我国基于政务网络的网络行政推进难点已经由基础建设转向体制和制度环境变革。

2021年上半年我国网民规模达 10.11 亿，

互联网普及率达 71.6%

中国互联网络信息中心（CNNIC）在京发布第 48 次《中国互联网络发展状况统计报告》（以下简称《报告》）。《报告》显示，截至 2021 年 6 月，我国网民规模达 10.11 亿，较 2020 年 12 月增长 2175 万，互联网普及率达 71.6%。十亿用户接入互联网，形成了全球最为庞大、生机勃勃的数字社会。2020 年，我国互联网行业在抵御新冠疫情和疫情常态化防控等方面发挥了积极作用，为我国成为全球唯一实现经济正增长的主要经济体，国内生产总值（GDP）首度突破百万亿，圆满完成脱贫攻坚任务作出了重要贡献。

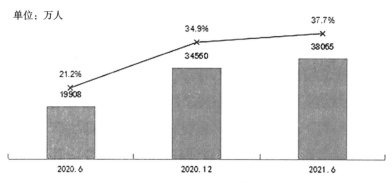

2020.6—2021.6 在线办公用户规模及使用率

单位：万人

来源：CNNIC 中国互联网络发展状况统计调查　　　　2021.6

"健康码"助 9 亿人通畅出行，互联网为抗疫赋能赋智

2020 年，面对突如其来的新冠疫情，互联网显示出强大力量，对打赢疫情防控阻击战起到关键作用。疫情期间，全国一体化政务服务平台推出"防疫健康码"，累计申领近 9 亿人，使用次数超过

400亿人次,支撑全国绝大部分地区实现"一码通行",大数据在疫情防控和复工复产中作用凸显。同时,各大在线教育平台面向学生群体推出各类免费直播课程,方便学生居家学习,用户规模迅速增长。受疫情影响,网民对在线医疗的需求量不断增长,进一步推动我国医疗行业的数字化转型。截至2020年12月,我国在线教育、在线医疗用户规模分别为3.42亿、2.15亿,占网民整体的34.6%、21.7%。未来,互联网将在促进经济复苏、保障社会运行、推动国际抗疫合作等方面进一步发挥重要作用。

网民规模接近10亿,网络扶贫成效显著

截至2020年12月,我国网民规模为9.89亿,互联网普及率达70.4%,较2020年3月提升5.9个百分点。其中,农村网民规模为3.09亿,较2020年3月增长5471万;农村地区互联网普及率为55.9%,较2020年3月提升9.7个百分点。近年来,网络扶贫行动向纵深发展取得实质性进展,并带动边远贫困地区非网民加速转化。在网络覆盖方面,贫困地区通信"最后一公里"被打通,截至2020年11月,贫困村通光纤比例达98%。在农村电商方面,电子商务进农村实现对832个贫困县全覆盖,支持贫困地区发展"互联网+"新业态新模式,增强贫困地区的造血功能。在网络扶智方面,学校联网加快、在线教育加速推广,全国中小学(含教学点)互联网接入率达99.7%,持续激发贫困群众自我发展的内生动力。在信息服务方面,远程医疗实现国家级贫困县县级医院全覆盖,全国行政村基础金融服务覆盖率达99.2%,网络扶贫信息服务体系基本建立。报告显示社交媒体已经成为政务服务的主要平台。

(资料来源:中央网络安全和信息化委员会办公室网站,http://www.gov.cn/xinwen/2021-02/03/content_5584518.htm)

二、推进"互联网+行政"的制约因素

如果从我国实际情况考察,通过政府网站和政府双微公众号推进网络行政的制约因素,大致有以下几个方面:

第一,受我国长期以来形成的传统行政模式积累的既定效应的制约。政府网站和政府双微公众号并非仅仅从行政效率和行政成本上有所建树。近年来平台的建设使人们意识到,政府网站和政府双微公众号的效益要真正发挥,须对现有行政管理体制予以流程改变甚至再造。每种新技术的规模运用都要求有相应的生产关系与之协同,网络行政是对传统行政方式的一种根本性变革,而这种变革不可避免地将遇到传统行政模式所积累的各种既定效应的制约。电子化的网络行政为政府业务流程的重组和优化提供了全新的平台,如减少甚至消弭组织中间层次和再造网络化组织结构形式等。这必然与科层制的金字塔式组织结构产生冲突,面临着行政组织内部的强大阻力。尽管在现实中,网络行政的实施突破了传统的层层审批,使公众与政府之间的沟通成本大为降低,但公众对政府的行政行为的公正和效率要求更高,并可随时对政府行为直接发表意见,经过强化了的建议权和监督权使得基于传统工业社会的传统行政决策模式受到冲击,自然会对网络行政产生某种形式的弹性反制。例如网络行政改变了行政人员的管理方式和工作方式,对行政人员的素质和能力提出更高的要求,表现在职能分工从韦伯官僚制那样单一的各司其职的部门,向职能多元交叉部门转变,行政人员从专才型、被动型向复合型、主动型转变,管理方式由控制型、经验决策型向自主型、科学决策型转变,这使习惯于传统行政方式的行政人员压力倍增。

第二,网络行政本身的运作也存在风险。作为一种新型的公共行政模式的网络行政潜藏着特有的风险。本书导论已论述过政务微平台的负效应及其特征,在此再做一说明。首先网络行政的基础是计算机网络,无上网条件和能力的弱势群体有可能被边缘化,从而使优势的政务网络资源难以兼顾惠及全

体公民。因此数字鸿沟所带来的行政不公平可能造成新的社会不公,此为网络行政面临的风险之一。与传统行政方式相比网络行政方便、快捷,某些行政行为通过网络即可将行政事务办妥,同时引发了许多相应的法律责任认定、行政监督等若干新问题,此类问题影响网络行政效果。正如本书导论阐述网络负效应时所提及的那样,网上活动必须在绝对确保信息安全的前提下才能正常发挥作用。网络行政实践中除了对原始电子凭证的认定、电子文档的长期可读性、计算机病毒的危害等问题之外,公众号被盗、黑客入侵、敌对势力破坏等都会对网络行政造成巨大的危害。我国人力资源部和国防部等许多网站自运行开始,便受到许多来自各方的黑客攻击或恶意扫描,对网络行政行为良性运行形成巨大的潜在威胁。我国网络行政发展正在从初始的信息化基础建设向提升服务绩效发展,处于从基础建设向机制建设转变过程中,已从基本工程项目为重点转变到以统筹行政、技术、成本、效能为发展重点的科学规划阶段。

　　第三,我国当前网络行政环境存在着网络平台功能和内容单一的制约。在我国目前已建立的政府网站和政府双微公众号中多数仍为信息发布功能,如机构设置、职能介绍等;从信息的实效性看普遍存在更新速度缓慢,难以提供第一手信息,实际上多处于网络示政阶段,尚未达到网络问政和网络行政的条件。而政府信息资源分散也亟待整合。我国多年来的"政府上网工程"和政府信息化建设基本按照现行行政体制建设,条块分割造成许多地方只建成了缺乏横向与纵向联系、信息资源陈旧、信息服务水平低下的网站平台和各自为政的业务管理系统。大量政府信息资源分散且难以进行有效的分析与整合。网络行政的进一步发展缺乏制度环境的动力驱动。政务网络系统的建立会使行政行为产生相应的改变,如政务信息的报告程序、文件的会签流程等。然而事实上行政行为的改变难以一蹴而就,致使原来的业务工作方式还在沿用,现实中新旧系统的重复使用,导致行政成本未有减少反而增加。尽管新的《政务信息公开条例》等相关制度已经颁布,却因多种原因存在掣肘因素,加之行政主体的行政作风、行政人格、行政理想、行政态度等问题的存在,网络行政任重道远。

第四,政府网站评估体系尚处于建设过程中。我国的 2010 年政府网站绩效评估指标体系改变了以"三大功能定位"为指标框架的一贯设计思路,设置了政府网站在教育、社保、就业、医疗、住房、交通、证件办理、企业开办服务、资质认定、政府信息公开等 10 个领域服务能力的评估要求。这是政府网站绩效评估工作开展 9 年以来指标体系的第二次重大调整,而调整的目的主要是为了解决当前政府网站服务内容的实用程度、受关注程度和服务效果偏低等问题,更好地实践服务型政府网站建设的要求。目前衡量政府网站绩效的一般指标为:信息公开指数、在线办事指数、公众参与指数、日常保障指数、用户调查指数、网站性能及设计指数等。这些绩效指标未能真正贯彻之前,会出现各种各样的问题。如 2009 年,常州市市政工程管理处的网站居然有一个贩卖走私车的网页链接。据调查,出现这种情况,是由于黑客利用服务器漏洞,恶意加载非法链接。经技术人员维修,直到次日上午 11 时,该网站才恢复正常。

第五,我国网络反腐和举报平台建设经验尚在积累过程中。网络反腐既依赖技术,更体现广大网民的伦理诉求,网络技术特性是网民伦理诉求的实现手段。法律的内核和基础是道德,道德的正当性是法律制度建立的前提,网络反腐制度建构首先需要相应的伦理支持。网络反腐经验的积累需要伦理支持。伦理支持包括两个方面:首先是已有制度的伦理支持。已有制度的伦理支持可见于公民权利的制度及其伦理思想。我国《宪法》第四十一条规定,中华人民共和国公民对于任何国家机关和国家工作人员,有提出批评和建议的权利;对于任何国家机关和国家工作人员的违法失职行为,有向有关国家机关提出申诉、控告或者检举的权利,但是不得捏造或者歪曲事实进行诬告陷害。对于公民的申诉、控告或者检举,有关国家机关必须查清事实,负责处理。任何人不得压制和打击报复。由于国家机关和国家工作人员侵犯公民权利而受到损失的人,有依照法律规定取得赔偿的权利。除宪法外,《人民检察院举报工作规定》《中国共产党党内监督条例》等一系列的制度中所包含的伦理思想是网络反腐的合理性和正当性的道德资源和伦理依据。其次是社会道德力量的伦理支持。伦理道德是一种社会力量,是一种道德权力。社会道德是一种无形的社会力量,它一旦凝聚为公众舆论,或形成风俗习惯势力,就具有强大的社会强制力,即社会权力,就可以直接或通过转化为国家权力(如转化为法律,转化为国家制度)而间接地去制约国家权力。像中国古代的"清议"、现代传媒的"曝光",都是强有力的有组织的社会道德强制力。

▮▮/【相关背景材料】

政务微博既能办事又会卖萌说"政"事尺度是学问

2018年底,我国共开通政务机构微博无论账号规模还是类型的丰富程度,微博在政务新媒体"两微一端"中都保持领先,构成了国内规模最大的移动政务平台。其中,"@公安部打黑除四害""@平安北京""@深圳交警"等诸多活跃分子已经拥有数千万级的粉丝,但绝大部分政务微博还是很沉默,要么很久不更新,要么干巴巴地发布一些文件和通知,几乎不跟网友互动。公众遇到问题时找不到相应的政务微博,或相关政府部门在微博上"失语"。

怎么让沉默的大多数开口说话,让他们活跃起来?除了国家网信办、各级宣传部门联合微博举办的培训班,另一个办法就是以组织为单位推进政务微博的线上线下协同联动,建立微博矩阵组织管理体系和配套机制,让那些不爱说话、不会卖萌但会踏实干活的微博也能参与进来,满足公众在互联网上对政务服务不断增长的需求。

中国传媒大学媒介与公共事务研究院政务新媒体实验室主任侯锷认为,微博不仅是网民表达自我、分享生活和交流情感与思想的平台,更是网民通过碎片化传播随时随地参与完成对政府社会治理、公共事务和公共服务评议的"融合讯息通道"。

未来,政务微博还将继续承担艰巨任务。2016 年 11 月,国办印发《〈关于全面推进政务公开工作的意见〉实施细则》,要求对重大舆情回应的时间从 24 小时内举行新闻发布会,提速到 5 小时内发声。政务微博正胜任这种突发舆情中的"灭火员"角色,快速发声、披露信息,表明态度、安定人心。

（资料来源:搜狐网,http://www.sohu.com/a/126632182_114731）

//【相关背景材料】

新华漫评:政务微博"逗趣"回复可以有吗?

近年来一些政务微博的逗趣回复,让人眼前一亮,值得称赞。2015 年年初,江苏常州市公安局官方微博"@平安常州"发布的一段视频火了,该局民警"阿汤哥"汤彦杰用诙谐的语言、夸张的动作,将防诈骗方法教给公众:"有一天,我上着 QQ、逛着淘宝、摇着微信,突然就有人发信息给我——说我中宝马了先要上税,孩子车祸交医药费……记住! 要你转账都是忽悠。"网友点赞,"警察蜀黍也是蛮拼的"。相关话题引发媒体和网友关注,舆情呈现上升趋势。5 月 14 日《人民日报》以《政务官微逗趣回复引热转》为题对于该新闻进行了报道。

如何让政务微博更接地气?

首先,政务微博应该放下身段,加强与百姓的互动。单纯打造政务信息平台,是无法起到沟通桥梁作用的,甚至还有可能拉开与群众的距离。微博作为新媒体,拥有共享性、平等性的特点,因此,政府机构有必要让政务微博告别"官腔",放下身段。

其次,提高政务微博的运营效率。目前很多政务微博存在更新慢、活跃度低的情况。

此外,政务微博在吸引百姓关注时,还应该避免因过度逗趣造成的内容低俗化。如此一来,政务微博才能真正发挥其服务百姓、维护政府公信力的作用。

（资料来源:搜狐网,http://www.sohu.com/a/15034011_115402）

三、"互联网+行政"的绩效评估

自 20 世纪 90 年代电子政务产生,越来越多的国家将其列入政府改革之中。而电子政务中最重要的部分就是政府自身的网上建设。网络行政的制度化安排除了政策导引以外,离不开政府网站绩效评估的指标体系建设。

（一）我国网络化行政的绩效评估情况

"以评促建、以评促用、以评促管、以评促改"的政府绩效评估显得十分重要,自 2002 年以来,我国政府网站绩效评估工作已经连续开展了 16 年。在这期间政府网站的绩效评估体系也在不断地完善与发展。这些指标体系能正确引导政府网站和政务微博建设,提升政府服务水平,影响政府管理和服务的能力。下面通过分析和研究中国软件评测中心制定的 2005—2018 年政府网站绩效评估指标的变化和发展,总结其在评估指标设置和指标权重分配等方面的特征,以期对我国政府网站绩效评估指标建设有所启发。

中国软件评测中心受工业和信息化部委托,自 2002 年至今其作为第三方一直在开展我国政府网站绩效评估工作。在此以部委网站评估指标体系为例进行讨论,此处部委网站指国务院部委、直属（办事）机构（单位）、部委管理的国家局网站（71 个）。通过对 2005—2018 年部委类网站绩效评估体系一级指标构成进行汇总,可以看出指标在不断变化,但信息公开、在线服务、公众参与的三项指标基本一直都在,其是我国政府网站的三大功能定位并构成了政府绩效评估体系的主要框架。在我国政府绩效评估开始就是以"信息公开"作为主要评价标准,政府更关注信息的公开而其他的指标权重较少,这样使网站建设较为单一,仅仅以政府为中心而忽略用户。随着时间发展,在线服务和公众参与的指标逐步提升并且与信息公开指标三者所占百分比趋于接近,由此可见政府在线网站绩效评估体系趋于完善,不再较为注重单一指标,而是要求网上政务服务要全面发展,并且更加注重服务与用户体验。指标体系在不断完善,并随着时代和科技进步而不断发展,如"新媒体应用"指标等。只有不断与时俱进,才能使绩效评估体系越来越完善,才能引导政府网站充分发挥它的作用,服务于民。

(二) 我国政府网站绩效评估指标变化的启示

通过以上介绍,统览我国 2005 — 2020 年政府网站绩效评估指标,可以发现绩效指标在不断地变化发展,在探索中不断健全与完善,同时也给我们带来了几点启示。

第一,在设计绩效指标时需要正确认识政府网站的发展阶段,制定适合该阶段的绩效指标体系。既不要超前,也不要滞后,以合适的指标合理有序促进网站的发展,既有利于网站的建设,又避免了资源不必要的浪费。

第二,政府网站建设要与绩效评估工作相结合,充分认识到绩效评估的重要作用"以评促建、以评促用、以评促管、以评促改"通过绩效评估引导政府网站发展。通过全面开展绩效评估,推动政府网站的建设。

第三,建立"用户中心"意识,"以用户为中心"主要体现在从网站使用对象角度发出,按照用户需求提供服务项目,方便用户迅速获取所需服务,而不需要用户依次造访各个政府部门。从用户需求出发,保证"大多数用户"的"大多数需求",做好用户的需求和偏好分析,实现"实用、好用和够用"的"三用"原则。

第四,网站建设应完善公众参与渠道,促进政府网站在政民沟通中的作用,加强沟通。建立健全互动机制,增强互动效果,保障公民权利。与此同时加强舆论引导,实现真正有效健康的言论自由,充分发挥民主参与的积极作用。

近三年的政府网站绩效评估指标体系的调整优化主要表现在以下四个方面:

更加明确突出"以人民为中心"和"为人民服务"的建设目标。为了更加清晰地定位政府网站发展方向、推动网站建设顺应服务型政府建设要求,2015年以来的评估指标体系中明确描述了服务型政府建设在各领域的具体目标,指出政府网站建设的重点工作任务。服务型政府目标描述充分结合了当前党中央和国务院对于深化行政管理体制改革的要求,有助于各级政府网站快速、准确地找准建设方向,集中精力解决当前政务工作开展和服务社会公众的主要需求,尤其是提升在满足百姓民生需求和企业办事服务需求方面的服务能力。

更加重视加强民生领域和企业开办等基本服务能力评估。党的十八大以来,国家始终将服务民生和保障经济秩序作为工作的重要着力点,不断丰富服务手段、提升服务能力。因此,中国评测机构在近年的评估工作中,通过明确细则要求、调整指标权重等方式,逐步强化对网站服务社会公众和企业能力的评估。而2015年以来政府网站绩效评估指标体系,更是在借鉴联合国、欧盟政府网站绩效评估经验的基础上,将政府网站在教育、社保、就业、医疗、住房、交通等民生领域以及证件办理、企业开办、资质认定等企业办事领域的服务能力作为重点评估内容,更加鲜明地指出了政府网站应着力提升满足民生基本需求和企业基本办事服务需求的能力。

更加重视引导实用与常用网络公共服务建设。2009年联合国政务微平台绩效评估结果显示,中国政务微平台发展水平的世界排名再次下滑,而下滑的主要原因正是政府网站提供的普遍常用服务缺乏,整体服务实用化程度偏低。中国评测专家曾经指出,我国政府网站有近1/3的服务内容属于实用化低的范畴,如核电站审批服务等,曾经年均点击量不超过 10 次,部分服务点击量甚至为 0。为了推动政府网站加强实用化服务的建设力度,从 2010 年开始,政府网站绩效评估指标体系在各个领域都提出了实用化服务的具体要求,如医疗领域的预约挂号服务、交通领域的路况信息查询服务等。指标体系中所涉及的实用化服务均根据公众和企业的真实服务需求提出,并期望通过以点带面的方式,推动政府网站将实用化服务理念贯穿到整个网站的建设过程中。

更加重视推动行政办事和公共企事业单位服务资源整合。服务资源整合是国际政府网站发展的总体趋势,是全面提升政府网站服务能力的有效措施。现在的政府网站绩效评估指标体系强化了服务资源整合的要求,即包含了整合相关政府部门、公共企事业单位服务资源的评估要求,也涵盖了结合用户需求整合上级、下级政府门户网站服务资源的趋势。中国评测机构表示,期望通过对服务资源整合的评估考核,推动政府网站向用户提供一揽子、全面办事服务,切实将政府网站打造成真正的网上"门户"。结合各级政府网站主管部门对整体评估进度的建议意见,中国政府网站绩效评估工作的综合采样时间提前,而评估结果发布暨经验交流会将会相应地提前。

进入数字政府阶段后,以新一代人工智能技术为代表的新网络技术,对于政府治理结构的深度影响,有学者认为,无非聚焦于三个层面,亦即借由人工智能降低资源的交易成本;借由人工智能减少政府纵向层级,延展管理幅度,再造扁平化的组织结构;借由人工智能技术提升政府的联结、沟通、商务、协同、社群"5C"能力等。

(三) 我国网络化行政发展中的问题

如果从引导舆论和议题设置与管理方面来看,用网络行政和设网络新闻发言人比传统的信访和新闻发布更积极、更主动。不仅可以迅速及时地对网络民意做出反馈,节省信息公开的成本,还可以更直接地传达政府信息与权威声音。如目前基于网络问政和网络新闻发布的政府民意疏导策略与方式,正在形成一定的影响力。这意味着政府可以更加排除人为干扰以实现公共服务和接受社会监督,减少传统媒体的中介环节,更加直接地面对社会公众。2004年,青岛政务网将市长信箱、部门和政府公开电话等互动资源进行整合,建立覆盖30多个部门的信件受理、转办和反馈机制,由市长公开电话办公室统一分发督办,要求各单位一周内答复,大大提升了网站的互动反馈能力。许多城市通过了《加快电子政务建设的实施意见》,提出到2020年年底,政务网络建设和应用重点实现5大突破:政府信息网上公开指数达到90%;实现80%面向市民的服务事项实现社区一站式就近受理;行政许可审批事项网上办理率和公共服务网上办理率达到80%;实现80%的政府公文可在网上流转;80%的部门相关业务信息实现共享。广东运用专门网络平台率先实行网络问政,将传统的信访方式与网络结合,使政府部门能够及时掌握并监控社会舆论与社会问题,而社会公众随时随地的网络舆论监督,又会使政府社会治理更趋规范与合乎民意。

网络的匿名性使得网民在表达个人意见时顾虑较少。相对自由的舆论环境,有助于公众畅所欲言、直陈民意。而作为"原生态"的网络舆论,真实反映了公众意见和社会情绪,从而以舆论的强大精神力量对国家权力和公共事务进行监督。学会从网络上听取民意,关注网络舆论,积极回应公众的网上质疑,是新媒体时代政府官员必修的新功课。

中国社会科学院法学研究所法治国情调研组,多年来以政府网站的信息公开为视角,围绕政府网站运行基础状况、政府信息公开目录、政府信息公开指南、依申请公开信息、政府信息公开年度报告、房屋拆迁信息的公开,对中国43家地方政府网站(各直辖市、港澳台、民族自治地方的有关城市不在此次调研之列)公开政府信息的情况进行了调研、测评和分析。发现一些城市的测评结果不理想,还有些城市在某些板块的测评结果不理想,这说明一些地方在实施《政府信息公开条例》、推行政府信息公开方面还有很大的提升和改善空间。问题的存在可能是因为现有法律法规及相关制度不完善,也可能是因为一些地方政府不够重视,或者工作态度和工作机制存在需要改进的地方。

从政府治理的视角来看,政务大数据的核心价值就是为政府提供一种预测与判断,它通常被视为人工智能必不可少的一部分,或者更确切地说,它被视为一种机器学习。由于大数据无法用单台的计算机自行处理,往往需要采用分布式架构。其特点就在于它需要对海量数据进行分布式数据挖掘。但它必须依托人工智能的分布式处理、分布式数据库和云存储、虚拟化技术。当互联网、移动互联网、物联网的边界不断扩大时,公共领域的大数据也随之不断增长。信息要求精确性是信息匮乏时代和进入数字社会之前时代的特点,只有5%的数据是结构化且只适用于传统数据库,若无法接收数据的混乱,剩余95%的非结构化数据都无法产生使用价值。这也说明,"混杂性"是大数据的重要特点。这些数据过于混杂粗糙,需要借助新的技术或方法对其进行解析、加工,使之能够以更加精细、精确、透彻的方式被获取、分析和评价①。总之,今后完善我国数字政府政务服务能力,必须要从数据挖掘、专业化、技术创新等多方面努力。

（四）新时代和新征程所面临的机遇和挑战

改革开放40多年来,我国已经进行过1982、1988、1998、2003、2008、2013、2018年七次大的机构改革,对于提高政府部门工作效率,适应国家不同历史时期工作任务起到了积极作用。随着中国特色社会主义进入新时代,尤其是面临百年未有之大变局,老百姓的需求和政府的高效服务能力之间仍然存在距离,也能体现出"人民日益增长的美好生活需要和不平衡不充分的发展之间的矛盾"。这一社会矛盾判断在现代国家治理体系、治理能力现代化方面表现得尤为明显。政府部门的电子政务和数字政府服务方式的便捷性与电子商务应用相比,仍有很大差距。如老百姓网上购物可以追溯物流订单流程,快

---

① ［德］克里斯多夫·库克里克:《微粒社会》,中信出版集团2018年版,第4页。

递可以及时送货上门,而目前政府部门的绝大多数服务却大多还需要市民提供资料到大厅办理。新发展理念中的"创新"需要"新基建"支撑,也需要对传统行政方式的改造和重构。在行政方式创新发展过程中,数字政府治理能力方面的短板现状必然在一定时间段对创新发展形成制约。

尽管目前应用信息化手段来提升为民办事效率已经较为普遍,但"数字孤岛""数字烟囱"导致的"数字鸿沟"问题却出现了。这些问题虽然看似类型复杂,但归结起来无非是由于政府部门间的政务信息不能有效实时共享所致。2018年,国务院大督查工作中发现很多的群众办事"堵点"问题,都由各个部门间信息不能共享所致。因此,重点领域推进信息化手段和政务信息共享进程这个老问题仍然是重中之重。

国务院在2016年和2017年分别出台了《国务院关于印发政务信息资源共享管理暂行办法的通知》《国务院办公厅关于印发〈政务信息系统整合共享〉实施方案的通知》等文件,为政务信息资源共享指明了方向,明确了任务和时间表。很多地区对政务信息共享工作贯彻落实取得了一定成果,也暴露了一些突出问题。总体上看,当前各个部门的政务信息化工作已取得阶段性成果,需要整体进阶到政府部门间协同政务服务阶段。但在使用技术及顶层设计方面仍然存在不足,要实现省与省、省与部委间的政务信息共享还有许多的基础工作亟待开展。

在智能时代稳妥解决好政府服务方式与百姓需求不匹配问题以提升国家治理体系治理能力现代化水平,已经成为当前政府面临的首要问题。笔者认为这个问题的切入点还是"政务信息共享"和"提高政府基层部门工作效能"这两个老问题。只有将当前散布在党政各部门的政务信息数据通过整合、共享后,才有可能依托体制改革使党政部门的工作效能得到跃升,真正实现"让数据多跑路,让群众少跑腿",通过各种移动平台和智能系统,让"智慧政务"更好地服务于新时代的经济社会发展。要以大数据、智能化、云计算、移动存储等新一代数字化信息技术为基础,以"政府级大数据"应用为抓手,建立国家级社会基础信息数据库,实现各层级政府、政府各部门间的信息共享,并在一定范围内公开所有应该公开的政务信息,才能进一步提升国家治理体系治理能力现代化水平,政府才能更好地满足新时代老百姓的需求。特别是应该关注数字政府建设瓶颈问题,才能提出切实可行的解决思路和方法。

5G商用之后,伴随着更大容量的数据存储产品不断面世,更新更快速的CPU(Central Processing Unit中央处理器)技术发展,特别是新一代人工智能日新月异的表现,已在很多领域颠覆了人们过去的认知观念和活动方式,同时也为我们运用新一代信息技术进一步提升政府行政效能提供了极大可能。

面对当前仍然存在的政务服务效能不高等问题,必须格外重视以"以人民为中心"的思想指引,改变过去以政府部门需要为先手的方法,始终定位在人民角度重构政务流程,通过部门协同联动、数据共享实现类似"线上办理一网通、线下服务一门办"的新模式,打通各种新旧"堵点",创新新时代数字平台服务新模式。从理论上讲,政府部门完全可以利用最新的信息处理方式实现"减少工作人员、减轻财政负担、提高工作效率、方便群众办事"的目标,实现"让数据多跑路,让百姓少跑腿""只跑一次"等行政效能理念,促进国家治理体系治理能力现代化水平大幅度提升。只有政府行政服务能力和工作效能得到根本性变化,做到当前"放管服"的要求,才会使营商环境进一步好转,通过政府部门的自我革命推动社会革命。

▰▰ 【相关背景材料】

集约化、一体化、小微化的移动平台已经成为政务信息化创新热点

2018年,中国软件评测中心对937家政府网站进行了综合评估,评估团队对我国32家省级政府(含新疆生产建设兵团)、31家省级人大、31家省级政协、32家省级法院、32家省级检察院,共158家单位建设的官方网站APP或移动版网站开展了调查。包括64家部委、32家省级、334家地级以上城市政府网站,以及507家副省级城

市、省会城市下辖的、自愿报名参评的区县级政府网站。从省级和副省级政府网站十大优秀创新案例（下表）可以看出，集约化、一体化、小微化的移动平台已经成为创新的热点案例。

序号	参评单位	案例名称	案例类别
1	北京市	北京市政务公开惠民便民地图	集约化建设类
2	广西壮族自治区	智能审批和审管信息一体化系统	集约化建设类
3	河南省	政府网站统一技术平台	集约化建设类
4	山东省	全省政府网站统一技术平台	集约化建设类
5	江苏省	江苏政务服务网	互联网+政务服务类
6	安徽省	"皖事通"	互联网+政务服务类
7	江西省	江西政务服务移动小程序 "赣服通"	互联网+政务服务类
8	四川省	四川政务服务 APP	互联网+政务服务类
9	贵州省	"集成套餐服务"	互联网+政务服务类
10	海南省	"惠民一卡通" 数据开放及应用	数据开放类

2018 年省级政府网站十大优秀创新案例

序号	参评单位	案例名称	案例类别
1	青岛市	网络在线问政平台	舆情引导类
2	苏州工业园区	重大建设项目领域政务公开 "一码通" 平台	舆情引导类
3	福州市	e 福州 APP	互联网+政务服务类
4	武汉市	"云端武汉·软件政策" 平台	互联网+政务服务类
5	长沙市	"中国长沙" APP	互联网+政务服务类
6	贵阳市	大数据驱动 "互联网+政务服务" 平台	互联网+政务服务类
7	松原市	互动热点平台 "@小松"	互联网+政务服务类
8	郴州市	"一次办结" 政务服务平台	互联网+政务服务类
9	佛山市	在线智能化招聘市场	互联网+政务服务类
10	泰州市	政务数据共享开放平台	数据开放类

2018 年度省级和副省级城市、省会城市、地市政府网站十大优秀创新案例

数据来源：第十七届（2018）中国政府网站绩效评估结果①

———————————

① 2018 年度中国政府网站绩效评估结果，http://mlzg.pub.zjknews.com/html/2018/qctt_1213/11237.html。

▰▰ 【相关背景材料】

我国公安部、政法委等政务微博影响力较大

2020 年,在全国二十大中央机构政务微博影响力排行榜中,中国警方在线、中国长安网、共青团中央、中国消防、中国反邪教位列前五,其政务微博传播力均高于 90。政务微博作为官方的微型广播,已经具备了广泛的号召力。

排名	微博	认证信息	传播力	服务力	互动力	认同度	总分
1	中国警方在线	公安部新闻中心、公安部治安管理局官方微博	95.68	91.69	84.77	89.25	91.41
2	中国长安网	中央政法委新闻网站官方微博	96.33	89.04	83.82	90.91	91.29
3	共青团中央	共青团中央官方微博	98.26	80.71	86.56	90.90	90.94
4	中国消防	应急管理部消防救援局官方微博	95.58	79.33	87.00	92.44	89.99
5	中国反邪教	中国反邪教官方微博	91.19	74.13	84.56	88.17	85.85
6	健康中国	国家卫生健康委员会官方微博	89.82	68.54	82.81	81.67	82.53
7	中国气象局	中国气象局官方微博	85.06	83.67	78.56	77.54	82.31
8	最高人民检察院	最高人民检察院微博	84.73	69.30	87.24	83.19	81.84
9	国资小新	国务院国资委新闻中心	86.61	77.80	76.85	81.18	81.81
10	公安部交通管理局	公安部交通管理局官方微博	86.81	75.01	81.02	74.01	80.73
11	科普中国	中国科协官方微博	86.64	72.66	77.61	79.21	80.55
12	中国大学生在线	教育部中国大学生在线官方微博、教育官微联盟成员	78.27	84.72	75.69	80.92	79.57
13	战略安全与军控在线	外交部军控司官方微博	80.34	82.80	77.86	76.00	79.47
14	微言教育	教育部新闻办公室官方微博	80.03	77.70	80.44	79.00	79.44
15	中央气象台	中央气象台官方微博	82.19	82.18	75.32	67.07	79.30
16	中国地震台网速报	国家地震台网官方微博	90.11	53.55	84.52	77.99	79.26
17	中国禁毒在线	国家禁毒委员会办公室官方微博	79.05	70.82	82.62	83.41	78.99
18	应急管理部	中华人民共和国应急管理部官方微博	82.75	71.53	74.44	78.27	77.95
19	警民携手同行	公安部宣传局、公安部"和谐警民关系建设"官方微博	78.95	80.12	76.80	74.88	77.94
20	最高人民法院	最高人民法院微博	82.56	60.76	86.78	76.85	77.90

资料来源:人民日报 前瞻产业研究院整理　　　　　　　　　　　　　　@前瞻经济学人APP

2020 年全国二十大中央机构政务微博影响力情况

（资料来源：前瞻经济学人网，https://www.qianzhan.com/analyst/detail/220/211015-a90d8854.html）

// 【相关背景材料】

中国政府网开通微博微信，中南海离百姓又近了一步

由国务院办公厅主办的中国政府网 2013 年 10 月 11 日正式开通官方微博和官方微信，国务院的重要决策部署和政策文件等内容将通过新华微博、腾讯微博和微信等新媒体形式权威、准确、及时地向社会公众公开。

适应新媒体高度发达的现实，中国政府网及时开通官方微博和微信，极大方便了广大网民通过新媒体平台最快获取国务院重要政策信息。同时，用户既是传播终端又是信息发布者，这种包含点对点、点对面的裂变式传播，又将大大增强中央重大决策部署和政策文件的"落地率"，拉近中南海和普通民众的距离，进一步提升政府的透明度和公信力。

运用新媒体推进信息公开，转变政府工作作风，新一届中央政府对此非常重视。在自媒体高度发达的今天，政府创新社会管理方式、依法推进政府信息公开，是大势所趋，也是政府密切联系群众、转变政风的内在要求。中国政府网开通官方微博和微信，拓宽了政府和百姓交流沟通渠道，用网民"看得到、听得懂、能监督"的方式回应关切、释疑解惑，将使政府各项经济社会政策更透明、权力运行更透明。事实上，一个政府只有更廉洁高效透明，才会吸引更多粉丝的忠实拥趸，赢得最广泛群众的大力支持。

2008 年 5 月 1 日国务院正式颁布《政府信息公开条例》，2018 年 5 月 1 日又开始实施新修订的《政府信息公开条例》，确立了公开与

保密兼顾的政府信息发布准则,标志着我国政府信息公开工作在更加适应形势发展的需要。

(资料来源:人民网,开通微博微信中南海离百姓又近了一步,http://media.people.com.cn/n/2013/1011/c40606-23165786.html)

【相关背景材料】

《2022年度政务微博影响力报告》发布

《2022年度政务微博影响力报告》由人民网舆情数据中心、人民数据研究院提供学术支持,旨在促进网络政务信息传播力、政务机构服务力、网络政务互动力的全面提升。

重大议题协同传播,凝聚共识弘扬正能量

报告指出,政务微博肩负着放大主流声音、传递正确价值观的责任。2022年,伴随着一系列大事件的发生,政务微博积极介入,不遗余力地宣传先进事迹,弘扬民族精神,提升了网络舆论的正能量和广大网民的爱国热情。

报告提到,为庆祝党的二十大胜利召开,做好相关宣传工作,政务微博充分发挥传播优势,通过主题鲜明、内容丰富、形式多样的宣传方式,凝心聚力,持续提升宣传声势;同时积极发起新媒体宣传系列活动,@最高人民检察院、@中国长安网、@共青团中央、@中国三农发布、@人民政协网等机构开展深入传播,从议题设置、内容创新、推广宣传等方面全面发力,以挖掘二十大报告金句,展示二十大代表风采,围绕法治建设、城市发展、文化传承、乡村振兴回顾国家发展等角度,发起"学习二十大永远跟党走""二十大观察""我们走过的这十年"等话题,搭建社交场景,凝聚各方力量,深入学习二十大精神,

营造积极浓厚的舆论氛围。

报告回顾,年初举行的北京冬奥会亦掀起了全民"冬奥热"。随着北京冬奥会的开幕,众多政务微博打造各类优质赛事新闻产品,开展多样主题宣传活动。@北京2022年冬奥会官方微博全方位记录传播北京冬奥会筹备、举办相关事宜。@共青团中央、@中国消防等多部门多地区政务官微共同加入,化身"冬奥助威团"成员,通过"我祝冬奥健儿虎虎生威""你是家乡的骄傲"等活动为冬奥健儿加油助威。公安、外宣、卫健等政府部门与医院、志愿者协会等单位线上线下服务不停歇,通过"我的冬奥日记"等话题记录冬奥前台幕后精彩。

强化应急协作网络,传递温暖守护人文关怀

报告认为,各地区各有关部门深入落实《"十四五"国家应急体系规划》,我国应急管理体系不断健全,防灾减灾能力明显增强。作为应急力量的重要一环,政务新媒体凸显出日趋成熟的支撑与协同作用。据分析,2022年,地震、山火、泥石流、暴雨、干旱接连不断,形势严峻复杂。政府机构不断提高应急协作水平,利用新媒体平台优势迅速权威播报,做好"快""准""稳"的信息发布工作,引导舆论环境健康稳步发展。

2022年6月,四川雅安市芦山县、宝兴县先后发生6.1级、4.5级地震。@应急管理部立即启动国家地震三级应急响应,派出工作组赶赴现场,将调度部署、抢险救援、灾情核查、地震监测、群众安置、次生灾害防范、财产损失等抗震救灾情况与善后工作同步于民,@自然资源部、@中国消防、@中国地震局、@四川省地震局、@四川发布、@四川消防等政务矩阵应声支援。与此同时,官微协同联动,及时向公众传递最新讯息,保证通报时效性与透明度。@四川消防直

播地震救援进展,直击一线现场;主持话题"直击四川芦山地震救援进展",提供政务官微汇总信息渠道,掌握供给主动性,展示出政务官微的畅达性、高效性和服务性。

与此同时,政务微博也始终不忘传递救援温度,体现人文关怀。受持续高温天气影响,重庆多地相继爆发山火,@重庆发布、@重庆共青团与微博联合发起"一起守护这座城""有困难一起扛""重庆得行"等活动,超过620家政务、媒体微博响应,并有众多明星、社会名人与数十万网民自发参与。云南森林消防的驰援情谊,多名重庆群众骑摩托车运送救火物资的平凡伟力……通过当地政务官微的共同传播抵达每个网民的心中,不断传递着力量与希望,助力灾情应对和灾后恢复工作。

提升网上履职能力,推进政务公开与服务升级

报告认为,政务微博及时、公开、高效地主动公布民生信息和社会事件的调查进展,有效遏制谣言发酵传播,以事实引导舆论事态并推动问题解决,彰显出责任和担当意识。上海中考数学试题被窃一案备受关注,@警民直通车—浦东指出,详尽的调查和通报得到网民认可。在"新版红绿灯"乌龙事件中,@公安部交通管理局逐一指出"九宫格""红绿同亮""取消读秒"等谣言破绽,澄清了事实。

同时,不少政务微博亦在践行"实事办实"理念,将账号打造成服务公众的日常渠道,线上及时回应网民诉求,便捷高效地为群众办事。比如,@马鞍山发布创办"马上办"栏目,致力于为群众解决操心事、烦心事、揪心事,话题阅读量已达2.4亿,话题互动量3.6万条,网民问题办结率95%以上,被网民称为高效贴心便民、情牵百姓冷暖的"网上信访局"。@北京公交警方始终坚持积极回应网民关切,2022年共受理网民检举求助类线索千余条,在调查核实后迅速

联动,线上线下同步处置,及时反馈案件侦办结果,做到事事有回应。报告称,这些政务微博用最务实的方式解决公众的急难愁盼,切实为群众办实事、办好事,确保合理诉求得到有效解决,强化自身务实服务的特征,发挥政务新媒体在社会治理中的重要作用,在一点一滴的真心付出中提升公信力,用政务服务的温度换来公众的获得感和满意度。

(资料来源:人民数据官方账号,https://baijiahao.baidu.com/s?id=1755438080821774919&wfr=spider&for=pc)

【相关背景材料】

《2020 年政务微博影响力报告》发布

2021 年 1 月 22 日,人民网舆情数据中心发布"2020 年政务微博影响力报告",报告由人民网舆情数据中心制作,微博提供数据支持,评价对象包括全国所有通过微博认证的机构官方微博,评价体系包括四个维度:传播力、服务力、互动力和认同度。报告显示,截至2020 年 12 月 31 日,经过微博平台认证的政务微博已达到 177437个,其中政务机构官方微博 140837 个,公务人员微博 36600 个。

面对疫情大考 政务官微联动协同扩散构建发布矩阵

2020 年,新冠疫情席卷全国,在这场没有硝烟的"战争"中,以政务微博为代表的政务新媒体发挥了重要的作用。根据《2020 年政务指数·微博影响力报告》,自新冠疫情爆发以来,各地各部门的政务微博借助微博平台开放、动态、多媒体的优势,联动协同,深入宣传党中央、国务院重大决策部署,及时发布疫情通报,报道各地区防控措施,解决受困群众诉求、推送抗疫正能量故事,为打赢疫情防控阻击战提供了重要助力。自 1 月 22 日至 3 月 23 日,共有超 3.7 万个政府官方微博参与发声,发布了相关微博 379 万余条,获得了超

848 亿的微博阅读量和超 1.9 亿的微博互动量。超 120 个中央部委及下属司局官微实时发布中央各项防控举措,累计发布 3.5 万余条抗疫相关微博,共获得了超 147 亿的阅读量和近 4000 万互动量。在这段时间里,各地宣传官微同样 7×24 小时在线,及时通报疫情信息、发布防控措施、回应网民关切。全国有 4300 多个地方政府宣传、网信及基层政府组织官微,实时发布本地疫情通报、防控工作措施等,累计发布 105 万条相关微博,获得 224 亿阅读量和 4353 万互动量。在这样重大的社会公共突发安全事件中,政务微博协同联动,搭建信息发布矩阵,通过微博平台的扩散效应,积极主动地对网络信息进行引导和治理,极大程度保障了网民的知情权,对助力疫情防控和维护社会稳定起到了重要作用。

5G 新基建推进 政务官微借势创新助力多样政务服务

2020 年上半年,作为"新基建"的重要领域,5G 的建设工作取得了积极进展,5G 网络的建设速度和规模都超过预期。与此同时,5G 技术也带来了更多样化的服务场景。在 2020 年年初新冠疫情防控工作中,短视频就成为疫情信息公开的重要形式,疫情中发布的短视频内容占比近 10%,仅 1 月 20 日到 2 月 15 日,全国政务微博就已经累计发布短视频 1.45 万条。"@北京发布"为防控疫情开启了多场新闻发布会直播,通告疫情、回答网友疑问等,为疫情防控提供了很大助力。在疫情得到控制,逐步开始复工复产阶段,各类直播带货再次让 5G 有了发挥的空间。湖北各市、河南郑州、浙江杭州等地,在复工复产的过程中,进行了高频次微博直播,或邀请公职人员代言带货,或展示城市复苏生活实景,均取得了良好的传播效果和社会反响。除上述宣传场景,越来越多政务机构把直播和本部门的工作职能做了更加紧密的结合,通过微博直播让政务机构的服务职能得以发挥更大边界的社会效应。例如,2020 年 6 月以来,南方洪涝灾害频发,"@ 中国消防"和地方各级消防在微博发起 15 场直击一线抗洪抢险系列直播,累计直播观看量近千万,让微博用户"直达"防汛抢险一线;"@ 中国天气"开启微博直播,邀请广大网友一道云观赏最美的"金边日环食"。政务微博充分利用最新的技术优势,积极探索,不断创新,丰富内容生产和表达的形式,使政务直播成为政府宣传新常态,进一步拓展了政务新媒体发展的空间。

融媒体纵深发展
政务微博更应提升服务治理能力坚守核心价值路径

2019 年 1 月 25 日,习近平总书记在中共中央政治局第十二次集体学习时强调,推动媒体融合向纵深发展,做大做强主流舆论,巩固全党全国人民团结奋斗的共同思想基础。2020 年 6 月 30 日,中央全面深化改革委员会第十四次会议通过《关于加快推进媒体深度融合发展的指导意见》。作为"媒体融合"国家战略的重要组成部分,融媒体中心建设在全国范围内如火如荼地展开。在县域新媒体融合过程中,微博凭借平台下沉的广度和深度以及信息获取与分发的双向链路以及裂变传播特性,在融媒体矩阵中充当着桥节点的作用。2020 年底,来自四川理塘的藏族小伙丁真走入了众人的视野。理塘县融媒体中心官方微博"@ 理塘融媒"积极发挥作用,在丁真走红后分享理塘脱贫攻坚成果和扶贫人物纪实故事,同时和当地被广泛报道的两个驻村第一书记的个人微博组成本地微博矩阵,挖掘当地脱贫故事,使扶贫工作从幕后走向台前,借助微博打开理塘和外界链接的窗口,把丁真带来的热度和关注度真正转化为生产力,赋能当地的文旅宣传、农特产品上行,成为县级融媒体健康可持续发展值得关注的模式之一。此外,"@ 马鞍山发布"连续 8 年为群众修电梯、修水管、修路,晒"僵尸微博"、晒"慵懒散",晒服务之心,以真诚、及时的服务得到了网友的广泛称赞,充分体现了官微矩阵协同的重要意义;"@新疆检察"联动全疆近120个检察机关官方微博,形成以区、地、县三级联动机制,线上接单派送,线下分单处理,限时办结及时反馈,为网友诉求的表达最大限度地畅通窗口和渠道⋯⋯这样积极发挥矩阵效应,推进线上线下联动,使政务服务得到全面升级的模式,也是融媒体发展的重要方向之一。

　　2020年10月,党的十九届五中全会审议通过了《中共中央关于制定国民经济和社会发展第十四个五年规划和二〇三五年远景目标的建议》,描绘了我国进入新发展阶段的发展蓝图。在"十四五"时期,政务微博仍应坚守政务新媒体的核心价值路径——"倾听—对话—服务",发挥微博开放、动态、协同传播的特性,结合自身特征、优势和目标,打造创新高效团队,掌握切实可行、服务民生的运营方法论,把握政务微博倾听群众声音、平等与群众对话、真诚为群众服务的核心价值,发挥信息公开、舆论引导、治理创新、政群互动的重要桥梁和纽带作用。

　　(资料来源:《2020年人民日报.政务指数微博影响力报告》,https://baijiahao.baidu.com/s? id=1689851227910125660&wfr=spider&for=pc)

(四)从信息公开视角看网络化行政发展

　　现代政府的治理活动是以人类知识的累积、科技的突破与应用为基础的,因而现代科学技术手段的应用已内化成政府治理的核心要素。互联网技术参与到政府治理,直接表现为互联网技术通过其所具备的技术功能来影响及改善政府治理的流程与结构的设计,同时,政府治理也会通过其自身的文化、制度、战略、治理理念,来影响基于互联网技术的政府治理架构设计。当然,互联网技术终究是一种治理工具,互联网技术参与政府治理,需要充分考虑具体政府治理结构中的目标任务、公务人员、组织结构与技术手段的制约,协同解决其结构性冲突。人类当然应当对基于互联网技术的政府治理结构和治理能力,在责任性、公共性、公正性等方面进行价值反思。结合构建智能型数字政府为目标,对互联网技术介入政府治理进行价值重塑,将数字政府建设纳入健康、规范、有序的发展轨道,这其中政府的信息公开则是重中之重。

首先,只有政府信息的公开制度化,才可以真正推进我国政务微博发展和网络行政。政府信息公开是指政府及其部门以相关法律为依据,通过政务活动公开有利于公民实现其知情权利的信息资源,允许公民以各种形式依照相关法律合法利用各级政府部门所控制的信息。建立政府信息公开的法律制度已经成为世界潮流。目前世界上已经有 70 多个国家建立了行政信息公开法律制度。其中影响较大、体系较完备的是美国 1966 年的《情报自由法》及 1976 年的《阳光下的政府法》。美国的《情报自由法》于 1966 年在国会获得通过其主要内容是规定民众在获得行政情报方面的权利与行政机关在向民众公开行政情报方面的义务。而对 1976 年通过的《阳光下的政府法》,美国国会则在说明制定的目的时进一步明确声称:"公众有权可以在实行的范围内充分了解联邦政府作出决定的程序。"为了推动联邦政府机关更广泛地使用互联网为公众提供信息和服务,2002 年美国国会制定了《2002 电子政务法》。该法要求政府机构将自己的行政行为最大限度地在因特网上公开。几年来,美国联邦政府各部门的行政许可、公共工程招投标、政府采购等活动都在网上进行,既加大了行政行为的透明度,保证了公民的知情权和监督权,也提高了行政效率,减少了腐败问题的发生。① 改革开放以来中国随着社会的进步以及民主意识的不断增强和政治体制改革的逐步推进,中国政府的执政理念开始朝着公开透明迈进,催生了信息公开的立法和实践。2004 年,上海市在全

---

① 李文利、朱向东:《美国的政务公开制度》,《人大研究》2007 年第 4 期。

国率先颁布实施《上海市政府信息公开规定》等一系列法规和制度,使政府信息由无序随意公开转变为依制度规范公开,为提升我国政府网站信息公开规范化程度做出了重要贡献。2004 年上海市编制了《政府网站便民服务手册》,整合经济管理、社会事业等 4 大类近 500 项常用服务资源。服务手册在社会广泛发放后,极大提升了"中国上海"的认知度和满意度。2003 年广州市以政府令的方式颁布施行了政府信息公开规定,开始规范地履行信息公开的义务。2005 年,广州市政府全面地梳理了部门业务工作,依据部门职能和业务权责确定各单位保障责任。2009 年,广州市政府又以门户网站为窗口,公开各类关键性政务信息,在全国率先公开 114 个部门预算信息,是国内第一次在网站上将政府"账本"充分公开的地方政府。

其次,网络行政的深入推行,要求政府必须从理念到措施都要通过政务信息公开来体现公信力。国外网络行政的实践表明:网络行政取得成功的主要原因之一在于拥有比较完善的信息公开机制。发达国家大都已将政府信息管理纳入国家信息基础设施建设的范畴,基本形成了有利于政府信息管理的法律、法规体系科学、合理的政府信息政策和先进、完善的政府信息管理立法,为发达国家网络行政的建设打下了坚实的基础。综观发达国家网络行政发展的历史可以发现,如果没有政府信息的切实公开,再完备的完善的政务微平台基础设施难以真正实现网络行政的优势。可以说,未来的网络行政与政府信息之间是相互依存和支撑的辩证关系。从实证的角度看,我国公共行政仍然是非完全责任的行政。

最后,2019 年新修订的《政府信息公开条例》的贯彻是网络行政上台阶的必要条件。在传统的行政体制中,一般的社会公众无法保证知情权和对政府工作的监督权,事实上难以避免暗箱操作和权力寻租等弊端。我国行政管理体制改革的目标是服务型政府。而推进服务型政府建设和行政体制改革,政府信息透明是基本要求,政府信息公开制度是建设服务型政府的前提。社会管理事务日益驳杂的现代社会,推行网络行政是构建服务型政府的必然实现路径。国外学者用著名的"冰山"模型来描绘政务微平台各要素的地位和作用。该模型认为目前研究强调的技术应用只是冰山一角,而对政务活动、政务流程、制度创新等方面的内容则是冰山的主体和支柱。网络行政的推进对我国行政体制改革产生了巨大的促动作用,加快了我国行政体制改革的步伐。因此,网络行政的活力就在于政府信息公开,而政府信息公开实现透明行政的第一步,如当前通过深化行政审批制度改革和创新行政许可运作模式,必将大力促进政府行政模式的转变。

近年来网络行政的大量实践表明,只有政府信息公开,网络行政才具有健康生存、发展的生态环境。越来越多的人认为电子化政府的一个基本的前提在于政府信息的公开化,没有政府信息公开就没有真正意义上的政务微平台建设。

我国各级行政部门掌握着绝大部分社会公共信息资源,是最大的公共信息产品的生产者、加工者和提供服务者。真正贯彻和落实好《政府信息公开条例》已成为影响我国网络行政建设的关键问题。反之,网络行政是深入推进政府信息公开和贯彻《政府信息公开条例》的有力手段。政府信息公开与政务信息资源建设为网络行政提供了强大的资源支撑,而网络的固有特征反过来又为政府信息公开提供了技术支撑平台,有力地推动了政府信息公开与政务信息资源建设的进一步发展。在过去的很长一段时期内行政部门的大量信息资料库利用率一直偏低,在相当大程度上公众实际上被隔离在与自己利益息息相关的信息之外,未来的社会公众通过网络查找即可方便获得所需要的信息,提高了办事效率的同时深度使用各类政府信息资源的利用程度,以顾客式需求促使政府的公共服务水平予以改善。

四、融媒体时代应用政务微博的核心价值导向

融媒体时代到来,我国已经积累了多年来的运营经验。微博运营标准化、制度化不断创新,突破传统"循规蹈矩"的运营模式,以"务实、平等"的理念创

建政务公开新平台是新时代传媒生态之下政府部门努力的方向。权威信息发布是政务微博的灵魂,优良的政务微博应该把信息发布的权威性、时效性相结合,各级党政部门中心工作,第一时间发布权威信息,受到各类媒体的信任和认可。真正做到拓展联系群众、服务群众的渠道和手段,及时发布权威信息,积极回应社会关切,不断改进政府工作。政府有效使用政务微博是信息时代公权力作用于公共领域的重要方式,政务微博的信息发布方式应该有如下几种类型:

阶段	微博示政型	微博问政型	微博行政型
定义	根据职能部门政务公开信息要求,第一时间发布权威信息。	以政务微博群为基础开展矩阵内部联动,积极开展与网民互动问政。	针对网友偏好和需求,确定策划选题、引导舆论,通过微博平台参与政策制定过程。
表现形式			
信息流动方向	微博公众号向公众或粉丝进行单向的权威政务信息发布,无法互动。	微博公众号向公众或粉丝双向互动,内部协调反馈传播。	政务信息由公众向公众、公众向政府或政府向公众进行发散式、多向的复杂传播。
具体行动层面	权威发布党政部门大政方针和决策咨询类信息;重要时政进行"微直播"、舆情主动引导和主题宣传;根据时事发布辟谣、提醒、防护、建议等社会信息服务内容。	举办特定主题的"微访谈",密切联系群众;围绕时事热点事件请相关人士专家在线实时交流;利用微博矩阵或集群平台优势与各行业政务微博进行互动微活动。	关注时事热点,积极引导公众参与策划设置主题舆论引导和正面宣传;做好突发事件的网络舆情危机应对,迅捷地把握好网络舆论引导主动权;打造行业性的网络问政新平台。
角色定位			
党政部门	发布权威新闻和时政消息,为公众提供高效新闻性和服务性公共信息产品。	听取建言献策,为公众制定更好的公共政策。	民主与集中结合,协商式全程容纳公众权益和诉求实现。运用微博推动公众政治参与度。
社会公众	和报纸广播电视媒体相近,公众获得知情权但无参与互动机会。	依据微博实时发布的信息,成为消息源和舆论场的群众角色,提意见、提诉求。	全程参与公共政策议程设置,公众可以参政议政、咨询决策、评估结果和方案的选择。

如果从政务微博影响公共领域变革的角度,可以将融媒体时代应用政务微博的核心价值导向总结为以下几点:

(一) 通过信息沟通提升对政府的支持

美国政治学家马丁·李普赛特认为,"合法性是指政府系统使人们产生和坚持现存制度是社会的最适宜制度之信心。"一般而言,公共权力的合法性职能建立在公意的基础之上,也就是人民的公共意志之上。按照对公共领域的研究,公共意志正是基于公共领域的讨论而形成的。也就是说,公共领域的每一次讨论,都是对公共事件的不断辨析及经验总结,而政府利用社交媒体,特别是开通政务微博,公开政务信息的最根本意义在于:加强公众对国家公权力的拥护。根据 2019 年中国互联网络信息中心(CNNIC)发布《第 43 次中国互联网络发展状况统计报告》数据,86% 的受访者认为现阶段的政务微博中,其公开程度基本保持一般状态,近 86% 的受访者这样认为;同时,有 8% 的受访者表示公开程度很大,只有 6% 的人表示公开程度很小。调查中没有发现持未公开意见反馈的受访者。

哈贝马斯把权力和"强力"作为相对的概念,"权力的基本表现不在于支配别人的意志,而是在那旨在达成协议的交往中形成一个共同的意志"。而"强力"则意味着对于各种强制手段和办法的支配。①

简单来说,权力并不是单向的,而是权力者与服从者达成协议的结果,或者说是一个授权的结果。从公众对微博的舆论监督作用认识情况的调查中发现,95.83% 的人认为微博的作用就在于增强公众意见表达的空间。因此,国家权力并不是单向实施的,而是政府和人民互动的结果。在此过程中,协商越充分,授权的人便越多,共同意志就越是牢固,权力基础才会变得稳固。

使用政务微博,有助于大大加强与人民之间的沟通,并可以通过议程设置

---

① 孙承叔:《公共领域与权力的合法性基础》,《学术月刊》2012 年第 6 期。

影响公共舆论,在此过程中基础更加牢固的"共同意志"得以形成,从而获得公共领域对政府的支持,同时也加强了权力的基础,提高了权力的行使效率。

(二)通过信息流动提升社会动员能力

党的十八届三中全会后,"治理"一词第一次出现在我们党的文件中。在《中共中央关于全面深化改革若干重大问题的决定》中,多次用到"治理"一词,如"推进国家治理体系和治理能力现代化""创新社会治理体制""提高社会治理水平"等[1]。从"管理"到"治理",体现了执政理念的转变。

根据公众对政务微博提供内容的喜好程度调查中,笔者发现,公众更愿意接受与老百姓生活密切相关的信息,以及惠民政策类的解读。因此,关注民生更容易活跃社会组织以及民众,让大家动起来之后进行沟通、协调配合行动。此外,微博公众粉丝还会在信息写作过程中增加公共领域对政府的好感和支持度。

(三)通过信息整合提升公共服务能力

随着政府的膨胀,分工越来越细,产生了"部门林立、部门间职责交叉重复、部门间协调成本和社会交易费用加大等弊端,反而降低了效率和增大了成本"[2]。来自民调数据显示,一半以上的受访者认为政务微博的使用提高了公共服务能力,近一半的人在政务微博是否提升公共服务能力调查中选择中立,不赞成这一说法的只占到极少部分。社交媒体信息交流便利的特点加上部门的协同配合,有利于各部门之间消除冗余信息,高效率进行信息共享和合作,提升政府的公共服务能力。

---

① 中共中央:《中共中央关于全面深化改革若干重大问题的决定》,《人民日报》2013 年 11 月 15 日。

② 蔡立辉、龚鸣:《整体政府:分割模式的一场管理革命》,《学术研究》2010 年第 5 期。

//【相关背景材料】

安徽将政务微博微信更新纳入省级绩效考核

记者从安徽省政府办公厅获悉:安徽省今年将把政务微博微信内容更新情况纳入全省政府网站季度抽查范围,抽查结果还将纳入全省政府网站年度绩效考评,重点抽查更新不及时、政民不互动、政府"乱发声"等问题。

针对当前一些政务新媒体存在运营能力弱、专业水平低、传播效果差等问题,安徽省相继出台多项措施予以规范。省政府先是在省级层面对政务微博微信建设提出要求,后来又对市、县政府和省政府部门政务微博微信进行考核,考核指标包括入驻"微博微信大厅"情况、综合影响力、内容更新情况、发布制度建设情况、网友留言事项办理情况等,连续两年开展全省政府网站暨政务微博微信年度绩效考核工作,强化政务新媒体常态化监管工作,规范了全省政务微博微信建设和管理。

自2015年年底安徽省开通省政府政务微博微信以来,经过两年多的运营维护,目前微信公众号"安徽省人民政府发布"综合影响力在全国省级政务新媒体中位居前列。

(资料来源:安徽网,http://www.ah.gov.cn/UserData/DocHtml/1/2018/8/22/9568067283504.html)

//【相关背景材料】

全国政务榜:@平安南京"闹乌龙"
政务微博需完善发布审核机制

2017年8月9日,在"全国政务指数排行榜周榜"中,"@无锡发布"取得党政新闻发布微博分榜第一,"@公安部打四黑除四害""@中国长安网""@共青团中央"和"@成都地铁"分别取得公安、司法、团委和交通系统微博排行榜的第一名。

@平安南京"闹乌龙"政务微博需完善发布审核机制

7月29日,以解放军建军90周年为契机,人民日报客户端推出H5应用《快看呐!这是我的军装照》,短短两天之内引爆朋友圈,PV破2亿。随着"军装照"的走红,有网友在微信朋友圈称其为钓鱼链接:"一个所谓的北京的公司,在一个IP在加拿大的服务器上,冒充人民日报的客户端,获取公民个人信息"。7月31日上午,"@平安南京"未经求证便带上"电诈新手法"的话题标签转发上述消息,还将该条微博置顶。出于对政务微博权威性的信任,很多不明真相的网友都受到了这则微博的误导。所幸"@平安南京"及时发现失误,于当日中午迅速发布公告澄清谣言并更换责编人员。虽然"@平安南京"承认错误、致歉公众的良好态度得到了网友们的宽容谅解,但政务微博传谣的负面影响已经造成。作为政务机构的"网络发言人",政务微博自带权威性和公信力,所以谣言经政务微博传播后会具有更强的破坏力和更大范围的消极影响。

(资料来源:人民网舆情频道,政务微博需完善发布审核机制,http://yuqing.people.com.cn/n1/2017/0809/c209043-29458532.html)

///【相关背景材料】

薄熙来案公审微博直播幕后:设置三层审核校对

2013年8月22日,8点9分,济南中院发布了第二条与薄熙来案有关的微博:济南市人民检察院提起公诉的被告人薄熙来受贿、贪污、滥用职权犯罪一案,将于今日上午8点30分在济南市中级人民法院第五审判庭公开开庭审理。

在微博直播室内，8 名从中院各庭抽调的书记员被分成了 4 个小组。每个小组两个人，前三个小组实时记录庭审情况，最后一组负责校对。三个速记小组也有明确分工。

22 日整个上午，凡是涉及案情的，无论内容长短，都是以长微博的形式发布，字数从一百多字到九百多字不等。但不管长短，在校对组完成之后，都会交予负责人再次确认，待发布之前，其他二人还将进行最后一次校对。"就是为了防止出错，我们设置了三层审核校对。"直播负责人告诉《中国新闻周刊》。

"微博的信息量足够丰富，媒体也就没必要从我身上挖料。"直播负责人向《中国新闻周刊》这样解释道。

（资料来源：齐鲁网，http://news.iqilu.com/shandong/yaowen/2014/0801/2087951.shtml）

第二章　微博行政伦理规约的内涵

第一节　基于微博的行政活动特征

一、政务微博技术内在的社会属性

伦理视野考察政务微博技术系统,可以从行政伦理的观察视角,也可兼有技术伦理的观察视角。基于网络技术的快速发展,从价值理性考察,本书初步形成以下一些观点:

政务微博技术系统的本质特征首先是一种行政程序的自动化工具装置。传统行政所需的技术依赖于经验型操作者完成,在政务微博技术体系由信息网络自动代行,网络维护者的劳动只占其中少部分。政务微博技术系统建立于现代网络技术之上,是科学技术存在、发展必不可少的先决条件,其作用发挥后果受行政文化和行政价值取向的强力支撑。

政务微博技术系统具有强劲的发展潜力。在满足社会管理需要的过程中,人类对政务信息化的创新和发展在任何时候,都不会和满足目的的手段之间达到完全的均衡与饱和状态。相反,如果技术上获得了成功,它就会在许多方面向更高的水平发展,而且技术目的本身也是变化的。这种趋势会成为一种强制力量,技术创新者也当然希冀每一项技术成果都能够超出预期的应用效能,最好能被继续升级换代传承下去。政务微博技术系统作为网络技术的应用领域,其知识创新扩散快捷,互联网使知识和技术的迅速推广得到保证,互联网本身就是复杂的技术系统。再次,政务微博技术系统的开发目标和应用手段之间的关系不是线性的,而是非线性的。被社会广泛且习惯应用的某种政务微平台产品,有时会被热衷于创造的技术专家新开发出的技术来实现,而新技术出现又会导致产生新的以前从未设想过的技术目的。比如网络举报、视频会议、手机办理、网络听证会等。网络技术负荷了人类的价值理性,一旦技术与需要相结合,由技术创新者所创造出来的技术目的在社会生活中就会被推广成为一种必要,而且会通过未来的某些技术项目实现这些技术目的。最后,政务微博技术系统的以上过程不仅是政务微平台网络技术系统的思想体系,也不仅是由政务微博技术系统提供的选择,而且是一种以自动化的操作方式来实现或者不实现的内在驱动,这种操作方式是在信息技术与社会环境的相互作用中形成的,所以政务微博技术系统从技术哲学角度看它不是价值中立的。

从哲学和伦理学视野考察,本书认为,政务微博技术系统具有下面几方面特征。

第一,政务微博技术系统是一种"系统性"的存在。政务微博技术系统是由一种相互作用、相互联系的信息装备和社会因素(如制度、价值、利益群体、社会阶层和政治经济力量等)组成的系统性整体,当一个要素发生变化时,系统的其他部分必须调整,以保证系统继续运转,技术系统之外是环境,技术系统与整个经济、社会和文化环境处于相互塑造与影响中。政务微博技术系统是由信息技术的实体要素,智能要素和工艺要素构成的系统。实体要素主要是指以生产工具为主要标志的客观性技术要素,如工具,机器、设备等;智能要素主要是指政务微博技术系统中蕴含的人的要素,表现为知识、经验、技能等主观要素;工艺要素主要是指实体要素和智能要素的结合方式与运作状态,是技术的结构性要素。政务微博技术系统的这三个要素相互联系、相互作用,构成一个有机整体。一项新的产品和应用,既需要工具、机器、设备等实体要素,也需要知识、经验、技能等智能要素,以及将二者连接起来的工艺要素,三者缺一不可。在政务微博技术系统中,各要素之间的关系不是简单的加和关系,要素与要素之间的结合是整合的方式,整个系统是一个有机联系的统一体。作为系统存在的政务微博技术系统在变化的过程中,和许多技术系统一样,呈现出相对独立的发展特性,系统具有自创生(网络衍生技术发明和创新)、自生长(网络系统的互联规模自我增长)、自适应(网络技术系统自动适应环境,而出现新的结构、技术功能通过复制扩大应用范围)的特点①。

第二,政务微博技术系统是一种"复杂性"的存在。政务微博技术系统的复杂性一方面表现在网络系统的结构上,另一方面表现在构成网络系统的各要素之间的关系上。从结构上看,政务微博技术系统往往是由数量庞大的网络组件构成的,由于使用系统用户的多元化,使得开发任务的完成必须建立在程序模块和专业分工的基础上,而不同领域内网络开发主体的参与,更增加了网络系统的复杂性;从技术系统内各要素的关系来看,构成政务微博技术系统的要素之间的关系和它具有的超级链接功能一样,不是简单的线性关系,而是复杂的非线性关系,网络系统中任何一个要素都可能成为网络系统出现混乱的原因,一个小的逻辑程序就可以使网络上链接的大江南北千万台电脑陷于灾难。政务微博技术系统的复杂性使其成为只有开发专家才能理解的系统,一般操作者只是重复着界面友好、操作人性化色彩益浓的政务微博技术系统产品即可,而对复杂的网络系统越来越缺乏了解。相比简单的原始技术产品,一张纸、一个电灯,它们的可用目的简单明了,而对于政务微博技术系统则不同,计算机最初的设计目的是完成复杂的导弹弹道计算问题,而现在计算机网络应用的领域已远超出了它原来的设计目标。政务微博技术系统"复杂性"导致预测网络风险的不确定性特征更加突出。

①　秦书生、陈凡:《复杂性视野中的技术》,《科学技术与辩证法》2003 年第 2 期。

第三,政务微博技术系统是一种"关系性"的存在。微博技术系统既不是单纯的工具、机器、设备等存在,也不是单纯的技能、经验知识等存在,政务微博技术系统是主体和客体相互联系与作用的关系存在,事实上它本身就叫做"关系型媒体"。对于政务微博技术系统而言,传统的"实体"存在已经越来越显示出局限性,技术系统中的任何一个部分都不能独立于其他部分单独存在。网络系统本身构成一个由产品、技术开发和创新者、产品使用者构成的关系网。近年来开始流行的协同政务微平台建设趋势,便是其具体体现。尽管在工业时代的政府体系中,也是通过分工,即设立委办局等多种不同职能的部门来提升政府效率。但是随着社会信息化,特别是社会互动的高度密切,越来越多的事务需要多个部门来共同协作完成,相应产生各种各样的领导小组或者委员会等跨部门机构,政府效率趋向于整合和协同而不只是分工。追求效率的服务行政需求必然导致协同政务微博技术的流行。

第四,政务微博技术系统是一种"社会性"的存在。政务微平台网络系统与它所发挥作用并且所处社会体制条件是相互影响的关系,政务微平台网络系统赋予信息社会以新的内涵,同时现代社会也以自己的方式回应着政务网络的发展。通过官方大力投入、一般投入、不投入的资金制度态度,可以通过造成、不反对、坚决禁止的伦理、法律策略来影响甚至决定政务微博技术网络的发展路径。政务微博技术系统是在特定的社会体制中发展起来的,它事实上也是社会建构的产物。

政务微博技术的社会建构过程导致了政务微博技术系统的一个重要的本质,就是它的可选择性。对技术的可选择性,芬伯格在《可选择的现代性》一书中给予了详细的论证,他指出,现代性是以合理性和技术进步为标志的,技术受特定社会、历史、政治和美学文化的影响,它的形式反映了社会政治和文化机构所形成的权力结构。他指出:技术可以从许多可能的组合中选择出来,社会的经济、政治、文化指导起关键作用的技术设计,指导着整个的技术选择过程。因此他主张技术可能用不止一种方式来设计,存在种种不同的技术可能性,存在对技术的可选择性。① 在此,我们按照芬伯格的技术建构论观点得到启示,是现实的社会将意义赋予了政务微博技术系统,社会塑造了政务微博技术产品的特征,政务微博技术系统及其相关设备实质上是用于社会治理的各种合理手段的总和。开发这些产品的所要遵循的理念或原则与社会占统治地位的行政价值观内在相通,这些理念或原则是通过技术与社会影响和冲突建立起来的设计标准。具体的研发准则是可以改变的,尤其是软件程序开发方面,开发语言和开发方式以及最终产品的功能选择是多样的,至于最后的选择取决于在它们与影响设计过程的各种社会利益方之间的博弈或协商。

二、微博化行政方式的特征

第一,微博化行政使行政组织结构由金字塔形趋向扁平型网状式。

人类的管理实践历程表明,每一种群体组织结构的变化,总是离不开当时的社会、历史、文化条件的制约。官僚制组织结构的大行其道,不但与工业化所需要的集中管理、权力控制、追求秩序和机械效率的理念相适应,也与对重技能轻知识的员工需求和变迁平稳缓慢的社会环境相适应,事实上也是信息化、全球化程度较低的必然结果。自从国家产生以来,在人类所有的组织结构形式中,长期占绝对统治地位的是金字塔形的自上而下的官僚制组织结构形式。越来越多的人意识到这种组织结构形式在工业社会尽管具有效率优势,但过度的官僚制化也带来了种种体制弊端,诸如对现代社会环境变化回应能力缓慢,组织成员的自主性和对个人能力发挥空间有局限等,近年来甚至有摒弃官僚制的观点出现。进入智能时代以后,一些学者认为,新一代人工智能对于政府治理结构的深度影响,将聚焦于三个层面,亦即借由人工智能降低资源的交易成本;借由人工智能减少政府纵向层级,延展管理幅度,再造扁平化的组织结构;借由人工智能技术提升政府的联结、沟通、商

---

① [美]芬伯格:《可选择的现代性》,陆俊等译,中国社会科学出版社 2003 年版,第66—78 页。

务、协同、社群"5C"能力等。

而扁平式的网络化组织结构对行政组织带来的主要影响是弱化了管理层次,特别是中间管理层次的功能被大大淡化,管理层级的减少必然带来管理幅度的扩大。组织结构趋向扁平型后显得更具活力和灵活性以及适应性。尽管科层制将继续发挥它的优势的一面而继续存在,但由于科层制条件下信息交流的模式往往是闭合甚至单向的,所以这种交流结构不可避免地有着一些局限性,这种局限对工业时代的政治和行政运作弊端不是很突出,但是在全球化和网络时代,则越来越凸显出其缺陷性。例如信息交流结构的闭环运行使信息渠道单一,无法使公众多元价值观取向的利益充分体现,最终使公共政策制定过程类似闭门造车。任何组织在一定时期内处理信息的能力是有限的,如果信息来源单一,则信息在官僚体制内部传递时,缺乏监督和制约,常常会出现信息变动甚至由于等级差距压力而导致某方有意使政策走样等现象。信息论告诉我们,当一个系统的组织程度和有序程度越高,则熵(表征体系混乱程度的度量术语)就越小,它所提供的信息量就越大,反之,信息量就越小。①

对于职业政治领袖和行政人员的日常运作,信息的交流至关重要,尤其是在现代政治所倡导的民主化,善治等行政理念的彰显,信息的交流更有着重要意义。对于行政系统而言,当一个政府越能满足行政系统信息扩容需求,则该政府的组织结构相应地越能适应信息化时代的要求。而这是传统的科层制组织形式难以体现的。政务微博的组织形态区别于科层制的政府组织形态,能提供最畅通的信息流动渠道,将尽可能地搜集各方面的信息和保证信息的真实度并能通过技术网络接收公众监督,使政府行政最大限度地发挥信息技术的潜力,从信息技术投资中获取最大的回报率。因此,网络时代要求行政组织结构也要与时俱进,传统的科层制组织结构的弊端使行政组织结构的变革成为大势所趋。因此,网络时代的政府组织结构,必将对现有的金字塔形的科层

①　王雨田:《控制论信息论系统科学与哲学》,中国人民大学出版社 1986 年版。

制组织进行重构,并积极创造新型的政府组织。目前常见的做法是:尽量弱化组织中间管理层次,推行网络化的组织结构形式。正如未来学家托夫勒指出:"如果一种崭新的,以知识为基础的经济确实在取代烟囱工业生产,那么,我们就会看到一场历史性的斗争,这场斗争将重建我们的政治机构,使之适应革命性的后批量生产。"①

政务微博被广泛应用于行政组织系统,为传统金字塔形的变革提供了强有力的技术支持。扁平的行政组织结构强调信息共享,既注重信息横向沟通和协作也注重形式与目标的关系;既注重权力主体多元参与也注重个性服务理念和人本价值体现。它适应全球化时代社会的环境不确定性特征,也适合价值观多元化要求。但值得一提的是,笔者坚持认为扁平网络的形态并没有从行政隶属关系上根本改变传统的金字塔结构。

第二,使行政权力运作结构由集中式趋向多元参与式。

美国的俄亥俄州的哥伦比亚市通过网络建立"电子化市政府",公民可以在家中通过电脑网络对地方兴建高速公路、地方分区等进行讨论和表决。为此,奈斯比特早就科学预见信息时代需求的政制形式是"共同参与制"②。

在工业文明时代里,无论是政治体制还是经济体制,都要求全社会中的人应当具有某种高度统一的一元化倾向的价值观念,才能使各生产要素有效地组织起来进行生产,有效地利用社会资源。企业的经理管理必须要有集中式的企业组织权力结构,才能保证大工业的有效进行和实现投资者的个人意识。建立在这种经济模式之上的政府,一般也采取集中控制型的行政权力模式。但过度集中控制型权力结构会出现许多弊端。而网络时代行政权力结构将由集中控制式向网状式转变。这种转变既是网络技术本身发展对行政权力结构提出的要求,也是网络技术所带来的行政民主发展的要求。网络行政所涉人群众多,只要参与的公民守法守公德,那么参政的人群就应该是一个无限量;

---

① 〔美〕托夫勒:《权力的转移》,中共中央党校出版社1991年版。

② 〔美〕约翰·奈斯比特:《大趋势改变我们生活方向》,中国社会科学出版社1984年版。

参与者可以随时就自己所关心的问题发表意见,提出咨询并要求答复结果。在网络时代,由于科学技术的日新月异,政府管理领域的不断拓展,决策的数量激增,非常规化和非程序化决策增多,决策目标更多的是面向未来且具有很大的不确定性,因而风险性增大,使分散决策权成为必要;同时,对频发的社会事务问题快速反应和快速处理,也要求即时决策或就近决策,这也要求决策权必须分散在各个问题发生地,要求下放权力,即中央政府向地方政府放权,上级政府向下级政府放权,政府还权于企业、社会和市场。行政权力的分散与下移、决策权与执行权分离,有利于行政系统机动灵活的应对多元化和复杂化的行政环境与行政需求。同时,网络是一个没有边界的世界,它提供了一个无中心的自由领域,它使网络用户跨越时空加强沟通与交流成为现实。

微博行政意味着原有的金字塔式的行政权力模型的权力中心集中于某一点的状况,将被分散于行政系统上的各个网结所取代,传统的集中控制型权力将被分散的网状式权力结构所替代。就行政民主的实质而言,行政权力来源于人民,行政权力的扩散,便于还权于人民,让公众广泛参与行政事务的管理,这正是"以人民为中心"的价值导向所追求的目标。网络技术不仅要求政府分权于民,而且为公民参与行政事务,分享行政权力创造了条件。在网络化社会,普通公民的决策能力将随其获取的信息和知识的增多而大大提高。部分群体之所以缺乏参与行政决策的能力,相当一部分原因是政府与社会阶层或组织之间的信息不对称。社会组织和公民在信息享用上不同程度地受控于政府,从而在自身决策领域中就要接受较多的外部力量作用的影响,自主性的发挥受到限制。网络使这种信息垄断的打破,即政府因信息不对称而具有的协调作用要减小,某些权力要归还社会,实现"小政府,大社会"的价值追求。这种行政权向社会的回归集中表现为决策权的回归,即某些原本由政府决策的领域或事项交由民众自己管理、自行决策,这是特定意义上的行政决策民主参与,这种开放式决策将民众对决策的影响由参与扩大为主导,凸显了"以人民为中心"的理念。

第三,使行政决策结构由自上往下式趋向上下交互式。

在传统的工业社会中,作为政府重要职能之一的决策活动,往往采用垂直方式进行,决策信息从上往下流动,上级政府机构决策后,下级必须无条件服从,而且决策的最高层也很难了解最基层的基本情况,作为行政管理的中间层,往往缺少横向沟通,容易产生政出多门的弊端。在网络时代,由于网络技术、信息技术的高渗透性,即它凭借自身具有的亲和力和扩散力,以惊人的速度向经济和社会各部门渗透,将加速各种文化的传播和相互吸收、融合,使各种文化在广泛传播中达到发展,甚至导致整个社会结构的根本性改变,决策权属于最高决策者独断的时代将一去不复返,行政决策将由法定的决策者与社会公众共同完成。关于这个问题主要有四点理由:一是在网络时代,现代民主思想、民主意识和参与意识必将通过政务微博等新媒体得到更广泛的普及,并植根于公民内心深处,成为人们生活的重要组成部分。传统的思想、舆论管理模式将举步维艰,因为信息技术本身的发展极大地超出了信息技术本身所提供的监控能力。如果说市场经济孕育了现代民主政治,那么网络技术、信息技术则为民主政治的传播和实现提供了现实的技术条件和手段。二是互联网四通八达的设计原则,开创了信息多元和言论自由的全新局面,传统的政府审查制度在网络上形同虚设,整个国际互联网仿佛成为一个信息广场,网络区间好像是没有警察的社区,各种各样的信息在其中可以比较自由地相互渗透。这就大大降低了人们对决策方案发表评论和进行抉择的成本或风险,从而激发人们参与决策的积极性。三是政务微博的交互性决定了某些网民的意愿表达往往会牵发网上信息的聚集,即某种意愿的表达有可能带动其他用户就相关问题发表各自见解,表达各自意愿,从而逐步实现利益聚集,为决策者提供决策事项和决策方案。四是公众通过政务微博可以对高层的行政决策直接发表意见,甚至表决。不仅决策机构和决策者通过网络进行互动,而且各政府部门同样可将各自所需议决的问题交由公众决定。各政府部门之间可以加强联系,将各部门的决策情况列在一起,让公众进行选择,从而形成交互式行政决策机构。不仅网络的发展为行政决策的科学化与民主化奠定了坚实的物质基础与制度支持,而且科学化与民主化的行政决策反过来也推动了经济的可持续发展。

第四,对行政人员信息素养要求由专业经验型为主趋向复合知识型为主。

在前网络时代,由于社会变迁速度较慢,行政管理工作大多具有例行性、简单性、稳定性和重复性的特征,公务员只需凭借自己的经验积累就能应对自己的"分内"之事。然而,网络时代是以依靠知识和技能为核心的工作环境,只有复合型的人才方能胜任。一方面,随着例行性工作的自动化,互联网"可能使政府加快大规模的裁员",工作人员的数量将减少;另一方面,对行政者的素质要求将不断提高,越来越要求多技能的管理人员,同时由于行政组织系统管理的复杂性在不断增强和行政信息的成倍增加,行政手段创新的需求也更为迫切。

正因如此,在政务微博时代,无论是对公务员的知识结构,还是对其精神体能和道德都提出了更高更新的要求。在知识结构方面,从整体上看,公务员队伍素质较高,但是知识更新加快,要求工作人员不断更新知识和改善自身知识结构体系。在网络微博时代,管理能力的高低与知识的多少和能力的发挥成正相关关系。事实上,许多政府机关的计算机硬件档次颇高,但是使用人员的技能却与之不相匹配,计算机往往仅作办公文档处理;相当部分政府成员缺乏广泛快捷地主动获取网络信息的信息素养,造成资源浪费。所以,各级政府应充分利用我国"互联网+政务"政策出台之后的契机,大力提升公务员素质,以充分运用政务微平台的工作条件。在精神体能方面,由于网络信息无穷无尽,政府官员和政策制定者等情报用户,不再受信息缺乏之苦却有信息过多之忧,铺天盖地而来的信息有可能使得公务员手足无措。大批量的微信息所引起的超负荷工作对公务员的心理与生理来说无疑是一大严峻的挑战。有报道,人们不堪信息过载而出台政策予以规约。

在道德方面,由于信息公开化程度的提高,公众可以明了行政过程,并将行政活动同个人利益作对照,确定自己的博弈立场并发表意见,从而使科层体制下常见的幕后操作难度加大或难以为继。网络政务微博行政给公务员提出的要求和挑战,要求改革人事管理体制,确立以功绩制为导向的公务员制度。改革与健全行政录用制度,在公开、平等、竞争的基础上选拔行政人员,需要强化人事管理机制,建立科学合理的考核、奖惩等激励机制;需要完善职后教育培训体制,从管理理念、管理知识、管理技能及职业道德等方面着手,优化行政人员的整体职业素养,实现公务员队伍的职业化,以使公务员队伍始终充满活力和开拓创新的精神状态。

显然,政务微博行政的特性的确冲击了传统行政方式惯有的隐秘性和封闭性,公众利用网络可以了解到大量信息。各地政务微博行政和政务微博问政产生的效应,一方面说明当前行政绩效还不高,还说明行政共同体随着组织化、规范化程度越来越高,科层制中的官本位、等级制、体制僵化等诸多矛盾日益突出,难以适应现代社会与公众对执政党和政府的要求和期待。但这一切并不能说明微博行政的发展水平已到可以对传统行政取而代之的地步。

【相关背景材料】

政务微博服务矩阵的构建条件已经成熟

人民网舆情数据中心发布的《2018 年上半年人民日报·政务指数微博影响力报告》指出,随着政务微博账号体系与政府行政职能体系的全面对接,构建政务微博服务矩阵的条件已经成熟。除了较早开展政务微博服务矩阵实践的银川之外,成都、昆明、马鞍山等城市和新疆检察系统、湖南公安系统、北京 12345 便民服务中心、天津交警系统,也都开展了政务微博服务矩阵运营。2018 年上半年,"昆明发布厅"对网民反映问题的办结率达到 85.3%,@成都服务对市民及企业诉求的按时办结率达到 93.5%。

中国传媒大学媒介与公共事务研究院政务新媒体实验室主任侯锷表示,网民在微博上反映的问题,需要具有相应职能的政务微博及时介入,进而到线下通过依法行政的服务解决。只有互联网管理部门和相关职能部门各司其职、通力协作,才能避免角色错位、职能越位和功能缺位,这也是政务微博矩阵的可期效能。

(资料来源:搜狐网,http://www.sohu.com/a/245088506_119778)

///【相关背景材料】

国民信息素养是建设信息化国家的重要前提

"信息素养(Information Literacy)"的本质是全球信息化需要人们具备的一种基本能力。信息素养这一概念是信息产业协会主席保罗·泽考斯基于 1974 年在美国提出的。简单的定义来自 1989 年美国图书馆学会(American Library Association,ALA),它包括:文化素养、信息意识和信息技能三个层面。能够判断什么时候需要信息,并且懂得如何去获取信息,如何去评价和有效利用所需的信息。

信息素养是一种基本能力:信息素养是一种对信息社会的适应能力。美国教育技术 CEO 论坛 2001 年第 4 季度报告提出 21 世纪的能力素质,包括基本学习技能(指读、写、算)、信息素养、创新思维能力、人际交往与合作精神、实践能力。信息素养是其中一个方面,它涉及信息的意识、信息的能力和信息的应用。

信息素养也是一种综合能力:信息素养涉及各方面的知识,是一个特殊的、涵盖面很宽的能力,它包含人文的、技术的、经济的、法律的诸多因素,和许多学科有着紧密的联系。信息技术支持信息素养,通晓信息技术强调对技术的理解、认识和使用技能。而信息素养的重点是内容、传播、分析，包括信息检索以及评价，涉及更宽的方面。它是一种了解、搜集、评估和利用信息的知识结构，既需要通过熟练的信息技术，也需要通过完善的调查方法、通过鉴别和推理来完成。

2016 年中共中央办公厅、国务院办公厅印发的《国家信息化发展战略纲要》，明确要求将信息化贯穿我国现代化进程始终，加快释放信息化发展的巨大潜能，以信息化驱动现代化，加快建设网络强国。建设信息化国家，重点要培养国民的信息化素养。

网络的发展和信息化的推进，是以全民的广泛应用为驱动的。如果国民没有足够的信息化素养，再好的信息技术，再好的网络应用，都很难发挥其作用，甚至反而会助长负能量，带来坏影响。

（资料来源：百度百科，https://baike.baidu.com/item/%E4%BF%A1%E6%81%AF%E7%B4%A0%E5%85%BB/937143？fr=aladdin）

第二节　微博行政伦理规约

一、微博行政伦理

"伦理"与"道德"是伦理学或道德哲学中的两个核心概念，但二者在许多学术著述中处于概念模糊和逻辑混乱状态，导致伦理学和道德教育"名不正而言不顺"。有些学者通过对这两个概念进行以词源学为基础的三重比较：汉语言文化中的比较、英语文化中的比较、中西文化中的比较，进而得出结论：当代"伦理"概念蕴含着西方文化的理性、责任、公共意志等属性，"道德"概念蕴含着更多的东方文化的性情、人文、个人修养等色彩。"西学东渐"以来，中西"伦理"与"道德"概念经过碰撞、竞争和融合，目前"伦理"与"道德"划界与范畴日益清晰，即"伦理"是伦理学中的一级概念，而"道德"是"伦理"概念下的二级概念。二者不能相互替代,它们有着各自的概念范畴和使用区域。①

有学者提出,要了解行政伦理的内涵,应当从两个方面把握:一是行政伦理是制度伦理和个体伦理的统一,制度伦理致力于以法规、制度的形式对行政活动的道德诉求,而个体伦理致力于行政主体以自觉、内省的方式对个体道德完善的伦理诉求。二是社会意识和实践精神的统一,行政伦理不仅是一种特殊的社会意识,不仅是制度规范,而且是公职人员完善自身的实践活动。② 例如,在政务微平台的关系型媒体条件下,存在着个人与个人、个人与社会的关系,这种关系是一种受网络决定的技术性伦理关系,当人们对这种技术性伦理关系没有形成自觉意识的时候,这种关系仅仅作为一种客观的物质性存在,而自发地发挥着作用。只有当人们领悟到这种关系的存在,并形成关于这种关系的思想和意识,要求通过一定的行政价值取向和规范调节这种关系,这种关系才会真正成为伦理关系,转换成人们行政活动的动力学基础,自觉地发挥作用。这就是说,微博行政伦理关系是通过行政个体和行政共同体的领悟、认同和自觉维护的历史形成的客观关系。

二、道德共识是伦理规约的目的

《现代汉语词典》中对"规约"一词有两种解释:一种是作名词解释,指经过相互协商规定下来的共同遵守的条款;另一种是作动词解释,主要是指限制和约束,将二者结合起来,可以将"规约"定义为通过协商形成某种共同遵守的规定,对行动者的行动过程进行一定的限制和约束,这种限制和约束既可以具有道德意义,也可以没有道德意义,具体比如,通讯规约、贸易规约、法律规约等。将"规约"与首先道德判断连接起来的伦理学家是英国伦理学家黑尔③。

---

① 尧新瑜:《伦理与道德概念的三重比较》,《伦理学研究》2006 年第 4 期。
② 刘湘宁:《行政伦理建设的价值取向及实践途径》,《求索》2005 年第 8 期。
③ 孙伟平:《史蒂文森与黑尔的伦理观比较研究》,《伦理学研究》2019 年第 11 期。

作为非认知主义元伦理学的代表人物,根据黑尔的分析,日常生活的某些词汇具有现象级描述性,即它们的主要功能是表达事实或传递消息,例如书本、桌子、电脑等,都是描述性的语词。黑尔认为,价值或道德判断也具有描述性,所以价值或道德判断也具有普遍性。也就是说,如果"政务微博是有用的",则任何相似于微博的微信之物也是有用的。在确认了道德判断是具有普遍意义的描述性判断之后,黑尔进一步论证指出,首先判断不只具有描述性意义,还有规约性意义。所谓规约性,就是对人的行为构成类似命令作用,使人的行为受到规定和约束,所以具有促进或禁止行为被实践的力量。在黑尔看来,道德语言的主要功能就是指导行为,就是回答我要干什么的问题。

笔者认同黑尔关于道德语词都具有普遍性和规约性特征的理论主张,这是研究微博行政伦理规约问题的基点,是分析行政道德规范、原则和网络行政主体行为的必要的理论先决条件,它有助于我们对政务微博道德规约性的理解,在微博行政实践中帮助人们更好地发挥行政道德的约束和导向作用。但黑尔的探讨仅仅关注道德语言本身,仅仅停留在对道德判断规约性的学理性分析,不关心这种规约性如何在现实的活动中成为可能,甚至反对为人们提供指导行为的首先原则和规范,使其丧失了特有的约束作用和导向功能。其实,科学技术进步也不只是描述客观规律和现象,进行纯形式和逻辑推理与分析,科学技术进步在进步的同时也要提出实际应当做什么和必须怎样做的建议与劝告,使人们遵循科学的规律行事。行政伦理在本质上是规范,它的宗旨是指导行政主体的实践。因此,我们不能仅仅满足于黑尔关于道德评议具有规约性的确证,还必须在此基础上来继续探讨这种规约性的实践内涵,即首先评议的规约性,通过何种方式同人的具体行为结合起来,成为人们在实际行政活动中遵循的道德规范。

道德评议具有普遍性和规约性,其普遍性来源于行政主体在实际生活中形成的道德共识,其规约性功能的实现,主要体现在行政主体对由首先共识推演出的道德原则和规范的遵守,因此,从这个意义上说,具有实践意义的伦理规约就是指行动者通过协商达成"道德共识",并形成一系列的行政道德原则和规范,对其行政行为过程进行一定的限制和约束。

三、微博行政伦理规约的价值旨归

依据上面对"规约"概念的界定,可以给出微博行政伦理规约的定义:微博行政伦理规约是指,在微博行政活动过程中,各相关"行政共同体"通过网络相互协作,按照共同遵守的某种道德共识,形成一系列伦理乃至制度性色彩的规范,以求得微博行政目标实现和绩效优化的引导与约束过程。

本书导论已经提及的"行政共同体",指我国从事政务、党务、人大和其他公共管理的人员所形成的群体。之所以这样定义,是因为我国的公共管理主体是趋于多元参与治理的,而且有政党等多方主体的深层参与,其行动者包括微博行政中所包含的多元要素。如果从行政伦理的角度看待这个行政共同体,可以总结出它们具有两种重要属性:

第一,同质性与异质性的统一。参与网络行政过程的行动者既有作为管理主体存在的官方,也有作为行政客体存在的公众方,他们在微博行政平台系统中,无论是存在状态,还是所起的作用,都存在着巨大的多元差异性。例如,政务微博网络系统的开发和维护者,在网络微博技术系统中主要担负技术维护,技术性是他们的本质属性,而键盘、显示器等设备等只是主体进行网络行政活动所必需的物质手段,它们不具有创造性。除了在设计、开发系统中起主导作用外,还表现在现实政务微平台系统性能和系统目标之间的反馈环节,由此来反复修改系统运作中的错误。正是行政主体的这一特性,才使通过行政伦理因素纠正网络系统错误成为可能。此外,就行政共同体而言,网络微博系统中的行政主体所承担的信息发布职责分工、行业部门价值利益取向、微博行政行为方式、微博信息发布职权范围等方面,也表现出极大的差异性。

从上面的介绍可以看到,政务微博网络系统中的微博行政主体具有异质性的特点。异质性是网络行政主体保持自我的基础和前提,是微博行政主体存在的依据。但在政务网络系统中，多元或异质性的微博行政主体存在的目的却不只是本身，同时也是为政务网络系统而存在着，政务信息化建设目标，规定了网络微博行政主体活动的目标。进一步说，政务微平台系统的建设目标一般也是微博行政主体的目的。从这一点上说，微博行政主体具有趋同和同质性，尤其是在传统体制条件下，各网络行政主体之间既有分工更有合作，合作的基础除了公共行政价值也就是社会价值最大化之外，还有彼此相近的行业性利益追求、相近的学科知识背景和职业道德体认。

第二，可规约性与不可规约性。可规约性与不可规约性是对微博行政主体的约束程度而言的，把伦理因素能够对其发挥约束作用的网络微博行政主体，称为可规约的网络行政主体；相反，把伦理因素对其不能发挥约束作用的网络微博行政主体，称之为不可规约者。微博行政主体之间的协商并非是无条件的，政务微博活动中包含着的程序性和行政法规是不可以自由协商的。例如，微博软件版本和信息发布回复的基本程序是不可随意改变的，但必须要提交的注册名称或者非实名制身份信息则是可以协商的。因此，笔者认为，微博行政主体并非全部被规约，政务微博系统中既有可规约的内容，也有不可规约的内容。认识到微博行政主体的可规约性与不可规约性，除了具有理论建构的意义之外，对其现实的指导意义在于，只有对可规约的微博行政主体和不可规约的微博行政主体有具体的认识，才能有效地发挥行政伦理对微博行政的规约作用，而避免片面夸大伦理的规约作用，以致阻碍效能目标的实现。

前已提及微博行政伦理首先要在微博行政主体之间形成共同的行政价值取向，那么什么是网络微博行政共同体应该遵守的行政价值呢？

寻求一种共识的必要性来自于网络微博行政共同体本身，而迫切性来自于时代。任何一个社会都需要一种基本的共识才能维系，才不致结构断裂，一个社会的核心价值观是社会共识"最大公约数"，网络行政活动是受多种价值观影响的。因此，迫切地需要凝聚起某种道德共识。诚如美国行政学家沃尔多所言，"无论任何人，欲研究行政问题，皆要涉及价值之研究；任何从事行政事务的人,他实际上都在进行价值的分配。"①公共政策,就是对全社会的价值做权威性的分配。如果说从传统的统治行政以政治统治与社会秩序作为其主流行政价值,近代以后的管理行政体现的是以效率为主流行政价值取向,那么构建提供公共服务的服务型政务微平台也必然有与其适应时代与社会发展要求的行政价值取向,因此本书对这个课题的研究方法重视历史与逻辑的结合。作为信息社会的政府行政模式,现代社会的价值多元性使得政务微博上的价值导向不可避免地呈现出多元性特征,即体现为多元价值并存的行政模式,如公平和效率、民主和责任、公共和个体等。但是无论是何种公共行政理论与范式,都需要一种能够统领政府行政决策与活动的核心价值导向,才能整合行政价值的不同取向减小运行成本。也只有这样才能正确地理解和把握公共服务的实质,才能有效地为线下政府行政活动提供正确的行政价值观。

新公共行政学认为,民主行政的核心在于尊重人民主权和意愿,实现社会正义和社会公平;民主行政要求公众需要是行政系统运转的轴心。据此,新公共行政学提出自己的目标:"现代公共行政必须考察政府提供的服务是否促进社会公平,特别是效率必须以公平的社会服务为前提和代价。"②据此,本书认为,政务微博在提供公共信息服务、社会公共事务透明化、调整社会关系的过程中必须坚持有助于社会公平的行政价值取向,而回应和效率也必须以公平的社会服务为前提和代价,以确保公共性价值居于支配地位,其所有的微博行政行为和决策必须能够有效地凝聚、表达和实现公共利益。可以说,新公共行政学倡导公共服务的平等性、行政官员的政治回应性、民主行政等基本价值,在信息时代仍然和我国提出的推进公共服务均等化、提高行政效率、政务信息不涉密均需要公开等理念原则十分对应。

---

① [美]乔治·弗雷德里克森:《公共行政的精神》,张成福等译,中国人民大学出版社 2003 年版,第 142 页。

② 陈振明:《从公共行政学、新公共行政学到公共管理学》,《政治学研究》1999 年第 1 期。

///【相关背景材料】

社会公平作为现代公共行政核心价值的确立

1968 年 9 月,由当时任《公共行政评论》主编的美国行政学家沃尔多发起和赞助,32 位年轻的行政学学者聚集在锡拉丘兹大学明诺布鲁克会议中心举行研讨会,会议形成的基本思想是,要以社会公平作为公共行政学的核心行政价值,意图建构一种入世的、改革的、具有广泛民主的新公共行政学。关于社会公平作为公共行政核心价值的意义,弗里德里克森曾做出高度概括:社会公平是我们用一系列价值偏好,包括组织设计偏好和行为方式偏好的关键词语。社会公平强调政府提供服务的公平性;社会公平强调公共管理者在决策和组织推行过程中的责任与义务;社会公平强调公共行政管理的变革;社会公平强调对公众要求做出积极的回应(responsiveness),而不是以追求行政组织自身需要满足为目的;社会公平还强调在公共行政的教学与研究中更注重与其他学科的交叉以实现对解决相关问题的期待。

(资料来源:中国行政管理杂志社网,https://www.cpaj.com.cn/news/201858/n61175625.shtml)

四、多重张力形成微博行政伦理困境

在大量的政务微博伦理困境和伦理争议案例中,可以看到伦理困境主要表现为以下张力:

第一重张力是传统媒体与在线媒体的工作方式之间的张力。传统政务信息发布所具有的事先多重审核,白纸黑字无法轻易修改的纸质特质,尤其是报纸类媒体。而政务微博在本质上作为一种媒体,其灵活性、实时性、快捷性等

优势使传统媒体的特质显得难以完全复制,新闻时效性决定了政务微博不可能有太长的时差去完善核实信息源和信息表达方式。常常通过事后解释和进一步报道来呈现信息,这种在线特点在新闻伦理方面,必然和微博编辑个体的工作理念、业务素养甚至年龄段等因素形成一定张力。尽管从国家层面为了持续推进道德建设,充分发挥职业伦理在社会生活中的作用,相关措施不断出台,诸如《中国新闻工作者职业道德准则》第四次修订和发布,但这种张力随着新媒体的不断普及将被受众所适应,在完全适应之前,这种张力将长期存在。

第二重张力是传统官方媒体与政务微博的影响面之间的张力。传统的官方媒体例如电视新闻和报纸新闻。其信息发布一般都有较为确定的时间段。尽管我国电视新闻媒介也实现了滚动播放,但新闻的编辑过程、剪辑过程、印刷过程总是要耗费必要时间的。但政务微博却只需要寥寥几句话,便可以随时发布信息,并且可以通过微博传播迅速扩大到全国乃至全球范围。传统官方媒体和新型政务微博共存之际,并行不悖只能是通过时间的磨合才能实现。在智能时代,人人皆可成为报道者,人人皆可成为见证者,然而这种见证过程却自觉不自觉地夹杂着个人的倾向性。信息的发布不可能像传统媒体那样容易实现统一口径或通稿发布。因此,从这种意义上讲,数字化的微博快速发布其实没有创造出新的不道德形式,但却使事实上缺乏道德的行为事实能在几乎不被人们意识到的情况下迅速成为可能。这种传统官方媒体与政务微博的影响面之间的张力将长期共存。

第三重张力是微博等新媒体迫使传统媒体信息生产和发布方式必须转型而又难于立即实现这种转型所形成的张力。互联网出现之后,我国许多报纸订阅量断崖式下滑,手机出现以后,我国邮政信件业务日益锐减。这种变化固然是时代进步潮流的必然,但值得注意的是,这种变化仍然在随着5G、人工智能等新技术的发展在继续变化着。转型中的专业媒体突破传统新闻伦理道德边界、挑战伦理边界的问题也时有发生,以至于人们质疑"新媒体是越新越快,而信息越来越不能全信"。在媒体融合转型还未彻底定型之前,以互联网、大数据为驱动力的那些技术性企业越来越多地和党政新闻界合作融合,这种融合过程不是一蹴而就的,伴随着法律和伦理方面的冲突张力。事实上,互联网已经成为我国发展的最大变量,如何将这种最大变量化为最大增量,则任重而道远。

第四重张力是已经业已成熟的政务微博运行方式和新一代微博矩阵等新技术之间的张力。特别是近年来人工智能的迅速发展,越来越多的人类决策判断让渡给了机器算法,所谓声音变声、视频换脸、图片拼合等技术,使人们发现网络上的信息真伪更加难以判断,技术对人的操控不断增强,由此带来的伦理问题有待进一步深入探讨。

我们不可能完全抛开传统的伦理准则去完全重建新的准则,本书认为以上所列举的各种张力,实质是微博技术对即生产力技术更新过程中的张力。传统的媒介理论和媒介伦理注重在个体、群体、环境、制度等要素之间建立某种核心价值(例如真实性或时效性)和职业文化引导的连接。而微博这种新媒体不能再局限于这种连接,必须要构建"网络社会伦理+新闻职业伦理+微博技术伦理"的连接框架。在这个伦理框架建构过程中,必然会遇到以上各种张力存在状态下的各种具体困境表现,例如价值冲突、隐私保护、信息对称、技术伦理、伤害最小等问题,在现代社会,这些问题的博弈和化解离不开平等、协商、合作等价值导向。

五、政务微博伦理问题的特征

由于我国政务微博的功能主要是信息交流平台、为民服务窗口、权威信息发布。且这三项功能是依次叠加的,第一项是基本要求,后两项是深层的扩展运用。微博作为互动媒体,总是以信息互动交流才能提供相关公共服务,在服务中产生公信力,逐步成为公众信赖的权威信息发布源头,实现了意见领袖的职能。在这个渐进的过程中,政务微博伦理一般会表现出以下特征:

1. 网络空间与现实空间的行政伦理并存性

互联网的出现使人类多了一种存在环境,这种环境是网络虚拟空间,但我们所遵循的各种伦理规范,却形成于漫长的前互联网时代,这个时代之漫长,可以用几千年来计算。在虚拟空间和现实空间必将长期共存的互联网信息时代,伦理难题便出现了。政务微博伦理的第一个特征,就是网络空间和现实空间业已形成的行政伦理规范之间存在并存性特征。

2. 政务信息共享与信息保密的统筹性

信息是信息社会的战略性和基础性资源,政务信息是党政事业等公共部门为公众提供公共管理和公共服务产品而具有公共性的信息资源。这些信息的产生和传播有其适用范围。政务微博作为信息媒介载体,哪些信息可以公开和共享,哪些信息涉及国家秘密,从《政府信息公开条例》和《保密法》之间长期以来存在的各种争议即可看出,共享和保密界限在实践操作层面不容易划清。信息的共享是网络伦理范畴,但信息的生产的编辑等过程以及相关成本却往往带来各种伦理乃至法律问题。

事实上,公共信息资源共享中产生的伦理问题一直和法律问题有着关联,如果采用极端化的评价和措施,往往带来更多的问题,因此政务信息共享与信息保密的统筹性是政务微博行政伦理的特征之一。

3. 个人隐私与社会监督的冲突性

在公共危机事件处理过程中,由于信息公开真实性的需要,往往对当事人的有关基本情况需要做一定程度的公开,但由于民事的复杂性,这个过程中往往产生个人隐私权的争议。而公众对新闻事件的关注和政务微博本身特点决定了这种隐私权尽管可以通过政务微博有所限制,但随后出现的个人微博后续爆料等行为却很难持续捍卫个人的隐私权。"大数据时代无隐私",保护个人隐私是文明社会的重要标志,社会监督也是保障社会进步的重要标志,二者之间在现实社会的表现和网络社会的表现不可同日而语。数字化的信息和伴随而来的道德冲突,是政务微博这种权威公共部门单独所承担不了的。这种冲突性必然随着政务微博的发展和人们对个人隐私权的重视更加明显。

个人隐私与社会监督的冲突性主要表现在侵犯隐私权的界限标准如何划定。政务微博所在部门如何统筹兼顾好社会监督和个人隐私之间的关系等。

4.信息公开义务与社会责任的兼顾性

政务微博的作用发挥和《政务信息公开条例》中关于"不涉密皆要公开"以及"不涉密信息一律公开"等要求相比,真正的难点在于政务信息公开义务和公共部门的社会责任承担之间存在实践层面的各种伦理困惑,甚至会出现行政诉讼和复议等。近年来我国的政务信息公开力度之大有目共睹,但网络的跨国界特点以及网民的多样性复杂性,决定了政务微博的工作人员不可能让所有人都满意。网络给人们提供了参政议政的机会,也给政务微博发言人赋予了意见领袖的权威角色,这种角色和个人微博"大V"不同的地方就是公共责任和社会责任,而不仅仅是个人责任。

这种信息发布和信息公开权力的运用必须按照我国相关政策来实现,但如果政务微博行为主体的权利和义务不够细致,其中的制度空白地带,便会产生政务微博发言人的自由裁量权与其所负的公共责任不相协调甚至冲突的局面。因此,政务微博行政伦理有兼顾信息公开义务与社会责任的特征。

六、伦理规约不等同于伦理规范

本书中所讨论的伦理"规约"同伦理"规范"有何差异呢?

第一,二者概念的内涵和外延有差异。尽管"规约"与"规范"都有名词性和动词性用法,但它们的含义是有所区别的。从名词性的含义来看,"规范"是指明文规定或约定俗成的标准,"规约"是指经过协商形成的共同行动的条款。从动词性的含义来看,规范是指按照明文规定的标准或约定俗成的准则行动;"规约"是指通过协商形成某种共同规定,对行动者的行动过程进行一定的限制和约束。从概念的外延来看,规约既包括按照通过协商所形成的条款行动的规范,也包括在技术行动中不断形成新的标准和规定,以及对技术行为进行动态的约束,这样从概念的外延上看,规约就包含了规范。

第二,二者对客体约束的程度有差异。相对而言,"规范"虽然不是法律,但仍然是一种较强的约束方式,而"规约"则是较弱的约束形式。规范是按照已经形成的标准行动,是对行政行为的一种强约束。在中国古代,邸报作为信息传递的平面媒介,规定只能被特定的国家管理者群体所用。在近代社会,无线电技术应用的范围多限于政治和军事,所以无线电技术的发展较早受到伦理规范的高度注意,事实上多被官方控制。在现代社会,互联网等新的信息发布途径已经渗透到传统报纸、广播、电视媒介,成为现代社会的大众传播载体,与之相应地催生了一系列新的社会结构和新的伦理价值观,融媒体相关政策和机构的变革已经说明了这一点。科学技术变迁中遇到的伦理问题,不是以技术完全听从现有伦理体系的安排为答案,而是要建立一种伦理的软着陆机制,保持新媒体等技术行为与伦理的必要张力,使伦理成为一种软约束。这种张力的生成应该通过影响政府的公共政策、制度安排、市场调节机制以及法律等方式来实现的,而不是依靠独立的伦理力量。

第三,二者作用的形态有差异,"规范"是静态的,"规约"是动态的。古代信息传递手段和技术离不开经验传统,所以,经验传统在技术系统中具有重要的地位,伦理对技术的规范作用就是通过各种各样的传统、习惯、习俗来完成的。例如,中国古代技术从业者都有自己的行业神,常常在入行时举行祭拜行神的仪式。任何国家的传统和习俗都是在长时间的社会实践中形成的,因而以传统观念、习惯和习俗构成的传统伦理体系具有相对封闭、稳定的结构,这种结构决定了其规范作用是一种静态作用。网络上的微博行政活动是建立在多元参与和知识的快速更新基础上的开放系统,而要对其行使规约作用的伦理体系也应该是变化的开放系统。比如对反贪局的政务网络举报功能的伦理规约,是从匿名制到注册制再到实名制规范乃至证据的提交变化,一直处于动态的变化过程中。

第四,二者作用的方式有差异。"规范"是单向的决定式的作用,"规约"

是双向的互动式的作用。网络微博技术的伦理规范主要的伦理对微博平台技术的限制与约束,即符合伦理规范的技术就可以应用,否则就必须禁止;而"规约"其实是双向的整理和约束,既有技术系统对伦理体系的附和,也有伦理体系对网络技术系统的调试,技术系统与伦理系统之间存在着互动反馈机制,其中的价值导向则以具体需要为前提。

第五,二者在发生作用时,体现在主体的作用空间有差异。"规范"是通过明确的伦理规定对行政主体行为予以约束和限制,行政主体作用空间很有限。而"规约"则是行政主体参与规定的制定和形成,是行政主体自觉承担有关责任,是内在的表现,因而主体具有明显的主观能动性。事实上,从国外到国内,有关网络微博技术的伦理规约,均是在相关的技术开发方人士的参与情况下制定形成和升级的。

第三节　微博行政伦理规约的基本特征

一、基于政务型微博的实践案例

1. 运用政务微博直播重要新闻

//【案例一】

调查显示薄熙来案庭审微博公开最令人满意

2013 年 09 月 05 日,中国青年报社中青舆情监测室发布第二期《中青月度舆情指数》(以下简称"中青舆情指数")。8月,"薄熙来案公开庭审记录"所获综合满意度最高,而"河南林州民警摔婴"一事,是当月官方响应最为不力的舆情事件。

据了解,中青舆情指数以月为周期,每个月初发布前一月舆情总况。中青舆情指数的指标体系分为信息覆盖率、应对能动度、回应到达率、答复识别率、舆情满意度 5 项指标,在衡量各地、各级政府机关在热点事件中舆情响应能力后,梳理出 20 个事件的排名。本期中青舆情指数显示,薄熙来案 5 天庭审记录微博直播、上海法官集体嫖娼事件以及河南林州民警摔婴事件,是最为受访者所熟知的舆情事件。不过,公众熟知程度越高,越考验官方的响应能力。

综观 8 月的中青舆情指数,地方政府在舆情响应方面的能力尚需加强,受访者综合满意度超过 60 分的事件,仍未过半。

(资料来源:人民网,http://politics.people.com.cn/n/2013/0905/c1001-22812102.html)

//【案例二】

薄熙来案微博直播者谈经验:内容要真诚　态度要大方

2014 年 10 月 22 日,最高人民法院公布了全国 2995 家法院 3281 名新闻发言人的信息资料。最高院新闻发言人孙军工表示,如此大规模公开全国法院的新闻发言人,不仅在国内部委中,在世界也属罕见。这些法院新闻发言人是如何炼成的? 他们和其他新闻发言人有何不同?

从"全国审判业务专家"到新闻发言人

2014 年 4 月 24 日,李宇先以湖南高院新闻发言人的身份正式亮相"湖南法院知识产权司法保护状况"新闻发布会。在刑事审判一线工作了 28 年后,2014 年 3 月,李宇先轮岗为湖南高院新闻信息网络处处长,并担任湖南高院的新闻发言人。

哲学专业毕业的李宇先信奉任何实践都需要理论的指导。为此,李宇先在自己的书柜中,整整齐齐码上了40多本中外著名的新闻传播类理论著作。大半年的时间里,他写了两万多字的读书笔记。他自信有了这些理论知识,以及多年业务实践的积累,做新闻发言人并不是难事。7月25日,"唐慧女儿案"中被告秦星案重审。休庭期间,湖南高院举办新闻发布会,向媒体通报庭审情况。提问环节,数十家媒体轮番发问,直指秦星一案中备受关注和争议的部分,李宇先从容地一一回答。秦星案庭审当天就成为微博热门话题,有网友评价李宇先的表现"可圈可点"。李宇先并不满足,他觉得自己有点笨嘴拙舌,渴望以后能像白岩松那样能侃侃而谈。

（资料来源：中青在线,http://zqb.cyol.com/html/2014-10/22/nw.D110000zgqnb_20141022_2-03.htm）

2.运用政务微博向社会问政公共政策制定的案例

///【案例一】

新媒体助各地两会"接地气"微博问政期待常态化

2013年后,观察各地两会新风尚,从电子提案到微博问政,新媒体的参与正在促进各地两会更加高效率和"接地气"。两会结束之后,这些务实、近民的"议政新风"能否延续,形成常态化机制也备受期待。

多地两会引入"微访谈"官员在线互动答疑

"网友信微博不信政府,您觉得根本原因是什么？公车改革,今年还有戏吗？工资水平什么时候才能有所改善?"这是2013年1月22日网友针对湖北两会向湖北省政协委员、湖北省统计局副局长叶青发出的"微博问政"。在短短一个小时中,网友向叶青提出近百条问题,而叶青也认真回复了其中的大部分,网友问题的犀利、官员回答的坦诚受到网友好评。北京市两会召开后的两天内,北京市政府新闻办公室的官方微博"北京发布"编发两会报道微博100多条,北京微博发布厅各成员单位积极转发"北京发布"两会微博,共累计转发评论7000余条,收到评论700余条,回复网友评论近百条。而除此之外,一些代表、委员利用微博、微信做两会直播、晒议案提案,与公众积极互动。实时的两会图片、平民化的语言,让广大网民将微博作为获取两会信息的重要来源。一些委员代表还在自己的微博中高调征集"民众声音",把最基层的民意带上大会建言讨论。

新媒体助两会"接地气" 微博问政待常态化

从电子提案到微博,新媒体参与两会都已不是新话题。近年来,每临"两会季","微博议政"总会成为媒体热词,微博正在成长为两会的重要信息集散地和舆论场,公众在新媒体中积极参与国事讨论、为社会发展建言献策。新技术、新媒体的应用也让各地两会变得更高效,也更"接地气"。但是会议结束后,节俭高效的作风能否持续贯彻,微博能否成为委员代表们联系民众的常态渠道,这些都成为民众的期待。

近日,有媒体披露,过去两会中开微博的不少代表委员,随着两会落幕,其微博就开始处于"僵尸状态",更有甚者"零关注""零更新"。分析称,数字时代,利用微博这一强大的信息沟通平台参政议政,已经不是个人爱好问题,而是代表、委员们的必修课。如果说从前因为传播方式欠发达而迟滞了社情民意的通达,那么今天,诸如微博这样的先进传播方式已摆在我们面前,用还是不用、如何使用,在某种程度上反映着对待社情民意的态度。

(资料来源:中国青年网,http://news.youth.cn/wztt/201301/t20130126_2838705.htm)

3.运用政务微博官民互动案例

///【案例一】

官民微博交锋也是良性互动

2013年9月1日,山东环保厅官微@山东环境表示,将公布春节以来受"高压泵深井排污"冤枉及被挖地三尺的企业名单。对此次公开,@山东环境称是顺应网络大V邓飞的要求,并称邓飞冤枉企业地下排污应道歉。而此前,@山东环境与邓飞几度交锋。

多回合的两方交锋,确实不乏"针尖对麦芒"的味道。但令人欣慰的是,双方都保持着克制:邓飞不卑不亢地质询,@山东环境秉持理据的回复,"不会小心眼"的承诺,欢迎沟通的表态,都未逾越"理性对话"的范畴,虽有论辩,却未见剑拔弩张式的紧张。到头来,二者也在达成共识中言和。

山东环保厅肯公开受冤"排污"企业名单,邓飞也免了遭报复之虞。"意见领袖"发声,倒逼真相还原,这对公众而言,无疑是好事一桩。而对等沟通、理性博弈的过程,也为良性互动提供了范本。它跳脱了"自说自话"的辟谣思维,开门纳"质疑",讲究以理服人,体现出难能可贵的行政自觉。

微博交锋"深井排污",不是坏事。道理是越辩越明的,而不应是"一言堂"式的。政务微博敢于表达,听取异议、正视质疑,并遵循议事规则,成为互动平台,这也不失为善治图景,很慰藉人心。

（资料来源:新华每日电讯,http://politics.people.com.cn/n/2013/0903/c30178-22786864.html）

▟ 【案例二】

全国公安厅局长系列在线访谈

人民网开设的"全国公安厅局长系列访谈",自 2009 年 3 月开始以来,目前已有 32 位公安厅局长参加访谈。各地公安厅局长在人民网上谈工作、谈生活、谈感情,现场回答网友提问,线下督办网上案件。网友称赞公安厅局长上网访谈是"和谐警民关系的新风",是一座民意的"直通车"、人民和警方的"连心桥"。在论坛中听取群众的意见和建议,成为广大公安民警的"公关"手段之一。在浙江杭州,"到 19 楼论坛遛一圈"成了杭州交警下班后的一个习惯,目的是看看网友对交通管理工作有什么意见和建议。2008 年 6 月,杭州市公安局交警支队与 19 楼论坛合作,推出了"与交警互动"平台。从今年 4 月开始,杭州交警支队及其所属 17 个大队和车管所均申请网上用户名进行网上互动。目前平台点击率达到 1274.7 万余人次,网友发帖量达 17 万余帖,许多问题都通过这一渠道最终得以解决。公安部有关部门负责人先后近 10 次在人民网公开答复网友提问。有老百姓感叹地说:警察的心态由过去"你说你的,我干我的",开始转变为"我干我的,还要听群众说"。

(资料来源:人民网,http://society.people.com.cn/GB/8217/203009/152758/index.html)

4. 官员个人开微博案例

网络问政现象引起了行政法专家的关注。他们认为,网络问政的前景可以说是无量的,但前提是,"需要有一系列的制度作为支撑"。加强对民意的吸纳回馈说理制度的建设;可考虑对官员进行网络问政技术技巧培训;应完善法律制度保障网民参与权和表达权;网络问政应该紧密结合现实行政行为改革。

　　据本书参照网上统计数据,截至目前从全国范围来看,"官员博客"的数量也是一个庞大的数目。官员写博,曾一度被人们认为带有"时髦"乃至"作秀"的色彩,如今却已被社会各界广泛接受,也在一定程度上解决了一些实际问题。

遇雹灾村民苹果积压 副镇长发微博求助卖出 20 吨苹果

　　10 月 13 日,王涛下乡来到刘家庄村,见到果树上苹果无人采摘,很是纳闷。打问后得知,几个月前,一场冰雹把苹果打了,"许多苹果表面坑坑洼洼,外地果商看了后拒绝收购,刘家庄村苹果受害最严重。这样下去,差不多 50 吨苹果就要烂掉,村民直接损失就达 100 多万元。"村支书向王涛反映,能想的办法都想了,但人家就是不要。

　　国庆节后,宜川县城渭清公路的一段烂路快要修复了,但两个月前通过微博"炮轰"这段烂路无人管的云岩镇副镇长王涛,又在微博上"发飙"了,只不过,这次他没有炮轰,而是发出求救信息。由于前一阵子下过冰雹,云岩镇刘家庄村等地果农种植的苹果品相受到影响,大量的苹果无人收购。王涛发现后,立即在网上发微博,恳求全国各地的粉丝和粉友伸出援助之手。

　　"购苹果 4 代引领时尚潮流,买 4 箱苹果帮助无助果农。期待您伸出援手,帮老区农民走出困境。"王涛把这条数十个字的求救信发出两个小时,就被转发了 2000 多次。西安一家投资公司的夏总和深圳一家公司的陈总,一共要了近 4 吨苹果。第二天,这条微博再次被转发 4000 多条,北京一家知名网站不仅采购了 12 吨苹果,还免费为王涛打了广告;广东一家都市报还打来电话,采访了王涛。"两天时间,微博被转发了 7000 多次,20 吨苹果有了着落。

我真的被感动了。"王涛说。

就像两个月前炮轰烂路一样,王涛没有想到,短短两天之内,就掀起了一股拯救云岩镇苹果的网络总动员,他的求救微博被转发了7000多次,来自西安、北京、广东、深圳、南京等地的网友购买了20吨苹果。

(资料来源:人民网,https://www.baidu.com/link？url＝DO42bRhv5Kyeo3XS2gbTe_057SXlh3na44sfI3lxROCclQH5TwLgLoesV－ywu7Ejmj2wRrB5hi8D_nTph1U_F_&wd＝&eqid＝f754fa0a00101d8d000000025cec044f)

5.移动政务微平台案例

▟ 【案例】

移动政务的中国模式:70城推出514个政务APP

中山大学28日在北京发布《移动政务服务报告(2017)——创新与挑战》,报告全面展现了中国政府与互联网平台创新互补的移动政务服务生态。

报告显示,截至2017年11月,中国70个大中城市共计推出政务APP(手机应用软件)514个,涵盖交通、社保、民政、旅游等多个领域。与2015年底相比,应用数量增长了62.7%,下载总量提升了51.7%。其中,综合类政务APP涨势明显,政府部门提供的移动政务服务,逐步从单一领域向一站式综合服务转变。

同时,中国31个省级单位的364个城市、县域入驻了支付宝"城市服务",依托支付宝的实名、身份核实和风控等能力提供政务服务。

支付宝政务涵盖社保、交通、警务、民政、司法等12大类,服务种类达100项,同比增长78.6%累计服务超过2亿市民。其中,中西部地区城市、县域增长最为显著。

报告负责人、中山大学中国公共管理研究中心、国家治理研究院郑跃平博士表示,国家政策为移动政务服务发展提供了动力,一方面,各级政府部门敢于尝试;另一方面,以支付宝为代表的科技企业持续创新,两者资源整合优势互补,形成了具有中国特色的移动政务发展模式。

科技企业将越来越多的新技术带到移动政务领域,比如人脸识别、信用、人工智能等。报告认为,以支付宝为代表的第三方不仅仅提供支付渠道,更运用自身平台和技术,重构了线下政务服务体验。

蚂蚁金服城市服务总经理刘晓捷认为,"互联网+政务"仅仅连接起来是远远不够的,科技企业应坚持走开放路线,把多维能力开放给更多政府机构,与行业深度融合,助推政府服务治理从网端走向云端。

(资料来源:搜狐网,http://m.sohu.com/a/207140798_118392)

二、行政实践和技术发展中凸显伦理规约的特征

根据以上包括了政府间(G2G)、政府和公民间(G2C)、政府和企业间(G2B)政务平台和政务微博应用案例,可以看出,当网络行政面临着新的挑战和环境变化时,首先问政和行政方式创新引发了公众的广泛关注和参与;其次在关注这些新型的行政手段及其应用时,关注者涉及社会各种阶层;另外,无论官员还是公众,均开始意识到各种运用网络技术行政,需要某种理性规约和引导才可以真正达到良性作用。从案例中可以看出,网络舆论环境催生出的微博行政平台成为互联网时代政府机构吸纳民意、疏导民心的创新形式。日益发达的新媒体传播便利引发公众民主权利诉求的高涨,公众在社会公共事务中的主体性地位不断增强。各类政务新媒体正在成为监视社会环境的预警者,在维护社会和谐,推进政治民主和法制文明建设进程中,网络正以前所未

有的力量和广度,深刻地影响着社会运行。

与传统媒体不同,关系型新媒体网络所产生的聚合力量,是一个不可忽视的社会存在和新的社会力量表达。任何一个热点事件的讨论结果都应归宿于理性的反思,而这也是近年微博问政的一个典型走向。虽然目前网络还没有大范围做到直接参政议政,更多地停留在发布信息、问计政府、问计官员的层面,但是网络化的行政是信息社会的大势所趋。相对于传统媒体,尽管网络上有的消息真实性与权威性尚弱,但是这些恰恰是网络公众可以自由发声的特点。而微博网络的传播速度与转载效率,也不能简单地用传统媒体的标准去衡量。当线上线下两股舆论力量集聚,其对社会问题与公共政策问题进入议程的推动作用,以及信息的传播效率被展现得淋漓尽致。如今,网络新媒体与传统媒体的互动作用,已经成为微博问政的一个基本现象模式。从人肉搜索时代的"网络暴民",无论是法律还是伦理层面,教会人们对各种公众事件理性反思,促使我国的政务类网络管理者已经开始娴熟地透过热点事件,挖掘其背后的理性价值。这种公民参与的微博互动行为需要伦理的规约,已经可以看出微博行政伦理规约和法律相比有以下特征:

第一,微博行政伦理规约应该是一种前置规约,而法律对行政活动的控制是后置控制。例如各地设立网络微博发言人并非难事,而难点在网络发言人由虚拟走向现实后,关键还要看政府官员有无真正的网络行政的思维。夏书章先生曾经说过,"公共服务贵在有心"。如果仅停留在跟风式或被动地设立网络发言人,将其看成是广播或唯我所用的传声筒,将会使这一新的风气流于形式。社会公众对网络新闻发言人的希望在于用事实说话,诉求有回应,网上反映问题,网下解决问题。设立网络发言人的前提就是要各级政府官员的思想都及时连上网,让他们在事前意识到互联网在政府听政于民方面的巨大优势,事前意识到网上听民声、集民智、解民忧是新形势下各级党政领导干部提高执政能力和决策水平的迫切需要,而不是被现实情况被动牵引。所以,微博行政伦理规约和法律控制的重要区别在于,伦理规约是前置的,法律控制是后置的。这是由于"法律在本质上是反应性的,法律和法规很少预见到问题或可能的不平等,只是对已经出现的问题作出反应,通常反应的方式又是极其缓慢的"①。法律控制的反应性特点决定了其控制形式的滞后性。相反,由于任何一种技术行为都受人的目的支配和指导。换句话说,微博行政活动一开始就蕴涵着人的价值观,在这一点上,伦理责任对网络行政是预设性的,是事先就存在着的,因而微博行政伦理规约是前置性的。

第二,微博行政伦理规约具有协商性,而法律控制具有强制性。网络不同于传统媒介之处是其互动性,在对微博问政的伦理规约的过程中,可以看到无论网络微博问政还是网络微博新闻发言人的设立,首先都开创了一种官民交流沟通的崭新形式,政府和公众通过政务微博平台循环互动,构建一种互动协商性的沟通反馈模式。这既是政务信息传播、社情民意沟通的过程,也是政府实施舆论引导与公众进行舆论监督相互作用的协商过程。通过这种直接的官民接触,政府的行政效率和执政能力得到考验和提升,社会治理结构也更加趋于合理。对此,社会公众无疑将寄予很大的期待,期望以此构建起良性健康的官民互动平台。微博行政是信息时代的民主表达新方式,这对官员素质的要求也会更高,对宽容程度、反应的机敏程度,都会有很大的挑战。这就需要网络新闻发言人有协商心态,做好被公众质疑、指责的心理准备,有为民服务的真诚意愿,对公众的意见及时进行回馈,将微博问政和微博新闻发布打造成公共服务的协商窗口。同时,还需要建立健全收集、分类、交办、督查、反馈的微博协商链条,形成网上听民意、汇民智、聚民心的长效机制,以此促进党委、政府与网民通畅、充分、有效的沟通与协商。为此要完善政务微博新闻发言人的制度,使其真正成为老百姓办事服务的新方式。政府微博新闻发言人的设立,表明了一种全新的协商式态度:虚拟的网络和匿名的网民,代表的是现实的公共社会,正视和回应网络民意,是主动引入公共监督确保权力在阳光下运行的

---

① 理查德·斯皮内洛:《信息技术的伦理方面》,刘钢译,中央编译出版社 1999 年版,第22 页。

积极制度性进步。

第三,微博行政伦理规约具有内在性,而法律控制具有外在性。从上面的案例来看,各地制定了制度来规范、规约微博问政制度化,但微博问政的有效规约仅靠法律还不足以达到目的,甚至大部分地区都没有明确地制定微博问政技术的法规。因此,对网络问政的规约很大一部分是依靠道德的内在力量,依靠官员和技术专家的责任意识。要从内在的伦理取向上树立有引导舆论的理念,努力化解公众的误解,有职业化的窗口服务意识,而非官本位思维。如微博问政的必然走向,是规约化法理化。只有议题正当,过程合法,才能保证结果合法;过程透明有效,才能保证结果有效。创设网络新闻发言人是否有成效,关键在网络问政发言人在网上发言是否形成制度化、常态化和持久化。微博新闻发言人需要具备迅速反应能力,同时还要做到发言内容精确权威,用事实说话,消除网民猜疑空间,这需要微博发言人团队作为支撑,更需要制度化、规范化、常态化的操作规程和信息库作为保障。也进一步要求政府必须从自身素质深处建立服务意识,热情主动地回应民众对其自身利益和社会问题的诉求。微博问政的双向互动过程,既要求网民理性,更要求政府官员真诚地回答。正像司脱提出的,道德指向内部行为,法律指向外部行为,道德规定的行为是内在性动机和意识,而不强制意志的任何种类的外部表达。网络问政等新颖的执政理念与行政形式受到欢迎,是公众希望在现实世界中表达的诉求,能够在网络世界中变成强势,并期望以真实便捷的表达来推动网络问政和微博新闻发言人制度的完善。本书认为,网络行政是促使未来的行政方式朝着多元合作而非单纯博弈的方向发展的良好土壤,并且将大力推进中国人民社会成长。

第四,微博行政伦理规约是弹性的,而法律控制则是刚性的。官员个人无论是否内在动机愿意,都必须履行他的义务,在法律上或许不能对其进行制裁,但微博行政伦理规约却可以对官员伦理可能做出不同的裁判。政府官员要顺应网络社会发展的特点和规律,以开放的视野、平等的心态、法治的理念构建充满活力、和谐有序、建设性的微博行政环境。微博问政的技术平台是在社会伦理环境中发展起来的，它既需要社会伦理的支持，又需要社会伦理的限制和约束，但这种规约作用却是潜在的、间接的、灵活的和变通的，使微博技术与伦理之间达到一种协同与整合。从前述案例可以看出，各地微博网络问政平台对官员行政伦理冲击是明显的，但伦理对微博问政平台的作用却仍然显得软弱，因为传统道德、习俗责任、信仰价值观等伦理规约方式具有一定的弹性。当政务微博平台刚刚出现时，首先遇到了官员的某种程度的排斥，但是随着对网络行政认识和自身责任的意识重新审视，这种抗拒力在减弱乃至理性配合和支持。公众关心通过政务微博把事情反映给政府机关后，政府会通过何种机制和监督手段去执行和反馈，由于网络是虚拟的，而现实是需要拿出切实可行的解决办法的，公众要解决的是实质问题。因此，无论是政务微博问政还是政务微博新闻发言人，能否发挥政务微博平台的长效机制，能否形成制度化、规范化的运作机制，真正体现服务型政府的行政伦理追求，是决定这种新的执政方式成败的关键因素，这是本书后面要研究的制度化问题。

▟▍【相关背景材料】

移动 GPS 定位技术助力警车管理使用的规范化

为有效提高警车驾驶员安全文明行车的自觉性和遏制公车私用等违规问题，甘肃会宁县公安局通过引入移动 GPS 定位技术，对警车实施精确定位管理，推进警车管理使用的规范化，杜绝公车私用现象。该县公安局依托 GPS 卫星定位系统，加强对全局 GPS 定位技术，既使值班备勤车辆绝对到位，又确保县局有关非值班用车一律封存规定的落实。县公安局安排人员对警车管理使用情况进行网上监控，发现警车超速、违规停放、不按要求封存等问题，及时反馈车辆所在单位，通知驾驶人立即整改。

　　浙江移动通信公司为杭州市政府提供了市长热线短信平台全面解决方案,杭州市民遇到难题除了打市长热线之外,还可以马上发送手机短信到"12345"市长公开电话手机短信平台向市长反映,避免了以往"12345"市长热线拨打难的问题。广州移动通信公司为广州市政府提供了基于SMS短信、WAP手机上网和GPRS专线接入等方式的政府移动办公解决方案,并在公安、水利、交通等政府部门都得到了很好的应用。大连市政府目前正在使用政府内部移动办公系统,通过政府短信服务平台,公务员可以将自己的电子邮件系统与手机短信联动,一旦收到邮件,就会得到手机短信通知,并且知道是谁发的,以便及时回复。江苏省太仓市公安局的警务信息能够通过公安无线网络平台进行传递,警务人员随身携带一种特制的PDA,在排查犯罪嫌疑人员和处罚违章车辆管理工作中取得了很好的实际效果。例如,对于可疑人员,警务人员可以根据其姓名、年龄、籍贯等信息即时查询此人的档案数据,马上确定此人是否是在逃犯、犯罪嫌疑人等。

　　(资料来源:甘肃网,http://gansu.gansudaily.com.cn/system/2010/10/10/011719841.shtml)

第三章 微博行政伦理规约何以可能

从前述对网络行政形成的历史逻辑,考察了行政模式的不同范式与行政伦理之间的相关性,然后引出了在政务微博条件下的网络行政要体现服务型政府的"善治"理念,也只有通过规约才可以发挥其积极作用,消解和规避政务微博活动中的负面效应。那么接着一个显而易见的问题是,当代的行政伦理究竟能否对政务微博以及网络行政活动做到规约呢?或者说,微博行政伦理规约的依据和可能是什么,如果有可能做到规约,则这种规约又应该有何种结构和功能呢?

第一节 价值视角的微博行政伦理规约

在论述微博行政伦理规约时,必须考察政务微博平台作为技术产品,它本身是否存在价值负荷的问题。这是传统行政伦理研究尚未企及的部分。但基于政务微博活动的行政伦理研究,必须要认识到,无论是其他技术还是政务微博技术,技术及其产品是否负荷有价值,一直是技术哲学领域的老问题。本书的研究要通过传统的行政伦理对行政共同体进行伦理约束,但在政务微博条件下,人的价值尤其是其价值理性,则被政务微博技术和网络技术内在的价值负荷和它们被工具化的程度所牵涉。故而本书先从政务微博技术的以下两个方面探讨微博行政伦理规约的依据。

一、政务微平台的技术价值承载视角

在政务微博技术与价值的关系上,即首先要追溯到技术是否荷载价值的问题上。关于技术是否荷载价值这个问题一直存在着两种对立的观点:技术中性论与技术价值论。技术中性论,又称技术工具论,认为技术不过是一种达到目的的手段或工具体系,技术本身是中性的,它听命于人的目的,只是在技术的使用者手里才成为行善或施恶的力量。最常见的论证就是,计算机既可以用作财务统计的工具,也可以用作黑客犯罪的利器。雅斯贝尔斯和梅塞纳就是这种观点的代表人物。梅塞纳说:"技术为人类的行动创造了新的可能性,但也使得对这些可能性的处置处于一种不确定的状态。技术产生什么影响,服务于什么目的,这些都不是技术本身所固有的,而取决于人用技术来做什么。"[①]如梅塞纳所说,不难发现技术中性论是以"技术本身"作为前提条件的,而这也是所有技术中性论者的理论根基。"技术本身"不是一个严格的概念,常常是与"技术应用"相对的意义上来使用的,实质上就是把技术看做是脱离了与社会环境,是相互作用的非历史的、现成的静态存在。应该说在海德格尔以前,技术中性论一直是一种占主导地位的技术观。这可能具有一定的理论构想意义,但在网络技术条件下则完全脱离了现实的可能。不管怎么样行政至少可以认为,现代快速发展的网络信息技术,已经发展到可以把地球变成"地球村"的便捷程度了。相比那个时代的技术而言,政务微博技术的进步程度必然应该事实上也已经带来很多行政价值认识层面的进步。与技术中性论相对立的是技术价值论,认为技术是价值负荷的,技术不仅仅是方法或手段,它在政治、经济、文化、伦理上并不是中性的,也就是我们可以对技术做出是非善恶的价值判断。邦格就说,"技术在伦理上绝不是中性的(像纯科学那

---

① 吴兴华:《从"天命"到"民主"——论芬伯格的技术变革之路》,《自然辩证法通讯》2020年第4期。

样），它涉及伦理学，并且游移在善和恶之间。"①从技术价值论的角度，政务微博技术被何时、何人、何种方式的运用，则效应也大有不同、离开政务微博的技术运用谈政务微博在这里是空洞抽象的。

技术价值论主要表现为社会建构论和技术决定论。社会建构论认为，技术发展依赖于特定的社会情景，技术活动受技术主体的经济利益、文化背景、价值取向等社会因素决定，在技术与社会的互动整合中形成了技术的价值负载，技术不仅能体现技术价值判断，更能体现出广泛的社会价值和技术主体利益。我们可以推想，网络技术政务微博平台技术何尝不是如此呢？技术决定论的典型代表是埃吕尔，技术绝不接受在道德与非道德运用之间的区分。相反，它旨在创立一种完全独立的技术道德②。温纳相对而言则是温和的技术决定论者。按照技术决定论的观点，"技术已经成为一种自主的技术"③。技术包含了某些它本来意义上的后果，表现出某种特定的结构和要求，引起人和社会做特定的调整，这种调整是强加于我们的，而不管我们是否喜欢。技术会遵循其自身的踪迹走向特定的方向。在马克思主义看来，技术必然会构成一种新的文化体系，在这种文化体系上又构建了整个社会。所以，技术规则渗透到社会生活的各个方面，技术成为一种自律的力量，按照自己的逻辑前进，支配、决定社会、文化的发展。

所谓技术乐观主义和技术悲观主义，就是技术决定论的两种思想表现，前者告诉我们政务微博和网络技术作为先进的技术是解决诸多行政问题，并给人类带来更大幸福的可靠保障，而后者则告诉我们政务微博和网络技术在本质上具有非人道的价值取向，持续地发展下去则会给人类社会及其文化带来消弭人的主体价值乃至走向毁灭的可能。显然，按照社会建构论的思想，我们

---

① 顾世春：《瓦尔博斯前瞻性技术责任伦理研究》，《自然辩证法研究》2015 年第 8 期。

② E.舒尔曼：《科技文明与人类未来》，东方出版社 1995 年版，第 120 页。

③ 张慧敏、陈凡：《从自主的技术到技术的政治——温纳技术哲学思想及启示》，《自然辩证法研究》2004 年第 8 期。

应该关注政务微博技术的社会属性、行政价值的社会赋予。而按照技术决定论的思想我们应该关注强调的是政务微博技术的自然属性、技术规则、技术价值的内在禀赋对于行政环境的影响。技术决定论者也承认技术的社会属性存在,但是它过分强调了技术的自然属性对于技术的社会属性的决定性作用,没有看到技术的社会属性对于技术的自然属性的制约、导引作用。如果说,技术的中立论观点避开或者割裂了政务微平台技术的自然属性与社会属性二者间的联系,那么,从技术的决定论与社会建构论的观点则是过分夸大了技术两种属性中的某一方面,而忽视了它们二者之间的相互作用、相互制约的平衡关系。按照技术决定论或"技术自主论"的观点,政务微博技术的发展是"自身决定自身",而不会有人们在伦理、经济、政治与社会方面的考虑。事实上,也有的学者把"技术自主论"看做是价值无涉(value-free)论或中性(value-neutral)论。① 技术决定论或"技术自主论"是不是技术的价值中立论,其实这不是重要问题,也难以分清,这其实也是学术概念的模糊性形成的。

总之,技术悲观主义怀疑和否定技术的积极作用,认为技术的发展必然会给人类带来灾难。而技术乐观主义则将技术理想化、神圣化、视技术进步为社会发展的决定因素和根本动力。两者关系对立统一,既有区别也有联系。两种思想虽具有片面性和局限性,但对我们探讨本题目却有着重要的启示作用。

按照技术乐观主义者观点,网络技术与其他技术进步的逻辑一样,彰显着效率与技术合理性的不断提升,网络技术会不断地突破既定伦理体系的束缚,成为新伦理形成的开拓者。如此说来,因为政务微博技术在发展升级的各个阶段不可避免地会带来负面效应,人类一定可以依靠技术手段的逐步完善得到化解。例如人们发明了网络舆情分析软件,但人们又通过制定网络舆情监控软件和设备的使用制度来防止该舆情分析结果被滥用。美国学者里夫金曾

---

① 朱葆伟:《关于技术与价值关系的两个问题》,《哲学研究》1995 年第 7 期。

指出:"现代技术的进程越快,有效能量就耗散得越多,混乱程度也越大,每项技术所建立的只是一个暂时秩序的岛屿,而这又会给周围环境带来更大的混乱。"①在现实中,不得不承认,相当领域中依靠技术进步力量来防范和减弱技术负面效应的努力成果让人失望,但这种努力其实也与公共政策及其制定者的价值导向有关,在此不再赘述。

从技术悲观主义者的角度,政务微平台技术在本质上,是具有一种非人道的价值取向的。海德格尔认为,现代技术的最大危险是人们仅用工具理性去展示事物和人,他认为人和社会的工具化是无法逃脱的宿命。海德格尔指出:"为技术的统治之对象的事物愈来愈快,愈来愈无所顾忌,愈来愈完满地推行全球,取昔日见习的世事所俗成的一切而代之。技术的统治不仅把一切存在者都变为生产过程中可制造的东西,而且通过市场把生产的产品提供出来,人的人性与物的物性都在贯彻技术制造意图的范围内分化为一个由生产计算而来的市场价值,由此,人本身及其事物都面临着一种日益增长的危险,就是要变成单纯的材料以及对象化的功能的危险。"②这个认识似乎有助于我们在这里理解政务微博网络条件下的行政共同体中人的生存状态,因为理性官僚制本身就是各司其职,而政务微博系统则有强化这一状态的趋向。因此,悲观主义提醒我们警惕政务微博技术的本质,认清技术对人和事物的绝对控制,以寻求对政务微博技术的超越。

由此可以推导出,从技术乐观主义者视角,我们可以把政务微博技术赋予"善"和积极的本质。技术悲观主义者则认为是"恶"的来源。无论是"善"的本质,还是"恶"的来源,其实都是将政务微博技术的性本"善"与性本"恶"未能涉及社会属性来谈技术"善""恶"的。如此看来,技术的社会建构论者所认为的技术之"善恶",是离不开社会化过程而不是与生俱来的,当然政务微博

---

① 杰里米·里夫金:《熵:一种新的世界观》,吕明等译,上海译文出版社 1987 年版,第56 页。

② 海德格尔:《存在与时间》,三联书店 1987 年版,第 103—104 页。

技术的"善"与"恶"也是由社会建构而成的。

按照技术的社会建构论看,政务微博及其相关技术进步根植于特定的社会条件,行政环境、政治体制、行政体制,技术演变由群体利益、文化选择、行政价值取向和权利格局等社会因素决定。技术的社会建构论重视人在支配和控制技术方面的主体责任,在现实的行政环境中,政务微博使用者是具有价值取向和利益诉求的具体人群。不同行为主体的价值和利益的分立,可能使某政务微博技术产品成为各方利益人群价值妥协和利益制衡的结果;但也可能使某政务微博技术产品成为强势群体所追逐的东西。各种案例事实表明,针对产品的利益人群间的价值趋向和利益分立,难以顾及长远,在事实上加上人们的有限理性和其他复杂因素的局限,使政务微博平台技术使用后果呈现多向性、复杂性和不确定性。

因为技术的社会建构论者把技术的"善"与"恶"看做是社会建构的结果,那么,伦理对技术产品的规约也只能体现在技术的社会应用阶段,显然针对政务微博技术的伦理规约就只能是后置性的。因为他们认为,技术变迁并不是一个单向的发展过程,更不是单纯的经济规律或技术内在"逻辑"决定的开发过程,它是多种社会因素综合作用的结果。技术创新是在一个特殊而具体的社会框架中展开的,技术创新对行政活动的改变绝不仅仅是技术方面的,而是伴随着对行政行为、道德规范、行政价值观念的改变。

我们可以通过某反贪局政务微博为了防止黑客攻击政务微博对举报者身份认证案例,观察政务微博技术社会建构的过程。如果单纯从政务微博的安全性考量,实名制登录无疑更加有效,但这样导致许多人不愿再次访问该政务微博网站,于是在政务微博平台设计者与访问者的协商中,只对某些复杂性行政事务使用实名制登录方式,取得了较好的效益并保证了网站公众号的安全性。技术社会建构论者肯定了伦理对技术的规约作用,但同时对这种规约作用进行了某种程度的延迟。奥格本在其著作《文化滞后论》中指出,伦理只是在技术成果取得应用后,才开始对其进行调整的。依据文化滞后理论,马塞尔

（Kimball P.Marshall）提出了伦理对技术的后置规约理论,他在《技术能够产生新的伦理困境吗?》一文中指出:"在技术发明阶段不存在伦理规约,而只是到了技术扩散阶段,技术的伦理规约才发生。"①那么我们要探讨的微博行政伦理规约,一定就是后置规约吗? 责任伦理学给出了不同的解答。

"责任伦理"概念,由德国著名社会学家马克斯·韦伯于 20 世纪初首先提出,另一名德国学者汉斯·乔纳斯使责任伦理学的研究更加系统和深入。后者在 1979 年出版的《责任原理:技术文明时代的伦理学探索》一书中,论述了"责任伦理"思想,就"对谁负责""对什么负责""谁来负责"进行系统论述,指出当代伦理学的核心问题就是责任问题。责任伦理的价值在于超越了传统伦理对"自我"为中心的关注,更关注对行为后果的责任,提醒人们为自己言论行为的后果承担责任。同技术社会建构者的主张相反,责任伦理学主张伦理对技术规约应该是前置性的。汉斯·乔纳斯在《责任原理:技术文明时代的伦理学探索》中指出:"新的活动类型和方面需要一种相应的预见和责任伦理学,它像必然遇到的突然事件那样惊奇,这种新的责任命令要求一种新的谦逊——它不像以前的谦逊是由于我们的能力的弱小,而是由于我们能力的过分强大,这种强大表示我们的活动能力超越了我们的预见能力以及我们的评价和判断力。"②为了有助于在活动能力和判断力之间形成一种新关系,促进这种新的谦逊的发展,他还提出一种"担心启发法"。该启发法主张应在技术实施前就应该考虑应对出现最坏情况的方案。乔纳斯提供了在技术力量面前人类应主动行使伦理裁判的一种思路,这很适合当代许多应用领域渴求伦理规约的诉求。这种思维相比"先出现问题再解决问题的"后置规约思路,显然可以使问题善后成本降低。

政务微博技术系统的各个层次和使用者之间彼此协同和依赖关系,决定了行政活动进行过程中各方的价值理性必然负载其中。任何关于技术方式的

①　王健:《技术伦理规约的过程性》,《东北大学学报(社会科学版)》2003 年第 4 期。

②　易显飞:《两型社会与技术创新的生态化》,《科学技术与辩证法》2009 年第 2 期。

选择都会不同程度和通过不同路径,与包括人的日常生活、阶层利益和人的行为特征在内的社会现实连接,而道德评价和价值选择必然伴随着这个技术活动的整个过程。

二、微博技术产品的社会应用价值承载视角

信息网络技术社会化,是指在社会的整合与调试下,使技术成为社会相融技术的过程。信息网络技术的社会化除了技术的社会属性的获得和完善,还有其社会角色的形成和实现。如前所述,政务微博技术也具有自然和社会双重属性。自然属性首先表现在政务微博和网络技术必然符合自然规律,违背自然规律的技术是不存在的。例如完全能代替人的所有意图的技术和不消耗能量的政务微博系统是不存在的,因为违背了自然规律。其次政务微博技术的自然属性还可以看做政务微博产品一旦成为了成品,也成了自然世界的一部分。政务微博技术的社会属性主要体现在政务活动,诸如信息及时发布、提升行政效率、降低行政成本等目的性方面。例如有学者认为四大发明不只是技术,也是我国时代文化的产物。政务微博技术除了具有目的上的社会属性外,政务微博作为关系型媒体,其中的行政活动过程也是社会性的,例如政务微博从技术的发明到应用,根本无法离开政治文化和各种社会因素的制约,这些因素包括人文性和非人文性等多种复杂因素。

对于政务微博这种网络技术产品,非人文性的社会因素对技术的制约作用越来越强,出现了技术非人文因素的"过社会化"倾向,即政务微博技术的发展过度地受到社会的经济、政治、军事因素的制约。现代网络技术作为生产力的一种,已经成为人类不可离开的工具。现代技术领先带来经济发展、政治主动、军事强大,工具理性成为社会选择技术的重要取向。技术的进步使人文性因素对技术的制约作用却出现了弱化现象,形成了非人文因素与人文因素作用力量的失衡。非人文因素与人文因素二者之间的必要张力消失,技术非人文因素的过度社会化造成政务微博技术发展过程中,非人文因素对人文因素

的挤压,从单机到局域网,再到互联网,推动政务微博技术快速发展的是资本的力量。在物质化面前,人类对真、善、美的追求成为奢侈,但物质化并没给人类带来预期的幸福,反而使人类行政活动出现新的异化。弗洛姆在《为自己的人》中认为,现代的技术系统将人削减成一种机器的附属物,人创造了种种新的、更好的方法征服自然,但却陷于这些方法的罗网之中,并最终失去了赋予这些方法以意义的人自己。人征服了自然,却成了自己所创造的机器的奴隶。哪里有危险,哪里就会生长出拯救的力量。在政务微博形态下,人的社会化过程导致人性的异化,非人文因素对人文因素的过度挤压,引起了人文因素的反抗和觉悟。从人类价值、情感、正义、公平的角度来审视,信息技术发展的人文力量在逐渐加强。尤其是当人们发现越加先进的政务微博技术越会带来许多道德困惑时,更使人们日渐意识到,为了避免各种技术带来的风险,伦理规约的有序性成为缩减风险的重要力量。在此,我们接下来讨论的规约方式,实际也是信息网络技术对社会的调控机制。

第一,运用传统行政伦理规约微博行政行为。

作为一个传统伦理政治国家,可以说在中国有着悠久的历史和必然的发生学逻辑。将行政伦理思想追溯起来,其根植于春秋战国的经济政治文化土壤之中;儒墨道法的此消彼长终于形成了以儒家思想为内核的行政伦理思想主流与边缘之态势。近代"西学"顺势而"东渐",经"器变""道变"及"神变"的由表及里的浸润,开启了中国传统行政伦理思想的近代变革之旅。① 从整个历史层面看,体现了儒家行政伦理思想的主流地位的渐次形成;从不同的发展阶段内部而言,其逻辑特征主要体现儒家思想与其他思想流派的并行、交融、更替、影响等方面。

我国的行政伦理历史渊源其特点大致有:为最高统治者服务的君权至上思想;有修身齐家、公平正义、忠于职守、勤政廉洁、以身作则,克己节用、为政

---

① 高振扬、刘祖云:《中国传统行政伦理思想发展的历史与逻辑》,《深圳大学学报》2009 年第 3 期。

以德和德主刑辅的"德治"思想等。这种绵延了两千年的行政伦理思想并没有随着封建帝制的瓦解而丧失，而是形成一种文化烙印，存在于新中国的行政体制当中。随着改革开放40多年来的社会变迁和生产力的快速发展，我国行政理论理也出现了快速的发展与进步，从以旧例旧制为行动准则到主动、积极地行事，日渐重视以人为本、公共服务等理念。在此过程中，传统行政伦理中的许多方面仍然可以发挥其深远的规约效力。当微博互粉和微信工作群泛滥时，人们开始思考这种生存状态的价值。越来越多的网络技术产品转向简约化发展，传统的中庸之道和适可而止理念正取代技术至上，因为人们发现，人类不能只依赖高技术的强制，而更需要道德的规约。

第二，运用社会舆论监督规约微博行政行为。

社会舆论反映整个社会对人们行为的一种监督，具有明显的行为约束的优势。正确的舆论表达着社会和集体中绝大多数人的愿望和意志，社会舆论主要通过对某一行政行为的褒贬向有关成员传达社会反应，指明行为准则，引导行为方向，从而起到规范行政行为方式的作用，促使行政人员遵循最起码的行政道德秩序。

行政管理权属于公权力，社会转型期的行政伦理建设的突破点更应着眼于构筑有效的社会舆论监督。新修订的《中华人民共和国政务信息公开条例》已经于2019年5月颁布，宗旨就在于使行政管理活动处于群众监督之中，防止管理权的私化或虚假空化。政务公开应着重行政资讯公开、行政程序公开、行政依据公开、行政结果公开以便社会舆论监督。政务微博的盛行为政务公开提供了有效的形式与途径。事实上，新《政务信息公开条例》的出台最重要的一个制定原因就是为了深入推进信息公开发布建设，进而带动政府效能建设。电子政务是未来政务管理的主导，为建构统一、公开、公正、高效、廉洁、规范的行政提供了坚实的技术支持，其意义不仅仅在行政方式、管理方式的变革，而且还在于制度伦理的变革与行政伦理的变革。各种行政行为需要社会舆论监督，而网络的互动特性则能最好地从技术上体现社会的监督，因此运用政务微博平台来监督行政共同体的行政行为,其实也是行政伦理建设的突破口。政务信息公开与政务微博的有效结合,不但可以促进现代行政管理的实现,而且也能促进新时代行政伦理建设的发展。从目前的许多案例观察,网民参与的政风评议、行风监督、立法和公共政策的建议做法,干部公推公选、任前公示、离任审计中的群众监督,对于腐败行为的举报、投诉和控告,新闻舆论监督做法,已形成普遍性经常化的公民参与方式,对于新时代行政伦理建设有着越来越重要的作用。

第三,运用行政人的道德内省规约微博行政行为。

公共选择理论认为行政人员是"经济人",他们会在政治市场上追求自己最大的效用,即权力、地位、待遇、名誉等,而把公共利益放在次要地位。行政人员虽然有私人生活和个人利益追求的自由,但因为其掌握着公共权力,就应当有维护公共生活秩序的责任和义务。近年来还有学者提出,"公共行政拒绝权利"的设想①。

1759 年亚当·斯密在《道德情操论》中就说道:无论人们是怎样的自私,但在他们的天赋中仍然存在着自爱、同情心和正义感等道德情感。斯密认为,人类这种追求正义的自然情感是道德的源泉,而且是人类最基本的情感之一。公正是使每个人获得其应得的东西的永恒不变的意志。亚里士多德认为,公正就是在非自愿交往中的所得与损失的中庸。当代伦理学家麦金泰尔认为,正义是给每个人——包括给予者本人——应得的本分。正是社会公众对不公平感推动了社会对于垄断等不公平竞争的法律限制和政府调节收入分配制度完善。追求公平正义,反对不公平既是现代市场经济的核心经济伦理准则,又是现代公共行政伦理的核心价值目标,更是我国社会主义核心价值观的要义。道德内省固然来自于人的道德感,要从理论上阐明行政伦理的概念内涵、价值取向、基本范畴和社会功能,更重要的是应当总结和推广国内外行政伦理建设

---

① 张康之:《寻找公共行政的伦理视角》,中国人民大学出版社 2002 年版。

的实践经验,特别是责任意识的培养、行政人格的塑造、行政伦理冲突问题的处理能力、方法和技巧等方面的研究。

第四,运用伦理法律化来提升行政伦理意识。

重视行政伦理法制建设,已经成为近40多年来国际性的大趋势。我国的政治体制决定了执政者的世界观、人生观、价值观、权力观、地位观、利益观、事业观、政绩观、工作观,包括理想、态度、责任、技能、纪律、良心、荣誉、作风乃至党风政风、党德政德,也属于行政伦理范畴。但是"狭隘地依赖重视惩罚的法律理性,结果导致人们只遵守法律条文,转而寻找法律漏洞,于是需要严格既有的法律,弥补漏洞,而这使法律变得更加严厉,如果人都把自己的事业发展限制在法律的范围内,生活将变得不可忍受。导致的结果是奴役而非自由"①。因此,从伦理的运行而言,必须要通过体现个人道德观念、道德情感的内在机制,即个人良知来实现。只有当网络行政伦理在社会信息行为层面发挥作用的过程诉诸人的良知,即当人对网络环境下行政伦理规范的践履广泛具有自律自主性时,微博行政伦理的良性运行才有最深刻最可靠的基础。否则,制度伦理的条文空白也仍然可以导致伦理规约的破坏。

托夫勒在《权利转移》一书中曾经指出,权利的三个要素是暴力、财富和知识。前两者曾是过去时代的权利基础,第三次浪潮的权利的主要基础已经发生了变化,这就是,"……只是作用的变化——创造财富的新系统的出现——既能引起也有助于巨大的权利转移",在他看来,"知识经济"的发展已经成为一种"爆炸性的新力量",正改变着全球性的竞争局面,也对个人领域和公共领域的权力关系发生着深刻的影响。托夫勒所说的知识的力量可以大致等同于技术的力量,这种变化表现在区域间权利的两极分化,结果造成彼此权利占有上的马太效应,接着加剧了社会权力资源分配的不平等。近年来由信息技术领域的运用导致数字鸿沟和发展机遇差别加大,阻碍着不同区域间

---

① 巴尔:《三种不同竞争的价值观念体系》,《现代外国哲学社会科学文摘》1993年第9期。

平等参与社会公共决策的进程。现代社会中的人们需要运用传统的伦理智慧,重新解读先哲们关于"公正"的理念,建立公正机制来缩小由数字鸿沟引起的机遇差别。

第二节　微博行政伦理规约的基础

一、相关交叉学科能够提供理论可能

1. 网络伦理学和信息伦理学的兴起

网络伦理是在计算机信息网络专门领域调节人与人、人与社会特殊利益关系的道德价值观念和行为规范。网络伦理学与日新月异的计算机技术一起,在西方经历了一个产生和发展阶段。西方学者对于计算机伦理问题的研究最早开始于 20 世纪 40 年代,维纳作为第一位研究计算机对人类价值的影响的学者,被西方许多学者尊为"计算机伦理学"的创始人。60 年代中期,随着计算机技术的飞速发展及其在各个领域内的广泛应用,与之相关的许多社会伦理问题也逐渐明朗化。计算机伦理研究开始兴盛起来。

信息伦理学(information ethics)是 20 世纪 80 年代在国外兴起的一门新兴学科,信息伦理学最初以计算机伦理学(computer ethics)的面目出现。主要研究社会信息生产、组织、传播与利用中的伦理要求与伦理规范,以及在此基础上形成的新型伦理关系。信息伦理学的兴起与发展根源于信息技术的广泛应用所引起的社会利益冲突和建立信息社会新的道德秩序的需要。

曼纳(Walter Maner)当时认为,计算机应用产生了一系列新的独特的伦理问题,已有伦理学理论无法类比与计算机有关的道德问题这一事实,证明计算机伦理学的独特性①。摩尔(James Moor)在其富有影响的《什么是计算机

---

① 沙勇忠:《国外信息伦理学研究述评》,《大学图书馆学报》2003 年第 5 期。

伦理学》一文中指出,计算机技术与其他技术的不同之处在于其逻辑延展性,它为人类行为提供了新的可能性,而这种新的可能性反过来会创造规范与政策方面的真空。计算机伦理学作为一个独立领域存在的理由在于:识别计算机所创造的政策真空,澄清概念混乱,并对形成和解释新的政策提供帮助①。摩尔进一步解释说之所以需要计算机伦理学,是因为"常规伦理学"(Routine Ethics)不能够有效处理计算机技术应用所引发的众多规范性问题②。应该说,摩尔等人的观点代表了国外信息伦理学界的主流观点。70年代中期,著名应用伦理学家 W.迈纳(W.Maner)提出,计算机伦理学应当作为哲学的一个独立学科而存在。迈纳阐述了建立计算机伦理学这一学科的必要性和可行性,率先将自己的理论用于教学实践,并取了非常好的教学效果。迈纳对计算机伦理学的含义进行了初步的界定,认为计算机伦理学是运用传统哲学原理研究计算机应用中产生的伦理问题的学科。70年代末期,计算机伦理学在西方最终确立,计算机伦理教育也在西方诸多院校中发展起来。许多学者认为,计算机的出现将改变现有的社会分层,未来社会将出现两大新的阶级或阶层对抗,那就是掌握和控制信息的群体和不占有信息的群体。甚至连现有的民主体制也将有所变化,网络将给人们从今天的"间接参与式"民主过渡到"直接参与式民主"提供更有效的手段。文化冲突、宗教冲突及意识形态的冲突也由于网络的出现会达到更加激烈的程度。

2.技术伦理学的兴起

20世纪60年代,伴随着应用伦理学兴起,技术伦理学逐渐发展成为一门新兴学科,在此借助荷兰学者施韦尔斯撒·兹伽林(Ts-jalling Swierstra)从现代技术的三个方面论述技术伦理学兴起的原因。

第一,关于技术问题讨论的话题的转变。20世纪60年代以后,人们更加关注如何生活得更好,而不再是像以往那样围绕人类生存问题展开。而

---

① 沙勇忠:《关于信息伦理学的几个理论问题》,《图书情报知识》2004年第12期。
② 沙勇忠:《关于信息伦理学的几个理论问题》,《图书情报知识》2004年第12期。

社会治理的趋势,在世界各国行政改革趋势中,善治理念也正在为更多的人们所认同,特别是那些对未来具有决定作用的技术,比如通过论坛的协商技术、公民投诉的自动回复技术等,这些技术使政府的善治意蕴得以技术性实现,体现了社会治理的人性化色彩。

第二,技术哲学研究的伦理转向。回顾近20年的技术哲学研究,技术批评是这一时期的核心概念,因为大多数人都同意生命是有价值的,而当他们意识到生活在技术所制造的危险之中时,必然导致对技术的批评态度,但这种讨论却限制了对另一个更有战略意义问题的思考,即到底什么是美好的生活。因此,这一时期出现了技术创造者和技术观察者的对立,但目前的情况正在发生变化,两大阵营正在从对立走向相互理解,技术观察者不能否认人类离不开技术,技术创造者也不再对公众关于技术的争论充耳不闻,关于技术的争论变得越来越开放,这种开放式的争论,使对技术伦理问题的争论表现为对技术价值和技术伦理规范的讨论,因为传统的伦理规范已经不能保证技术应用的公正性。而这一点也是本题目问题提出的原因之一。

第三,现代技术活动的社会责任越来越引起重视。在过去,政府掌握着决定技术发展的权利,这可以从两方面得到证明:一方面,对于技术观察者缺少直接干涉技术发展的力量,他们以利益集团或者各种组织形式通过影响政府的公共政策制定来达到影响技术良性发展的目的;另一方面,对于技术创造者而言只要不违反法律,他们的任何技术活动都可以实现,但现代技术是社会建制的,政府或企业的资助是技术创造活动得以顺利进行的必要条件,于是,政府对技术创造者来说至关重要,因此,政府对技术发展具有决定权。现在,政府的这种绝对控制权力已经让位于一种责任的分配。例如,公民有责任更明智地知晓各种政务微平台新产品的利弊,政务微平台开发方也有责任反思各种技术创新的社会后果,伴随着各种行政争议的产生,人们日益重视对技术发展进行谨慎的道德审议,政府更像是把这些意见集中起来的组织者。

借助施韦尔斯撒—兹伽林的分析可以看出,技术伦理学研究的主要目的是建立现代技术的伦理准则,以及实现这些准则的制度安排,前者是从道德哲学的视角来思考技术伦理问题,后者则更多从社会学的视角寻找伦理作用于技术的社会机制。学者卡尔米切姆指出,许多技术风险是超出个体责任范围之外的。技术风险产生在相互作用的半独立的系统中,这种系统带来的风险具有不确定性。为了缩小这种不确定性,他提出了一种集体共同责任,这是一种区别于传统的个人职业伦理责任的责任形式,集体共同责任伦理与公众参与、技术评估、机制变化这三个因素有关①。

以上道德哲学层面的技术伦理的研究倾向于技术伦理原则的研究,那么社会学层面的技术伦理研究更关注于技术行为的社会调整,这使技术伦理研究走向了与社会连接更加密切的工程技术伦理和技术工作者的职业伦理。对于政务微平台的复杂系统,即使是最有权威的系统设计者也不能够轻易断定何种技术行为不会对系统功能产生影响,毋庸说无系统设计开发资格的一般人员。常见的情况是无意的网络行政行为同样会导致无法挽回的行政后果和损失。

3. 政务微博活动实践中的伦理困惑

政务微博的特点决定了它以跨时空特性作用于行政活动,并渗透到行政文化体系。当人们对政务微博带来的优势之"善"赞美时,也日益开始对伴随而来的技术负效应之"恶"进行反思,究竟是何种因素导致了政务微博的"恶"的展现。按照技术本身的逻辑,只能给出技术是"善"的结论这个问题,在技术框架之内是难以获得答案的。技术自己本身不可能克服技术的风险和危害,一切技术都是由于人类的制造和运用而运行。芬伯格认为技术客体有两个可解释的方向,技术的社会意义和技术的文化视界。他认为,道德律令不仅是人们遵守的抽象规则,而且固化在人工制品中。但当人们将一般的道德律令应用于政务微博实践时,却碰到了前所未有的伦理焦虑,这主要表现在以下

① 王健:《现代技术伦理》,东北大学出版社 2007 年版,第 92 页。

两个方面。

首先,政务微博环境下的行政实践中,人们对于什么信息是符合行政道德的,什么是合适的行政伦理规范缺乏一致的认可。例如:数字鸿沟带来网络参与主体的不平等性问题。网络提供的机会上的平等并不一定导致结果上的平等。公共信息获得条件上的不公平性导致人与人之间的差距进一步拉大,由此凸显社会问题。数字鸿沟的效应形成贫富差距造成的网络政治参与机会新的不平等,必然会给网络民主带来难以克服的负面效应;由于政务微博是靠信息技术为支撑而建立起来的,那些既懂得信息技术,又掌握行政权力的"技术官僚"将在网络政治中扮演重要的角色,也会带来利用技术手段操纵政治的问题。政务微博上政治参与的虚拟性造成网络主体及其信任感的缺失。在微博社区这个虚幻的世界里,由于各种规范或制度不健全,或者是自身道德感不强,以及某些行为主体(网络微博大 V)以网络民主的名义肆意妄为,导致行为人之间基于人性的最基本的信任感变得越来越模糊。微博空间的虚拟特质,其伦理规范的缺失,使得微博民意本身也变得很容易被操弄。微博上的民意带有很大的情绪性、宣泄性,副作用不可低估。

公众通过微博上留言或下载信息,从匿名登录到发布都是由微博服务器自动完成,政府也投入大量行政资源对网络上的每一条信息都进行审核,网络信息的可信度和客观性难以得到绝对保证。微博的虚拟性和开放性加剧了某些行政过程的不规范性和非法性。例如某些黑客修改政府微博数据信息,是因为微博信息由于网络安全技术的滞后性。黑客侵入微博网站,与公民相关的个人信息被滥用,公民隐私问题就显得更突出,公民的个人权利得不到保障,形式再完美的行政手段也难以造就真正的善治。数字鸿沟的长久存在,导致政府微博始终只能成为反映局部的民意的渠道,因此很难体现普遍民主。我国人口众多,不可能使政务微博网络普及所有年龄民众。某些黑客把服务器转移到境外,利用手机、银行卡等支付平台作为获利手段,形成了非法牟利的利益链条。

从心理角度,虚拟空间中行政主体责任和行政角色的模糊,使网络文化的独特性极易导致心理病症与情感异化,人与人之间情感的冷漠和疏远。现实的生活依托生理基础,但是网络政治参与生活依托网络信息技术基础,因此建立在网络基础上的生活方式和我们的现实生活有很大的差距,如网上出现的"宅男宅女"等反常规的网络现象。尽管网络的匿名性使网民个人意见表达宽松自由。作为第一手民意的网络微博舆论,超越了官僚制的层级,从下到上可以真实反映公众意见和社会情绪,从而以舆论的强大力量对国家权力和公共事务进行监督。因此,学会从网络微博上听取民意,关注网络舆论,积极回应公众的网上质疑,是新媒体时代政府官员必修的新课题。从最初的微博示政到后来的微博问政,直至微博行政,政府工作人员必须从思维方式、工作方式多方提升信息素养。

以上列举的网络与日俱增的优势,使人类很难减慢其发展的步伐:一方面政务微博技术对行政人员的伦理价值观形成冲击,使人们在这项新技术面前产生伦理困惑。另一方面,微博新技术为人们提供了更多的信息选择的同时,也使人们形成统一价值观的可能性降低。其次,在某些条件下即使形成了某种统一的价值取向,但在实施过程中,本已形成一定程度共识的伦理规范,由于利益冲突,各方技术行动者缺乏遵守规范的动力。利益冲突是一种境况,在这种境况下,一个人的某种自身利益具有干扰他代表另一个人作出合适判断的趋势。按照这种定义,政务微博行政活动中的利益冲突是指这样一种境况,在这种境况下,某技术活动主体的某种自身利益,干扰了他作为公权力代表者在网络行政活动中作出客观、准确、公正的判断。利益的含义有很多,除了金钱、声誉地位、人际关系、宗教信仰、政治需求、个人爱好、心理满足,都可以成为某种利益。这些利益可能影响行政主体的各种判断,包括采用何种行政方式、行政程序以及如何行使信息活动的自由裁量权和如何保密行政信息资源等。

正是这些日益增加的微博实践问题的持续刺激,促使人们通过概念、理论去把握这些问题,微博平台实践中产生的各种伦理焦虑,迫使人们在无所适从的情况下对微博带来伦理问题进行系统的理性思考,以形成解决问题的理论依据。

二、责任确立能够提供现实可能

政务微平台技术系统的开发方在以上政务微平台实践中产生的困惑面前,是否负有或者应当负有何种责任呢? 先看两个案例。

某市为了推动政务微平台工作,提高政府公共管理水平,根据国家政务微平台相关法律、法规的规定,结合该市实际情况,制定《某市政务微平台管理办法》。该办法规定市信息化主管部门应当会同公安、国家安全、保密、机要等部门,制定政务微平台安全保障技术要求和工作制度规范。例如该办法规定,政务外网与政务内网之间应当实施物理隔离,政务外网与政务门户网站之间应当实施逻辑隔离;其中第二十条中,规定各行政机关应当加强政务微平台安全管理工作,保证政务微平台网络与信息安全保护系统与网络工程同时设计、同时施工、同时验收、同时使用,并建立、健全定期备份制度,对重要文件、数据、操作系统及应用系统进行定期备份;建立信息资源分级管理制度,对政务信息资源的使用和维护实行分类分级授权管理,不同级别的访问者、管理者享有不同的权限;建立应急处理制度,针对可能发生的网络突发事件制订应急预案,保证突发事件处理工作的及时有效;对于重要系统,要做好灾难备份建设,实施系统数据灾难恢复措施;对擅自建立独立的政务微平台物理网络、不遵守该市政务微平台技术标准要求、不按照政务信息交换计划提供、交换政务信息或者提供、交换不及时、将应当免费下载的政务信息,通过建立收费网页等方式收费或者变相收费的、不遵守政务微平台安全保障技术要求和工作规范等行为之一的,信息化主管部门、该行政机关的上级管理部门和同级监察机关应当责令其立即改正;情节严重的,应当对其主要负责人和直接责任人员予以行政处分。

政务微平台关键在政务,而非微博,如果把它仅仅当成政府部门信息发布的微博化,而不改变政府结构和服务方式,就会形成有微博无政务的本末倒置局面。每个部门都有信息发布系统,每个信息系统都有数据库、安全系统、应用软件,彼此间是完全独立的体系。由于这些独立的体系间缺乏统一的规划和标准,使得各自建设的系统与政务微博信息库最终成为一个个各自为政的"信息孤岛",彼此之间难以互联互通,这与实施政务微博以提高政府信息效率的初衷大相径庭。信息孤岛使大量的信息资源不能充分发挥其作用,造成监管漏洞。

从以上案例可以看出,通过政务微博手段,在系统开发之初,就应该对行政责任的技术控制进行制度性规范,事实上已经成为一种实践。政务微博活动的行政责任,一方面与行政行为有关,另一方面也与政务微博开发方开发出的产品完备程度密切相关。事实上,政务微博开发过程中的利益各方资质制度日渐完备,一个典型的系统开发模式所内含的开发责任关系(见图),力求从技术上体现政务微博技术的行政价值负荷,从服务过程中体现服务型或者管理型政府的各种行政价值取向,已经成为趋势。

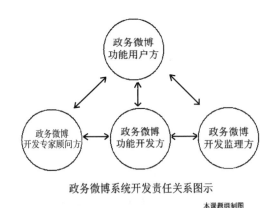

政务微博系统开发责任关系图示

本课题组制图

探讨控制政府行为行政责任的途径和方法,始终是公共行政学研究中的一个重要问题。对于当前行政责任研究中的问题,刘祖云将其概括为:相关概念的界定不明确,内涵易混淆,需明确;责任与权力关系的研究欠缺,需有深度的理论分析;政府培育"三大环境"的责任学术界基本没有涉及,需加强研究①。笔者认为,政务微博活动的行政责任固然依赖于树立责任政府的理念,培养责任意识等价值层面,但更重要的是实践和实现的技术途径,政务微博的系统搭建可以从技术上有助于实现责任政府理念。在民主价值观占据社会主流价值的时代,人民主权理论、社会契约论、责任政府理论、法治理论,以及权责对等、权责一致等原则已经成为政务新媒体进一步推进的理论基础。既然行政责任的操作领域依赖于权力监督技术或权力控制技术的改进,目前应该借助于政务微博技术以改进公共权力监督技术、公共权力控制技术的实证研究,以及公共行政问责实践所需的制度条件的改良研究,推进我国行政问责制的发展,政务微博作为信息公开载体,在这个层面大有可为。

另外,随着整个社会治理对政务微博等新媒体的依赖性不断增加,由计算机系统故障和软件质量问题所带来的行政资源消耗程度十分严重。如何提高和保证计算机系统及计算机软件的可靠性一直是科研工作者的研究课题,如何减少计算机从业者主观(如疏忽大意)所导致的问题,则只能由从业者自我监督和约束。美国计算机协会(ACM)1992年10月通过并施行的《计算机伦理与职业行为准则》中的一般道德规则中包括:基本的道德规则包括:为社会和人类的美好生活作出贡献;避免伤害其他人;做到诚实可信;恪守公正并在行为上无歧视;敬重包括版权和专利在内的财产权;对智力财产赋予必要的信用;尊重其他人的隐私;保守机密。(2)"特殊的职业责任"。包括:努力在职业工作的程序与产品中实现最高的质量、最高的效益和高度的尊严;获得和保持职业技能;了解和尊重现有的与职业工作有关的法律;接受和提出恰当的职业评价;对计算机系统和它们包括可能引起的危机等方面作出综合的理解和

---

① 刘祖云:《责任政府及其实现途径》,《江苏社会科学》2005年第1期。

彻底的评估;重视合同、协议和指定的责任。①

//【相关背景材料】

政务微博产品将全面升级,服务型矩阵成为发展趋势

2018 年 8 月 3 日,2018"效·能"政务 V 影响力峰会在天津滨海新区举行。当天,来自中央网信办、人民日报社、国务院扶贫办等中央部委、媒体及全国各地 400 余位政务新媒体代表共聚峰会现场,围绕如何提升政务新媒体运营效能进行了分享和讨论。此次峰会由人民日报社新媒体中心、微博、新浪网联合主办,微博云剪提供技术支持。

微博仍是国内最大的政务新媒体平台。截至 2018 年 6 月,经过认证的政务微博达到 17.58 万个。伴随机构改革的推进,国家市场监督管理总局、中国海警局官方微博开通上线,文化和旅游部、生态环境部、应急管理部等部委的官方微博也相继"变身"。上半年,政务微博的传播能力、服务意识和运营实效都得到进一步提升,日常的响应、联动、协作更加成熟。数据显示,2018 年上半年政务微博的总粉丝已经达到 29 亿,总阅读量达到 1523 亿次。

人民网舆情数据中心发布的《2018 年上半年人民日报·政务指数微博影响力报告》(以下简称《报告》)指出,社会治理重心向基层下移,政府及社会组织利用政务微博发布信息、解读政策和办事服务的能力也向基层下移。

---

① 美国计算机协会(ACM):《美国计算机伦理规则和职业行为规范》,百度百科,https://baike.baidu.com/item/%E8%AE%A1%E7%AE%97%E6%9C%BA%E4%BC%A6%E7%90%86%E4%B8%8E%E8%81%8C%E4%B8%9A%E8%A1%8C%E4%B8%BA%E5%87%86E5%88%99/22655312? fr=aladdin。

不过,各职能部门利用基层微博加强公共服务和民生保障的能力并不均衡。仅以开通率为例,在县级行政单位中,公安行业的微博开通率为78%,活跃率超过85%,而部分行业开通率不到25%,活跃率不到50%。据不完全统计,目前通过微博开展政务服务的账号覆盖20多个行业、30个地市,共计4362个账号,呈增长趋势。

随着政务微博账号体系与政府行政职能体系的全面对接,构建政务微博服务矩阵的条件已经成熟。除了较早开展政务微博服务矩阵实践的银川之外,成都、昆明、马鞍山等城市和新疆检察系统、湖南公安系统、北京12345便民服务中心、天津交警系统,也都开展了政务微博服务矩阵运营。2018年上半年,"昆明发布厅"对网民反映问题的办结率达到85.3%,@成都服务对市民及企业诉求的按时办结率达到93.5%。

中国传媒大学媒介与公共事务研究院政务新媒体实验室主任侯锷表示,网民在微博上反映的问题,需要具有相应职能的政务微博及时介入,进而到线下通过依法行政的服务解决。只有互联网管理部门和相关职能部门各司其职、通力协作,才能避免角色错位、职能越位和功能缺位,这也是政务微博矩阵的可期效能。

专业性和认同度将纳入政务指数微博影响力评价体系

人民网舆情监测室在峰会上发布了新的政务指数微博影响力评价体系。人民网舆情监测室常务副秘书长单学刚介绍,新的评价体系有几大变化:首先,是结合账号职能对政务微博整体进行了更科学的重新分类,并针对不同分类制定不同的评价指标权重——职能部门侧重考察其"服务力",宣传部门则侧重"传播力",同时取消总榜,代之以更细化的行业分榜,鼓励政务微博专业化、差异化发展;其次,对考核指标进行调整,增加了以点赞率作为基础的"认同度"指标,将网友对政务微博的态度直接纳入评价体系中;再次,鼓励政务微博多发布与自身职能定位相关的内容,因此在考核时将剔除因不当言论和与账号自身职能无关的言论带来的数据;最后,新的评价体系中还加入了视频指数,鼓励政务微博多使用视频、直播等新型传播方式。

此外,年度政务指数报告公布前,还将增加公示环节,并邀请专家对政务微博进行专业评审,并引入公众监督、举报涉及"负面事件""数据性上榜"或恶意营销等行为的账号。

(资料来源:人民网,http://yuqing.people.com.cn/n1/2017/0728/c209043-29434780.html)

【相关背景材料】

基于政务微博矩阵技术的社会化政务
是"互联网+社会治理"的最高境界

2017 年年初,由中国传媒大学媒介与公共事务研究院撰写的《2016 年中国政务微博矩阵发展报告》公布,《报告》研究分析了目前政务微博发展的宏观气候和面临的新问题,并指出政务微博矩阵发展模式是政务微博突破困境的途径。

同时,《报告》还公布了政务微博矩阵评价体系及 2016 年度政务微博矩阵榜单,并推选出了"2016 年中国政务微博矩阵最佳实践案例"。其中,昆明市党务政务信息公开官微矩阵"昆明发布厅"获 2016 年度政务微博矩阵"协同共治奖",昆明市政务微博矩阵实践案例入选全国政务微博矩阵最佳实践案例。

《报告》表示,当前,随着"网络强国"国家战略的实施和纵深推进,互联网在推动国家创新和国家治理体系与治理能力现代化中的意义和作用越来越明显,"治网理政"已经成为中国道路"治国理政"在互联网空间和新媒体领域的现实延伸,面对微博空间日益增多的民意诉求表达,全国党委政府越来越多地借力政务微博"零距离"听民意、察民情。但在全国政务微博取得大发展的显性过程中,"门难找"、"事难办"、继续让群众"多跑路"等问题依然存在,缺乏创新、民意得不到认同,也成为了政务微博纵深发展的最大瓶颈。

《报告》分析称,当前政务微博矩阵运行的三种形态分别为正能量传播矩阵形态、突发公共事件新闻舆论引导矩阵形态、以问题为导向的社会治理矩阵形态。其中,社会治理型矩阵形态以民意认同促进政治认同,以社会认同实现舆论认同,并最终高度体现"党性与人民性的统一,党的利益和人民利益高度一致"的执政理念和服务宗旨,积极捍卫了意识形态安全和社会主义核心价值观,系统性地兼容吸纳了其他两类矩阵的表现形态,是当前及未来中国政务微博矩阵发展的主要方向和潮流趋势,也是各级党委政府能够真正通过政务微博组织化、机制化、常态化地纵深参与社会治理的最高境界。

而在《报告》公布的"2016 年政务微博矩阵榜单"中,昆明市党务政务信息公开官微矩阵"昆明发布厅"获 2016 年度政务微博矩阵"协同共治奖"。《报告》表示,目前昆明市已形成以"@昆明发布"为主导,"@昆明市长"参与指导,和全市各党群口部门、市级政府机构、区县官微和水、电、燃气、公交等公共服务行业官微为二级微博,乡、镇、街道办事处划为三级微博的规模化、系统化运行机制,形成了独特的"雁阵结构"式社会治理型政务微博矩阵模式,成为了全国政务微博矩阵发展的模板之一。对此,新浪微博 CEO 王高飞认为:以"问政银川""昆明发布厅"为代表的中国政务微博矩阵已经从单纯的信息发布的初级阶段,迈进了跨部门、跨平台的线上线下联动服务的高级阶段,打通了社会治理的微循环。

同时,在本次《报告》中,昆明市政务微博实践案例还入选了"2016 年中国政务微博矩阵最佳实践案例"。同时公布了"政务微博组织贡献奖"、"政务微博矩阵突破变革奖"等奖项。此外,还对银川、苏州、固原、德阳、大理、成都等地政务微博矩阵发展案例进行了介绍。①

(资料来源:腾讯网,https://new.qq.com/omn/20190123/20190123A0HAO5.html)

▨ 【相关背景材料】

2021 年,政务官微在政务服务、突发事件快速响应与处置以及内容创新与传播上收获好评无数。不管是重大事项决策前还是日常社会治理过程中,政务官微们从公众参与度、民意承受力、组织保障力、舆论动态反应能力等方面进行细致考量,聚焦公众生活难题、积极回应舆论关切、高效推进并落实相关问题解决,将微博"问政"的模式渗透到社会生活的方方面面。

2021 年第三季度政务微博优秀案例节选

【案例描述】2021 年 8 月 19 日是第四个中国医师节。@健康中国联合微博等发起#第四个中国医师节#话题活动,手绘"医师节限定款口罩",参与#医师节定制告白#接力。优质作品被选中制作同款口罩并送往抗疫一线,向广大卫生健康工作者送上温暖与敬意。

【传播数据】新浪舆情通统计显示,@健康中国相关微博的传播指数达到 51.7,其中,@新华网转发微博并成为关键传播用户,与此同时,@北京市社区卫生服务管理中心、@健康吉安、@健康阜阳、@

---

① 《2016 年中国政务微博矩阵发展报告》出炉,http://www.sohu.com/a/125941939_115092。

健康都江堰、@三水卫健等一批政务微博对话题高度关注,纷纷参与转发传播。

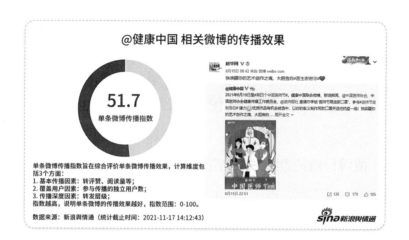

从该话题传播的高频热词中可以看出,网友们对卫生健康工作者的赞誉与敬佩,如"天使""祝福""白衣天使""逆行者""救死扶伤"等关键词被高频提及,医护人员救死扶伤的人道主义精神和为人民健康作出的贡献被人们深刻铭记。

【案例点评】医护群体是一个特殊的职业群体,面对的是鲜活的

生命,维护的是人类的健康。尤其疫情之下,他们的奉献精神、攻坚精神与创新精神,为社会公众筑起了一道坚不可摧的健康长城。@健康中国立足行业,发起手绘"医师节限定款口罩"活动,通过大家喜闻乐见的方式,拉近了网民与卫生健康从业者沟通、交流的距离。

第三节　微博行政伦理规约结构及其功能

一、微博行政伦理规约的结构组成

各种政务微博技术应用平台的虚拟性、隐匿性、平等性、开放性、兼容性、共享性等基本特征所带来的负效应前面已经做了说明。微博行政伦理规约是由规约目的、规约原则以及规约机制构成的系统结构。

首先,微博行政伦理规约总是围绕着目的展开的。马克思在谈到劳动时曾经指出:"劳动过程结束时得到的结果,在这个过程开始时就已经在劳动者的表象中存在了,即已经观念地存在着。他不仅使自然物发生变化,同时他还在自然物中实现自己的目的,这个目的是他所知道的,是作为规律决定着他活动的方式和方法,他必须使他的意志服从这个目的。"①政务微博行政伦理规约的目的是,防范和减弱政务微博行政过程中由于技术因素和人为因素出现的各种负面效应,是从伦理规约的视角去探讨政务微博行政,包括以政务微平台网络系统为载体的网络行政过程中体现伦理内容的思维方式、行为方式、态度、价值观等,旨在规约人与政务微博系统之间、在政务微博形态下的行政活动相关者之间存在的行政伦理关系。在微博行政伦理规约的过程中,上述目的成为整合其他要素的关键。

首先,微博行政伦理规约的目的,作为在伦理规约过程结束时要实现的某

---

① 《马克思恩格斯全集》第23卷,人民出版社1995年版,第202页。

种结果,这样的结果,或是在规约过程中实际蕴涵着的,或是人们在规约过程之初作为预期目标自觉确定的。伦理规约过程中实际蕴涵着的目的,从价值层面观察必然体现着过程的趋向;而人们在过程之初自觉确定的目标,要想在过程结束之时实现,同样必须体现这一过程的趋向,并使人的意志服从于这种最终趋势。因此,这里所说的伦理规约过程的趋向,不是任何人随意指称的,而是由微博行政发展的客观要求和伦理规约所能提供的现实可能性决定的,这种意义上的微博行政伦理规约的目的,既是微博行政伦理规约过程的起点,又是微博行政伦理规约过程的终点,并实际上规定着微博行政伦理规约的方式和发展方向。从政务微博行政活动的过程来看,由于信息技术负面效应是技术所固有的,因此,防范和减弱技术的负面效应始终蕴涵在技术过程之中,只不过在技术变迁缓慢、影响的范围狭小、对社会生活嵌入的程度较低的时候,这一目的只是技术行动者的自发意识,而没有形成自觉意识。伴随现代信息技术变迁的速度加快和社会化程度的加深,防范和减弱技术负面效应不仅是行政人员的自发意识,而且已经成为政务微平台技术系统开发之初参与各方的自觉确定。

其次,微博行政伦理规约目的的实现还要依赖于一系列网络伦理原则。网络伦理原则是指网络活动过程中行政活动者所依据的准则。

网络伦理原则本书归纳起来一般有:

• 自主原则,即网络主体对自己的行为具有选择权和决定权,更重要的是各主体都应对自己的行为承担道德责任;

• 道德自律原则,即个人网络行为自由需在不妨碍他人网络自由和利益的前提下行使;

• 平等互惠原则,即网络主体在处理人际关系时应诚恳友善,互相承认并维护对方的利益,尊重他人的尊严与权益等;

• 诚实信用原则,即网络主体的行为具有虚拟性、匿名性,自我角色意识淡化,应要讲究诚信;

•公正原则,即应强调网络主体权利与义务的平衡,通过一定的惩治以实现行为赏罚之间的对等;

这些原则堪称是关于网络伦理研究中的伦理原则共识。依据以上原则,结合行政伦理研究领域所普遍认同的公平原则、廉政原则、勤政原则、效率原则、法治原则等,我们可以认为,调节政务微平台技术系统基本结构以及调节微博行政活动中人与人之间、人与公众之间、人与社会环境等各方之间关系的行为准则,应该满足效率效能原则、公平正义原则、社会责任原则、人文关怀原则等。这里仅先从微博行政伦理规约构成要素的角度把这些原则提出来,后面有章节将详细论述这些基本原则的内在关联,以及它们的冲突与整合。从基本的技术伦理原则推导出的技术伦理规范,是技术活动中技术行为主体所依从的行为规范。例如,各国计算机协会为其成员规定的职业道德行为规范,具体内容都有诸如:不得干扰和窥探窃取他人资料、不得盗用他人网络身份、不得随意处置他人资源等共同约束。

再次,微博行政伦理规约具有整体性,政务微平台系统中内部要素的关联性,构成微博行政伦理规约的内部运行机制。如伦理评估机制和道德教育机制。而网络行政伦理系统与其他社会因素之间的关联性构成微博行政伦理规约外部运行机制。如行政调控机制和法律调控机制。须知微博行政伦理规约是在内部运行机制与外部运行机制的共同作用下进行的。

因此,微博行政伦理规约过程中的各种规约要素,不是相互独立的,而是相互联系、相互作用、相互调节和相互适应的,并由此构成一个结构协调、功能耦合的行政伦理规约系统。

二、微博行政伦理规约的功能目的

善恶问题是伦理学研究的中心问题,是伦理学范畴的核心,因而也是微博行政伦理规约应该研究的重要范畴。公共管理中的"善治"就是使公共利益最大化的社会管理过程。"善治"的本质特征就在于它是政府与公民对公共生活的合作性治理,是政治国家与公民社会的一种新颖关系,是两者的最佳状态。政务微博的特性决定了其与"善治"的治理理念、治理模式一脉相承,例如互动性是政务微博与善治政府突出的共同特征。微博行政伦理规约的结构与其要实现的功能直接相关,那么微博行政伦理规约的功能有哪些呢? 笔者认为,从"善治"理想角度分析,微博行政伦理规约的功能可以归结为如下几个方面。

第一,行政伦理对微博行政活动的内容及方式具有选择和定向作用。在微博行政伦理中,善恶问题有自己独特的地方,笔者以公共行政的"善治"理念中的"善"为基本价值取向。政务微博技术是使现代行政活动的需要,通过创造、控制、改造和利用现有行政流程的过程,是有目的地实现流程再造、行政改革和信息变换的活动。相关各方在微博行政活动中表现出自己的主观能动性、目的、意志和努力。在这个意义上,面对种类繁多的新媒体平台技术,人类都可以用伦理对这些行政活动的内容及方式进行选择和定向。

首先,行政价值取向规定着政务微博技术的发明是否可能含有实现"善意"。因为任何技术都是人有某种目的的创造。在技术开发活动中,是否含有以及含有多少"善意"和"恶意",体现在技术的价值负荷中,决定着技术产品在多大可能程度上被用来实现"善意"的初衷。

其次,行政价值取向规定着政务微博技术的产品是否能被用来做"善"用。技术中性论总是把技术开发和技术应用区别对待,认为技术开发无禁区,技术应用有限制。从技术的应用途径,技术中性论的见解无疑是正确的。在技术产品问世后,内涵于技术本身的技术开发目的性,无论其来自于"人性本恶的假定",还是"人性本善的假定",使用者和开发者的目的在实践中很难做到一致,甚至和开发者的善意初衷完全背离。正如网络本意是为了沟通信息,但也被黑客用来窃取隐私实施犯罪行为。这种开发和应用过程中的不一致性,决定了必须对微博产品使用过程予以伦理道德约束,以减少技术被做"恶意"用途的可能性。

第二,伦理对政务微平台建设具有调节作用。政务微博初建过程中,资源的投入和配置问题始终是一个重要课题。许多地区的信息化建设资金筹措来之不易,但因为没有很好地贯彻统一规划、互联互通等原则,反而导致信息化重复建设和"信息孤岛"等新问题的形成。政务微平台系统建设不在于技术先进,而在于实用、适用。例如公众总认为便民服务电话比通过手机,经过好多环节去登录政府公众号更为便利。实际上,政务微平台建设并非全部计算机化、网络化,传统信息技术手段与现代信息技术手段相互结合,因为符合人们的日常习惯所以更受公众认可。决策层如果有真正为民服务的行政伦理理念,放弃部分成本高昂华而不实的政务微博项目,意味着提升政务微博的投入产出比。政务微博功能建设并非系统越先进越好,而是越适合越好。政府管理的公共性,决定政务微博的建设与管理整体上必须把社会效益放在最重要的地位。政务微博建设能否达到预期目标,表面取决于决策层的资金投入和资源配置能力,实则取决于决策层的行政意识、行政伦理的价值取向。

第三,微博行政伦理对行政人员的行政行为具有约束作用。公共行政的作用对象是由人构成的社会,公共行政的主体是理性与情感兼具的行政人员,他们的思想观念、认识能力、个人处境与道德素质等,都是在公共行政实践中发挥不同作用的重要影响因素。只有致力于在公共行政研究中引入价值视角,才足以保证工具理性与价值理性的健全视角,也才是真正保证公共行政研究的合理化方向。在政务微博活动中,人不但是"官僚"体制中具有专业知识和技能技术的"官僚",同时也是生活在一定的社会环境中的"社会人",他们除了要遵守一般的社会伦理规范制约,还要遵从党纪和公务员有关制度条例的约束。作为"社会人"的行政人员,由"经济人假定"可知,在环境可能时,他们存在着大量"失范"行为的可能。近年来随着政务微博的发展推进,出现了越来越多利用先进便捷的网络系统公共资源,来谋取私利的行政失范现象的出现,表明了微博行政伦理道德规约对"技术官僚"行为约束的必要性和重要性。

///【相关背景材料】

政务微博影响力排行榜评价体系的指标设置

人民日报发布"2018年上半年政务微博影响力排行榜",排行榜由人民网舆情数据中心制作,微博提供数据支持,评价对象包括全国所有通过微博认证的机构官方微博,评价体系包括四个维度:传播力、服务力、互动力和认同度。数据统计周期为2018年1月1日至2018年6月30日。

排行榜综合考察的指标有:

(一)传播力指标

"传播力"表征政务微博发布信息的传播情况,传播力指标越高,说明政务微博的内容被更多的网民看到。该项指标依据微博阅读数和视频播放量来计算。

微博阅读数:政务微博用户在统计周期内所发微博被阅读数量的总和。

视频播放量:政务微博用户在统计周期内所发原创视频被播放数量的总和。

(二)服务力指标

"服务力"表征政务微博一对一服务网民、为民办事的情况,服务力指标越高,说明政务机构通过微博平台服务了越多的网民。该项指标依据发博总数、原创发博数、视频发博数、专业发博数、主动评论数、主动转发数、私信数来计算。

1. 发博总数:政务微博用户在统计周期内所发微博总数。

2. 原创发博数:政务微博用户在统计周期内所发原创微博总数。

3. 视频发博数:政务微博用户在统计周期内所发视频微博总数。

4.专业发博数:政务微博用户在统计周期内所发微博内容与专业性相关的微博数量。

5.主动评论数:统计周期内该政务微博用户主动回复评论的数量(包括在该政务微博用户所发微博及其他用户所发微博中的所有评论)。

6.主动转发数:统计周期内该政务微博用户主动转发普通用户微博的数量,同一个账号对同一个用户进行多次转发,一天只计一次。

7.私信次数:统计周期内该政务微博发给其他用户的私信数(包括主动发私信及通过关键词自动回复网友私信)。

8.私信人数:统计周期内该政务微博发送私信的用户人数(包括主动发私信及通过关键词自动回复网友私信)。

(三)互动力指标

"互动力"表征政务微博发布信息的影响情况,互动力指标越高,说明政务微博的内容引发了越多的网民响应。该项指标依据微博被转发数、被评论数、被@数、收私信数计算。

1.被转发:政务微博用户在统计周期内所发微博的被转发数(仅统计可信用户),同一个账号对同一个用户进行多次转发,一天只计一次。

2.被评论:政务微博用户在统计周期内所发微博的被评论数(仅统计可信用户),同一个账号对同一个用户进行多次评论,一天只计一次。

3.被@:政务微博用户在统计周期内的被@次数(仅统计可信用户),同一个账号对同一个用户进行多次@,一天只计一次。

4.收私信数:统计周期内该政务微博用户收到的私信数量(仅统计可信用户),同一个账号收到同一个用户的多条私信,一天只计三次。

(四)认同度指标

"认同度"表征网民对于政务微博发布信息的认同情况,得分越高,说明网民对于该政务微博发布信息的认同度越高。该项指标依据微博被赞数和微博阅读数计算。

被赞:政务微博用户在统计周期内所发微博的被赞数(仅统计可信用户),同一个账号对同一个用户进行多次赞,一天只计三次。

"政务微博影响力排行榜"旨在促进网络政务信息传播力的全面提升。粉丝数是构成传播力的重要前提,但是,粉丝越多,并不意味着影响力越大。此榜单更注重考察政务机构的"活跃粉丝""可信粉丝"。政务机构发布的信息能被多少"可信粉丝"阅读,才体现出政务信息的实际传播力。

"政务微博影响力排行榜"旨在促进政务机构服务力的提升,也就是利用新媒体平台,回应公众关切、为民排忧解难办实事的能力。榜单鼓励更多的政务机构通过这种方式,切实服务公众、服务社会。

"政务微博影响力排行榜"旨在促进网络政务互动力的提升。网络政务不应当是单纯的信息发布、自说自话的网络平台,更应当成为政府解疑释惑、回应关切的渠道,成为政府和公众互动交流的桥梁。此榜单的评价体系中,对互动力的考量,除了"被动互动",也就是政务发布带来的评论、点赞,更注重考量政务机构主动回复、双向互动的能力。

(资料来源:人民网,http://yuqing.people.com.cn/n1/2018/0509/c209043-29974759.html)

▟▟ 【相关背景材料】

一条阅读量过亿的政务微博是如何炼成的?

2017年8月8日21时19分,四川九寨沟县附近发生地震。19分钟后,中国地震台网测定确认该地发生7.0级地震,并及时通过@

中国地震台网速报发布速报参数。截至 8 月 15 日,该条微博互动超过 100 万次,阅读量超过 1 亿次,创造了单条政务微博的最高纪录;与此同时,由@中国地震台网速报主持的微博话题#地震快讯#阅读数也突破 100 亿次。

1. 从 7 千万到 1 个亿,单条微博阅读量变化彰显五年探索路

地震速报本是一项枯燥的工作,很难想象除机械的数字之外还能做些什么。然而,@中国地震台网速报通过五年来不断的努力与尝试,硬是在地震速报、互联网技术应用和自媒体平台发布之间闯出了一条新路。

截至九寨沟地震发生时,@中国地震台网速报已发布微博 1.6 万条,拥有粉丝 611 万,曾连续被评为十大中央机构政务微博、全国十大政务机构微博。

2012 年 5 月,微博账号@中国地震台网速报开通,第一时间权威发布国内外最新地震消息,普及地震常识,积极开展互动。

2013 年,@中国地震台网速报开始使用地震速报机器人,直接在微博上发布地震消息。2015 年 10 月云南昌宁 5.1 级地震中,机器人第一次尝试加入更多震区背景内容,消息更加完整,内容增加至数百字。

2017 年 8 月 8 日九寨沟地震后,机器人用 25 秒写就 585 字速报,同时向微博、微信、新闻客户端等多平台发布,一分钟覆盖上亿人群。截止到 8 月 15 日,@中国地震台网速报的正式测定微博评论达 10.6 万条,阅读量过亿;而通过 87.2 万次的转发,这条微博的覆盖人次已高达 22 亿人次。

与 2013 年雅安地震时,@中国地震台网速报正式测定微博 11 万的转发量、7 千万的阅读量以及 4.9 亿的覆盖人次相比,九寨沟地震时@中国地震台网速报的信息覆盖面有着飞跃式的提升。

2. 从专家学者到明星粉丝,政务微博也能吸引"九零后"

新浪微舆情分析发现,在地震消息的最初传播中,大量明星和其粉丝账号成为传播的主力军。

数据显示,这条微博共形成 19 个转发层级,形成较大的扩散面。明星账号成为第 1 层级的传播主力。明星粉丝账号纷纷参与扩散,成为第 2 层级传播主力。此外,@新华视点、@新京报等媒体官博,@中国移动、@新浪电影等企业蓝 V 和草根大号也不容小觑,积极参与传播,接力传递信息。

回溯当年@中国地震台网速报确认雅安地震震级的微博,在传播中只形成了 9 个转发层级。

两次地震正式测定微博的核心传播用户的变迁,也从侧面看出自 2013 年至今,@中国地震台网速报的影响力有着显著的提升,获得了更多个人用户的关注,还收获了一批知名度高、粉丝量大的明星关注者,拓展了地震速报的传播层级,这无疑是有利于震后舆情的发展与传播的。而从另一方面来看,作为社会成员的一部分,任何人都有从政务微博获取信息的需求,这也正是政务微博的职责所在,长久发展的生命力所在。

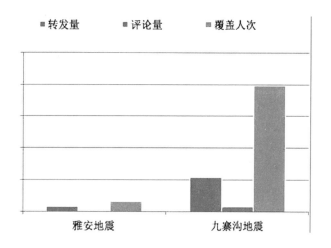

3. 从漫骂怨怼到更关注灾情,评论里看出五年科普没白做

2013 年雅安地震后,震后舆论中存在大量的负面言论,其中就有部分网友反复质问@中国地震台网速报为什么不能提前准确预测,甚至存在出言谩骂的情况。当时@中国地震台网速报只能自嘲"干的就是马后炮的活",并与@果壳网、@人民日报等以互动科普的方式解疑释惑。

而在本次九寨沟地震发生后,相较于 2013 年雅安地震后怨怼声层出不穷的状况,微博上的声音更趋于正面。新浪微舆情分析显示,在@中国地震台网速报正式测定博文的评论中,很少出现质疑和嘲讽的声音,多数网友都在祈福灾区、关注震情,敏感内容比例极低。

网友观点分析

经分析,在该条微博下:

40%的网友留言为四川灾区祈福,希望"天佑四川一切平安";

30%的网友留言称"有雅安的市民表示震感较弱";

15%的网友提醒"四川的小伙伴一定注意安全";

5%的网友希望现场人员可以注意余震;

4%的网友表示自己去过九寨沟；

3%的网友表示震中离景区很近。

"平安"一词成为这一单条微博评论中被提及最高的词汇，提及量高达37.3万次；其次则是"四川"和"保佑""天佑"。而通过被提及量最高的前20个词汇则能串出更多的网友心声："保佑""四川""平安"，"祈祷""没事"，"希望""一切安好"，"注意安全"……

热词分析　　　　　　　　　　　　　　　　更换图表

排名	热词	提及量	排名	热词	提及量
1	平安	372618	11	平平安安	20288
2	四川	213992	12	地震	14425
3	保佑	164946	13	人民	12450
4	天佑	123918	14	注意安全	10853
5	祈祷	46461	15	九寨沟	10438
6	希望	38982	16	震区	7175
7	祈愿	34804	17	小伙伴	7042
8	一切安好	27343	18	没事	4409
9	杨紫	26292	19	发生	4230
10	祈福	24532	20	7级	3694

为此，"震长"及其团队感慨道："通过这些年在新媒体平台上的耕耘，让许多网友对地震知识有了很多的了解，对地震工作也有了更多的支持。"

（资料来源：网络传播杂志，http://m.sohu.com/a/165139940_181884/? pvid＝000115_3w_a 作者高威，系新浪微舆情产品中心副总经理）

第四章　微博行政伦理规约的过程本质

第一节　伦理规约过程中的困境与消解

我国曾进行多次行政体制改革,行政机关在职能转变、机构改革、政务信息化、政务公开、依法行政、危机管理等许多领域都取得了巨大的进步和发展。关于控制政府行政责任的途径和方法,始终是公共行政学研究中的一个重要问题。在我国公共行政学科发展成长道路上,学术界对行政责任问题的认识也是逐步深入的。从当前看来,学术界在行政责任研究方面已经取得了丰富的成果,但当代中国行政责任的研究面临着一系列广泛而深刻的难题,甚至说存在着一种可以称为行政责任研究困境的现实处境,尤其是对行政主客体的划分,还未达成共识。对于当前行政责任研究中的问题,刘祖云将其概括为:相关概念的界定不明确,内涵易混淆,需明确;责任与权力关系的研究欠缺,需有深度的理论分析;政府的责任学术界基本没有涉及,需加强研究①。这三点概括勾勒出当前行政责任研究中的一般问题,但它仍然比较表面化,没有深入到行政责任问题和行政责任研究的本质中去。

①　刘祖云:《权力行政向责任行政的范式转化》,《学术论坛》2006 年第 3 期。

　　本书通过对微博行政伦理规约的责任困境和科林格里奇控制困境的分析,可以揭示政务微平台条件下伦理规约的过程本质。微博行政伦理规约的本质不仅仅是对行政主体、行政客体的规约,而且是对行政主体与行政客体相统一的动态过程的伦理规约,是在行政伦理开放框架内的协同与整合,由此可以消解传统行政伦理在政务微博条件下规约的困境。

　　信息网络等技术的迅猛发展使人类生活步入了风险社会,伦理规约是降低技术社会风险的重要途径,但在现实中行政伦理规约往往陷入某种困境。困境主要来自两个方面:一是当试图对行政主体行为有所约束的时候,会发现行政主体的责任是很难划清的;二是当对政务微博技术进行一定限制的时候,却因为缺乏可行性而不得不放弃,陷入著名的"科林格里奇"控制困境。本章节试图建立政务微博技术和网络行政伦理开放的系统框架,通过过程规约消解微博行政伦理规约可能遭遇的困境。

一、特定行政情境中的行政责任

　　德国著名技术哲学家林克(Hans Lenk)指出:"在历史上人类从来没有像现在这样掌握如此巨大的力量和能量,这都是技术及其技术进步的结果。技术不再是简单的工具,它已经成为改造世界、塑造世界、创造世界的因素,在技术领域中出现的变化趋势使责任伦理问题突出出来。"[①]在现代信息技术的快速发展的今天,各种形式的行政责任不断产生和变化,责任不仅仅产生于人与人、人与社会的关系中,它还产生于人与自然的关系中。技术力量带来的变化不仅对现代产生影响,更会波及后代。技术的力量使责任成为必需的新的原则,但人类在运用这一原则的时候却遇到了困难,分工和协作使行政共同体和政务微博系统的开发者责任边界变得不很清晰,使我们对政务微博活动的伦理规约没有了着力点。责任伦理、责任意识来自于社会角色的分化、人的能力

---

①　李世新:《谈谈工程伦理学》,《哲学研究》2003 年第 2 期。

的增长和对社会后果的自觉以及交往关系的发展。在西方传统中,责任主要是一个法律范畴,是康德将其引入了伦理学。他认为,"一种行为只有是出于责任,以责任为动机,才有道德价值。"他把责任归纳为三个命题:其一,行为的道德评价不取决于是否合乎责任,而在于是否出于责任;其二,责任就是尊重规律而产生的行为的必要性;其三,行为的道德不在于它所达到的结果,也不在于由于期待结果假借而来的任何原则。① 与康德的义务伦理学不同,乔纳斯对责任的理解是从行动的后果来思考的,他认为,责任伦理是实践,它不是专注于"良心",而是更强调行动及其后果,他指出:"我们的活动创造着实在,也创造着自己的未来,应该对自然、自身及子孙后代负责,但是人的能力和预见又是有限的,我们的行动常常导致无法控制的后果,因而更应该增强对后果的自觉,这种预见性应该是整体的,需要对目的、手段、结果、诸多因素做出整体评价。同时这种伦理学应该是集体的"②。政务微博条件下,行政共同体行为的产生,从整体来说,个人行政行为只是集体行政责任的一小部分。那么这种集体责任应该如何履行? 在集体中如何明确各个行动者的行政责任?

全面依法治国背景下要建设现代法治政府,很重要一个方面就是要建立透明政府、责任政府。而在信息网络时代,网络为"透明"和"问责"提供了前所未有的便利条件。信息网络和政务微博是政务信息公开的新平台,是群众表达诉求信息的新渠道,是民情民意的信息集散地。利用微博,畅通民意渠道,搭建监督平台,可以让公共权力更加充分地在阳光下运行,减少不作为乱作为空间,真正做到公开公平公正。当然,重视"微博问政",既要看到网络在交流、传播方面起到的无可替代的作用,也要看到网络那种自发的、无序的、散乱的状态。在信息网络技术日益发达的情形下,微博上海量的无序信息状态带来的一些隐忧和负面问题层出不穷,不容小视。由于网民素质不齐,网络信

---

① 康德:《道德行而上学原理》,苗力田译,上海人民出版社2002年版,第6页。
② 王健:《现代技术伦理规约的困境及其消解》,《华中科技大学学报(社会科学版)》2006年第7期。

息恶意中伤、恶意炒作的现象时有出现,有的甚至影响了网络安全和国家安全。另外,网络微博的虚假信息爆料,也对一些案件的保密和正常调查处理带来了干扰。微博的这些不足之处,一方面给正常的"网络问政"设置了障碍,但另一方面也为政府部门探索和完善更好的体制机制提供了契机。一些政府部门在利用和应对网络方面尚出于起步阶段,政务微博工作责任机制还不健全,应对能力还不足,总体上还处于比较被动的状态。如对于微博曝光的公共事件线索以及由此而来的民意表达,有些政府部门不是无动于衷、置之不理,就是过度敏感、惊慌失措,封号了之。以致本来可以得到妥善解决的问题或被拖延或被放大,酿成不该有的后果。再如一些领导干部对网络微博责任有一种排斥心理,一旦网上出现了一些所谓的负面言论,就迅速删帖甚至封闭 ID,反而使得小事拖大,小责任变成了大责任。

在政务微博环境中,常常很难划分某个人信息行为应该对此负有的责任边界。实际上,行政责任分配难度开始成为重要问题,在高度发展的现代社会也是必然的。在现代社会,个体行为已经淹没在集体和组织中,而这种集体行为常常表现为在某一总体目标之下的信息非对称条件下的博弈或者竞争性行为。在政务微博系统中,个人行为被集体行为所替代,这些集体行为表现出两个方面的特点,一方面是集体行为具有合作性,受集体伦理的规约;另一方面集体中的个人是相互独立的,如果用集体责任来表征微博网络行政的伦理责任,可以说抓住了微博网络行政责任的本质特点,但在行政共同体合作中的内部集体责任如何具体划分,换言之,集体中具体承担某种责任的主体仍然是个模糊问题。

二、微博技术控制中的悖论

如果说对政务微博技术主体的伦理规约,是因为技术责任的划分问题使我们陷入了困境,那么,科林格里奇通过十几年的研究,对通过伦理手段有效规约现代技术成果的做法,亦未对此给出肯定的答案。他通过案例研究发现,要避免一项先进技术的负面效应需要两个必要条件：一是必须明确该项技术产生或者说可能产生的危险；二是必须具备有改进该项技术危险的可行性。但不幸的是，在现实情况中往往其中的一个甚至两个条件都缺乏。因此，试图控制技术的努力总是不能成功的，科林格里奇把这种现象称作"控制困境"（也有译为"控制悖论"），学术界后来称其为"科林格里奇困境"。试图完全控制一项技术发展几乎是不可能的，因为在技术的研制阶段，当它能够被控制的时候，我们不能充分认识它有害的社会后果而确定控制它。但当这些负面效果呈现出来的时候，控制的投入又变得昂贵而滞后。这是因为在技术的研制阶段，我们无法确定什么时候是控制技术的关键时期，而在技术应用阶段改变它时常常不可逆或不可行了。

因此，从这两个方面看，彻底控制政务微博技术都是不可能的或是不可行的。为了更好地说明这种困境，这里通过一个案例来说明：对于处在设计阶段的下一代国际互联网络，技术上的改变并不十分困难，但因为无法预测下一代网络技术引发的诸如信息泄露和信用危机等技术风险，政务微博技术发展的早期，没有足够地对其进行关于防范网络技术风险的控制。近年来各种恐怖事件之所以能隐蔽、迅速、高效地组织起大规模袭击，大多是借助互联网通信，各国开始对网络的监管大力投入。习近平总书记也明确地说过"没有网络安全就没有国家安全"。也就是说，当互联网络和衍生产品的负面效应逐渐明晰起来的时候，提升网络安全的代价之大令各国始料未及。科林格里奇在他的著述里还特别强调解读了"困境"这个概念，并称研制阶段的"控制悖论"是个"预期临界"，意思是指对新技术的社会后果的预期是一种失败的尝试；而应用阶段的"控制困境"为"控制临界"，意指选择更优技术的尝试也是失败的①。科林格里奇以对技术成果的控制为逻辑起点，深刻地论证了控制技术的不可能性和不可行性。在科林格里奇的视野中，技术是个"黑箱"，对技术

---

① 程海东、王以梁等：《人工智能的不确定性及其治理探究》，《自然辩证法研究》2020年第2期。

的控制主要集中在输入和输出两个端点。从输入端来看,控制技术需要两个条件,第一,我们对每一种技术选择可能的后果有一个准确预期,但科林格里奇已经告诉我们,这是不可能的,原因是人类理性和知识是不完备的;第二,输入和输出是线性因果关系,这样才能保证"善因"结出"善果"。但政务微博技术系统是复杂的巨系统,影响技术系统结构和发展路径的因素极其复杂,输入和输出的关系是非线性的,即使是"善因"也很可能结出恶果。

比如,政务微平台的在线服务技术原本是为了实现便捷服务,但事实上黑客进行攻击性访问时间远远多于公众合法访问的时间。通过政务微博向公众提供如社会保险个人信息查询、行政审批服务信息、企业交税网上信息、个人公积金查询信息等深入的服务,一旦受到攻击就会面临瘫痪或终止,严重的甚至导致社会动荡。而在另外的情况下,"恶因"有时也可能结出"善果"。比如,谁也无法否认发明黑客技术的目的就是为了未经允许地侵入网络,但当国家安全部门利用黑客技术作为侦破网络犯罪的工具时,它又发挥着"抑恶扬善"的功能。正如科林格里奇认为的,我们对技术社会后果是无法准确预期的,我们能够确定的只是任何技术都是有风险的,至于这种技术风险在什么时候,以何种方式出现以及对人类究竟会造成什么样的危害,实践证明这些都是无法精确确定的。从技术的输出端来看,微博技术产品成果一旦被创造出来并应用于社会,社会就会形成对该项技术的路径依赖。社会经济发展已经越来越依赖频繁的技术创新,技术成为社会经济活动的重要组成部分,对技术后果的社会控制必须进行有关成本收益的核算。但依据什么样的准则核算成本,现在却没有形成一致的看法。比如网络监控对网络自由的破坏应该如何计入技术成本中,还只是停留在理论研究阶段,离实际操作还相差甚远。

因此,在社会主义市场经济背景下,对已经处于应用阶段的政务微博技术进行改变,不仅涉及网络技术本身的因素,更要考虑改变现有微博技术产品的经济可行性。科林格里奇认为,这些是很难实现的,或许就是实现了,付出的代价和成本有时也是无法承受的。我们认为,科林格里奇关于技术"控制困境"的论述是深刻的、有理的、有力的。按照科林格里奇的逻辑,似乎没有理由得出相反的结论。正是因为如此,科林格里奇的"控制悖论"才引起了技术哲学界长期的广泛的重视。"控制困境"已经成为许多文献中频频出现的词汇,难道我们在科技如此发达的时代,仍然走不出"技术控制的困境"? 难道人类真的摆脱不了先进的网络技术带给人类的宿命?

三、动态化过程规约的方法论问题

从上面的讨论中,我们看到无论从行政责任角度对网络行政主体的规约,还是从政务微博应用的角度对政务微博技术产品(客体)的规约,都遇到无法摆脱的困境。一种理论假设如果与实证经验之间的矛盾是不可调和的,我们就必须对原有理论进行反思式的改造,而在进行这种改造之前,也首先要回到事物的本身。为此,我们必须到政务微博技术的本质中寻找对微博行政伦理规约理论假设的改造。重新回到技术本身,就是要对技术的本质作追根溯源式的追问。政务微博技术作为人类行政活动的手段,是由实体、智能等要素构成的系统,但它并不是某种可以拿过来就用的既成工具,不是一旦创生出来就随用随有的静态体系。政务微博技术本质的、固有的特征是它的过程性、动态性。政务微博技术体现了人与社会的关系,但人与社会的关系又是在一定的社会结构中展现的,与一定社会的经济关系和文化关系相联系。马克思在《1844 年经济学哲学手稿》中指出:"人类要面临两种关系,一个是人与自然的关系,一个是人与人的关系,人与自然关系的解决,受人与人关系解决的影响。"如此看来,政务微博技术表征的不仅仅是人与外部环境的关系,更重要的是它反映了行政人之间的关系。由于政务微博技术是新技术,业界关于政务微博产品的功能定义有很多种。这些政务微博功能定义其中包括能力说、知识说、行政手段说、综合说等,在这里我们不再加以详细说明。本书只是把政务微博技术看做是由物质手段、能力和知识构成的动态系统,认为网络微博行政是一个过程。

　　首先,政务微博系统是个动态的系统。我们既要看到政务微博技术产品、人的能力、知识和技术是密切联系的,又要看到它们的不同之处。作为技术成果的机器系统产品如果不与技术过程结合那只是僵死的技术,是不起作用的技术。关于技术不在劳动过程中服务融合就没有实际用处,马克思曾有过精辟的论述:"铁会生锈,木会腐朽。纱不用来织或编,会成为废棉。或劳动必须抓住这些东西,使它们由死复生,使它们从仅仅是可能的使用价值变为现实的和起作用的使用价值。它们被劳动的火焰笼罩着,被当做劳动自己的躯体,被赋予活力以在劳动过程中执行与它们的概念和职务相适合的职能。"①。换言之,珍妮精纺机、计算机设备、微博社交软件产品等技术成果不在劳动过程中,就不能成为技术要素。放在历史博物馆中的手摇计算机不是技术存在,而是历史存在,这时的手摇计算机已经丧失了技术的作用,而表征着一种文化。因此,离开网络行政过程谈政务微博至少在此书的研究中是没有多少意义的。同样,离开技术开发过程讨论政务微博行政的技术知识与技术能力也是空洞的,无论知识与能力在微博技术系统中多么重要,它们都存在于主体中,是一种无形的东西。它们只有在运用物质手段的过程中才能获得和发展,只有与物质手段结合起来才能显现出来,否则那只是一种潜在的可能性。

　　总之,政务微博是由技术产品、人的能力、知识和技术物质手段构成的动态系统,这些要素结合起来,必须靠人的主观能动性,必须受人的目的的支配和指导。这些要素构成的系统还有它的特定的功能,即具有治理社会的功能,离开技术目的性和技术系统的功能,就不能全面理解技术的本质②。其次,政务微博技术发展是动态过程,政务微博是指从发明、设计一直到形成物化的政务微博系统产品的完整过程,是一个从无形技术向有形技术转化、从潜在技术向现实技术转化的过程,或是由智能的技术到现实的技术的过程。一项技术

---

　　① 任玉凤、王金柱:《技术本质的批判与批判的技术本质》,《自然辩证法研究》2004 年第 4 期。

　　② 远德玉、陈昌曙:《论技术》,辽宁科技出版社 1985 年版,第 56—60 页。

的产生,一般始于某种技术思想的提出,以获取发明专利和制成样品、样机为标志,而发明的产生又只是整个过程的一个阶段。技术史一般把这一阶段的技术称为智能技术(不同于现在的人工智能,当时是指有别于人的体力),而把已用于加工、生产、或控制着某种对象的技术,称为客体技术或现实技术。智能技术向现实技术的转化,涉及经济、社会、历史、体制、文化等多因素。智能形态的技术创造,是科学家、技术家(发明家)的真正职责或本职,至于以后要在制造或行政活动中去利用网络技术、利用发明,使之在批量生产或其他应用中发挥作用,得到经济的或者其他效益,则主要是生产和经营的事,是企业家的主要职能,涉及成果转化和收益因素。系统分析员、程序员、企业家、政府用户之间,尽管需要有相互沟通和相互协同,但他们终究应有领域、职责的不同和分工。

技术是在过程中体现其价值的,毋庸置疑,政务微博技术也是在过程中存在的,这就决定了对政务微博技术的伦理规约就应该是过程规约。微博行政伦理规约的本质既不仅仅是对技术主体的规约,也不仅仅是对技术客体的规约,而是对技术主体与技术客体相统一的动态过程的伦理规约。我们将微博行政伦理规约看成是过程规约,这是认识微博行政伦理规约的基本观点。它既是对政务微博技术本质特征的反映,也是对政务微博技术与伦理关系的本质把握。

我们认为,微博行政伦理规约主要表现为两种倾向性,一方面,微博行政伦理规约是要依据一定的伦理信念、伦理准则对微博行政活动的行为人进行约束,伦理规约具有主体倾向性;另一方面,微博行政伦理规约是通过对微博技术成果的伦理评价和伦理选择,约束政务微博技术成果的形成与应用,伦理规约具有客体倾向性。这两种倾向性既相互区别又相互联系,共同存在于微博行政伦理规约的过程中,是过程规约的两个方面。就古代技术而言,由于主体在技术系统中具有优先性,技术系统中人的要素优先于物的要素。以手工操作为基础的经验、技能在古代技术结构中占据重要地位,参与技术活动的主要是工匠,技术过程简化为技术主体经验与技能的展现过程。因此,伦理对技术的规约主要表现在规约的主体倾向性;在近代技术体系中,机器、设备等客体要素在技术系统中明显具有优先性,工具在技术过程中起主导作用,工具理性与价值理性相分离,技术的负面效应不断显现,人类开始重新呼唤价值理性的力量。从"网络自由无国界"的提出到各国网络法律的普遍实施等,伦理对政务微博技术的规约,主要停留在"先问题、后治理","先生产、后维护"的成果规约上,体现出较强的客体倾向性。但无论是古代社会技术伦理规约的主体倾向性,还是近代社会技术伦理规约的客体倾向性,它们都是过程规约的表现形式,是过程规约在特定的历史条件下的特殊方式。与一般社会活动中的主体不同,政务微博技术主体是与互联网技术手段、互联网技术产品等客体要素紧密相连的主体,政务微博技术主体的存在,是一种与技术客体相关联的过程性存在。

"技术中人的因素并不是抽象的自然人或生理个体,而是在生产或其他活动中实现的劳动者,如拖拉机手、车工、司机等,他们的生产和作用确实离不开物。"[①]因此,对技术主体伦理规约的实质是对技术过程的伦理规约,只有主体处于技术活动过程中,伦理对技术的规约才可能实现,离开技术过程的主体,例如,在业余时间家中用个人微信、微博账号闲聊插科打诨的公务员,是没有微博行政伦理责任的。同样道理,政务微博技术产品是微博行政过程中凸显价值的产品,是从智能技术到物化技术,是从单件技术到批量技术,是从"小的"物化技术跃进到"大的"物化技术。这一过程虽然从表面上看只有量的差异,但其实质是质的差异,技术产品阶段性的质的规定性获得,离不开微博行政活动过程。以政务微博安全保障技术为例,在什么情况下才只是可以用做政务微博安全的"技术物",而不是可用来做打探他人隐私的技术? 这必须依据技术过程对"技术产品"阶段性质的规定性的认识。工作时间和设备

---

① 陈昌曙:《技术哲学引论》,科学出版社 1999 年版,第 103 页。

合法运行时间之内是界限,而这个界限的确定是依据行政责任的有关规定来确定的。因此,对政务微博网络安全技术产品的规约,必须在微博网络行政过程中才有意义,离开过程的政务微博技术产品是抽象空洞和虚幻的。

责任伦理学把技术责任归结为集体责任的论断,如果在政务微博活动方面,是一个系统的基本前提,它虽然注意到了政务微博技术系统的静态结构,却忽略了对系统要素结合方式的动态把握。对政务微博系统的责任分析只限于空间构成上,却忽略了微博网络行政责任的时间演化,忽略了在政务微平台技术发明到产品应用过程中,网络行政责任的空间之维与时间之维的相互联系。如果我们在时间之维上,将政务微博系统的集体责任进行从产生到结束的过程展开,就会清晰地看到,在不同的微博技术发展阶段,活动和活跃着不同的技术主体,他们的技术责任是不同的,但只要他们活动在技术过程之中,就要受各自的职业伦理规范的约束。而一旦过程中每个阶段、每个细节中的行动者都能积极履行与自己承担的任务相符合的伦理责任,也就是我们平常所说的各司其职,网络微博行政集体责任的分配也就变得容易和清晰了。从过程规约的观点中,我们较好地解决了技术责任主体不清的问题,也真正做到了对技术的前置性规约。科林格里奇把技术的有效控制固定在"事前"和"事后"两个端点,一是对技术活动的起点的规约,二是对技术活动终点的规约。这里却忽略了从起点到终点的过程规约。从过程论的观点来看,网络微博行政从"无"到"有"不是突然发生的,而是在一定的时间与空间内完成的,技术尤其是政务微平台技术一般都要经过试用后才能最后走向大规模应用,从中间实验到版本升级推广,技术产品的大部分特性已经能够得以展现,其可能的社会后果也逐渐明显,我们可以依据其在试用中的特性,对是否进行大批量生产进行有效的伦理评价和伦理选择,而这种伦理选择既具有可能性又具有可行性。这样,通过过程规约我们实现了对政务微博技术产品的有效控制。

四、"政务微博技术——微博行政伦理"框架

过程规约的开放框架,按照过程论的观点,伦理对政务微平台技术的规约是在过程中实现的。在伦理规约的过程中,不是政务微博技术对伦理的臣服,也不是伦理对政务微博技术服从,而是在一个政务微博技术——微博行政伦理开放框架内的协同与整合。从技术与伦理关系的角度,可以将微博行政活动视为统一的政务微博技术——微博行政伦理实践过程。在政务微博技术——微博行政伦理这一异质性实践中,政务微博的相关社会群体不仅应充分考虑政务微博过程中的伦理价值因素,使政务微博内在地接受社会伦理价值体系的制约,而且还应该在深刻地领悟其中的伦理精神的基础上,主动地和创造性地构建新的社会伦理价值体系。这种新体系,既应秉承原有的普遍性的伦理精神,又应使伦理体系及其精神实质随政务微博技术——微博行政伦理实践领域的拓展而拓展,从而使它成为一种可随政务微博技术变迁而调适和变更的开放的框架。

其一,政务微博技术——微博行政伦理系统是一个开放的系统。在现代,技术作为一种社会文化过程,作为政务微博技术——微博行政伦理系统中的技术亚系统与伦理亚系统的关系是一种嵌入性关系。对于技术决定论者来说,技术对传统行政伦理的嵌入是零嵌入的,传统行政伦理的结构不会影响技术发展的路径,而技术的社会决定论则可以看做是一种强嵌入性。因为,社会结构对技术的形成和发展具有决定性作用。在这里,我们所说的嵌入性是弱嵌入性,它一方面表明传统行政伦理结构对技术行动者的制约关系,另一方面表现了技术行动者在技术过程中的自主性,微博行政伦理规约是技术自主性和伦理制约性的统一。技术行动者的行动,首先是在传统行政伦理结构中展开的,原有的传统行政伦理结构对微博技术行动者具有规约作用;其次,技术上的变革迟早会引起传统行政伦理结构的相应调整,最终实现二者的协同整合。

其二,政务微博技术——微博行政伦理系统中技术亚系统与伦理亚系统之间存在着必要的张力。由于政务微博技术发展的速度远远快于相关伦理规范变化的速度,二者出现滞后效应。对此,奥格本曾指出:"不是文化系统的所有元素都是按相同的速度变化,技术变化速度比非物质文化快。"他称这种不一致为文化滞后现象。马克思的技术思想也是认为,是生产力发展水平决定上层建筑。总之,技术发展的进取性、快速性与伦理的保守性、稳定性、滞后性形成鲜明的对比。在技术与伦理之间形成一种必要的张力,在这种张力的作用下,伦理不是无条件地、被动地接受技术变迁,而是主动进行选择与放弃。尤其是在现代信息技术负面效应日益明显的现代社会,伦理对政务微博技术的制约和引导更加重要。它把行政伦理道德拓展延伸到社会治理手段,闪现着人类的善治理想。

最后,在政务微博技术——微博行政伦理系统中,伦理对技术的规约作用是非线性而不是线性的。线性相互作用是指环境向系统的一定输入,必定引起系统向环境的一定输出。线性相互作用的总和,仅等于每一份作用相加的代数和,具有叠加性,每一份作用具有独立性;而非线性相互作用是指环境向系统进行不同输入时,系统能够通过自己的反馈机制去应对不同的环境影响,从而产生出相同的或基本相同的输出,其结果是作用的总和不等于每一份作用的代数和。在政务微博技术——微博行政伦理系统中存在着非线性作用,其形式就是竞争与协同。在此过程中,产生支配系统行为的重要因子——"序参量",序参量根据系统内外的变化情况,支配系统产生偏离正常状态的活动——"涨落"。"涨落"随机产生,"涨落"并不能在整体上改变系统的状态,因此,它随机产生、时现时灭。但由于系统的非线性作用,某种随机的微小涨落可能通过相干效应迅速放大,形成宏观整体上的"巨涨落"并稳定下来,使系统由一种不稳定态跃变到一种新的稳定的有序态,也即形成新的有序结构。在政务微博技术——微博行政伦理系统中,伦理原则作为调节系统的序参量,并不能在整体上改变政务微博技术——微博行政伦理系统的状态,但技术系统在伦理原则和伦理规范的作用下,会产生偏离原来技术轨道的微小"涨落",并通过相干效应迅速放大,形成宏观整体的"巨涨落"并稳定下来,使技术系统从一种状态向另一种状态跃升。总之,依据过程规约的理论主张,通过政务微博技术——微博行政伦理开放系统的构建,我们一方面可以实现对微博行政主体的行为约束,另一方面可以实现对政务微博技术产品的全过程控制,消解现有行政伦理规约的困境,降低网络社会的风险。

我们认为,优化政务微博功能和效能,必须找准切入点,应该把信息发布、行政审批、政府采购、公共资源交易、服务群众窗口等重点领域和关键信息回应环节纳入。特别是对微博行政责任的划分和电子监察的范围。应该特别注重建立完善信访举报信息、投诉处理信息、政风行风评议信息、案件监督信息、预防腐败信息共享等系统,推进廉政风险防控机制建设,这是提高反腐倡廉工作和新媒体行政水平的必然途径。

第二节　微博伦理规约过程和过程规约的特性

如前所述,微博行政伦理规约在使用政务微博平台的行政共同体和公众,通过实践或者体认通过协商博弈,形成一种尽可能接近的道德价值观后,以此为基础制定出相应的伦理准则和道德规范,从而对政务微博条件下的行政活动进行规范与约束。由于"互联网+"已经成为目前各种政务微平台相关软硬件产品的基本特征,因此网络行政的互动性,也体现在微博行政伦理规约过程中。具体而言,已经不再像传统的行政伦理那样仅对行政主体进行约束,也不只是从技术伦理角度对政务微平台相关产品进行前置伦理规制,而是一种对公共管理部门人员、社会团体以及公众在行政事务往来时,通过利益博弈的过程,力求体现出各方利益契合的某种共同价值系统,因而这种博弈过程是一种过程性特征浓厚的伦理规约。

作为过程存在的微博行政伦理规约具有如下特性：

一、微博行政伦理规约的渐进性和层次性

哲学视野看待的过程,即指某活动在时间上的持续性和空间上的延展性,是事物及矛盾存在和发展的形式。本书之所以认定微博行政伦理规约是一种过程性规约,首先是因为政务微博的行政活动过程具有渐进性和层次性的特点。尽管业界不乏诸如政务微博的扁平网络结构将超越科层制金字塔结构的观点,但事实上,政务微博的扁平网络结构和科层制金字塔结构只是结构上的相异,但并不代表着前者就会彻底替代后者。笔者认为,政务微博条件下的行政活动依然甚至还将继续长时间建立在韦伯科层制那种各司其职的分工合作基础之上,即公共管理方是以分工合作为基础的多元参与主体。在依托政务微博系统进行行政活动时,在这一系统中活动着的行政共同体是因其职责不同而必须归于不同种层次的。并且由于其在政务微博及其网络系统的职务和责任各异,所以需遵循的伦理规约也有层次性的不同。微博行政活动主体主要由作为个体存在的主体和作为组织存在的共同体构成。

作为个体存在的公共管理者分为三个层次:

处于第一个层次的是高级公务员、高层专业技术人员,他们的职责决定了对技术系统的使用与发展具有决策权,承担决策责任和管理责任。高级公务员、高层专业技术人员的业务分工不同,承担的职务责任也相异。在现代社会,公共管理部门的专业技术类岗位人员既是政务微博系统信息发布命令的执行者,也是决定政务微博系统使用的公共行政道德权威,更重要的是还承担着政务微博系统发挥作用的社会后果的责任。因此他们所处的层级决定了他们有责任和义务告知公众各种行政行为将出现的各种可能结果,包括在政务微博系统的安全保障、信息传递、行政后果方面的风险。他们有选择和规避那些可能造成"僵硬后果"的政务微博系统功能的义务和权利。高级公务员作为政府部门的主要决策者也是政务微博决策信息的权威发布者,他们使用微

博系统的目的仍然是实现公共利益的最大化,而所遵循的行政伦理则必须体现公平性与公共性原则。近年来的数字鸿沟现象表明数字化技术日益成为影响社会分配和社会公平的重要因素。因此,高层决策者借助决策信息发布系统,有义务遵循旨在关注技术贫困群体利益的责任伦理。

处于第二个层次的是普通公务员、一般的专业技术人员,他们是运用政务微博管理和服务功能的具体实施者,在行政事务中承担着执行责任。这种执行责任相对第一层次更加具体乃至琐碎,"技术官员"特征更明显。他们和一般公众的互动以及来往频度较高,因而将常常面对由于各种系统和职业特点所形成的行政伦理冲突和考验。

处在第三个层次的是公共服务的客体,主要指社会公众,也就是在为人民服务这个宗旨下的服务目标。作为基于政务微博的访问者或者留言者,他们有权利通过对现有微博技术系统进行合法合理的使用程序来达到目标,但也有义务按照系统所允许的权限进行提交信息和转发政务信息,他们的存在不但使政务微博系统的公共服务价值凸显,而且将检验系统的漏洞或不足,从而为微博软件产品功能升级和版本进一步完善积累问题。

作为组织存在的政府部门人员,主要包括通过行政业务网络协同而形成的各级行政人共同体。美国著名技术哲学家兰顿温纳(Langdon Winner)在《技术秩序中的公民美德》一文中,批评西方的伦理传统将技术从公共领域中剥离出来,把技术伦理的价值判断留给私人领域。公共领域的问题不能变成公共话题将导致更多的伦理问题。当代社会人们越来越意识到技术引起的伦理学问题,一切技术行动都反映一定的价值观念,如果改变已有的行动,必须重新思考和转变态度。① 一般说来,大多数公民和社团都会在涉及政务微博安全保障、信息传递、行政活动方面采取同法律一致的伦理规范,但公民个人在强调私权时为逐私利常会发生各种形式的"公共的悲剧",这正是当前许多

---

① 刘海明:《算法技术对传统新闻理念的解构与涵化》,《南京社会科学》2019 年第 1 期。

政务微博技术产品在应用结果上难以完全杜绝非法使用的原因。人们在活动中绕开基本伦理规约，必然会占用和浪费行政资源使社会成本和行政成本上升，从而导致假公济私的新的不公平产生。政务微博发言人共同体作为政务微博系统使用频率最高的群体，整体责任和系统性是其基本存在状态，各司其职和按部就班是其基本特征。但这并不意味着该共同体只能选择价值中立，他们无法回避电子系统设计之初就已经从技术上先赋予的某种价值负荷和行政责任。他们应该是了解自己工作的意义和影响的主体，除了对其活动的目标和后果做出判断，他们还应该对行政活动全过程乃至责任后果进行道德审视乃至担当，自觉对微博行政的信息类活动进行道德规约。必须指明的是，这种自觉也需要相应的激励和惩戒机制做保证，否则必然会导致无论遵循技术伦理原则与否，责任承担属于集体责任而对个人无涉，从而导致政务微博系统负面后果肆虐的局面，最终必将导致公共性和服务性的宗旨流于空谈。

可以得出结论，不同层次的使用者决定了所承担伦理责任的差异，无论是行政人的行政伦理还是公民的基本道德，若是分析此类规范的具体规约过程，会发现他们的内在都发源于信念、责任和制度三个方面，即伦理结构。

一种值得参考的视角是韦伯的视点，他把伦理划分为信念伦理和责任伦理。按韦伯所说，"信念伦理"，并不等于不负责任。只是认为坚持某种信念，以致行动"理"应如此。如果是在"世界是一个由上帝支配的宇宙这一在道德上还有某种意义的伦理学公设"之下，那么，行动"理"应如此，后果则由上帝负责。但在走向世俗社会的现代社会，上述神学色彩浓厚的"公设"日趋淡化，后果就只能归因于行政人自己心中的"上帝"了。在价值观多元的条件下，选择何种信念作自己的"上帝"并忠实于它，导致了当今"信念伦理"的产生。从某种意义上说，信念伦理源于神性而存在，正如韦伯所认为的："信念伦理的信徒所能意识到的责任，仅仅是去盯住信念之火，不要让它熄灭，他的行动目标从可能的效果来看，竟无理性可言，这种行为只能也只应该具有楷模的价值。"①19 世纪以来,信念伦理的基础发生了动摇,主体在"上帝死了"的信仰真空的状态下,对科技应用无所顾忌终于导致各种技术负效应加剧。20 世纪以信息技术对世界"祛魅"与"返魅"是后现代社会信息技术哲学的新特性。互联网时代的信息技术不仅调整哲学的维度,浸没哲学经验,颠覆哲学体验,而且调整哲学价值向度,祛除幻想,消解主客体的确定性。这些都使其成为考察政务微博条件下的行政伦理的内在维度。

责任伦理的界定从表面上理解,就是从结果出发来判断行为的"好"与"坏",这就滑到了效果论,韦伯曾指出效果论是不能使手段圣洁化的。这样就出现了一个矛盾,既要承担一定的后果,又不能以结果定善恶,那么如何理解责任伦理呢? 韦伯认为:"责任伦理必须是一种无条件的命令宣示,才有其道德意义,否则只是一种机会主义。"②因此,责任伦理就是无条件地对自己的行为承担责任。在现代社会,责任同技术的连接从来没有如此紧密过,德国技术哲学家林克指出,在技术领域的六种趋势使得责任问题突出出来:自然系统开始受到人类技术活动的干扰甚至支配;人本身也受到技术的控制;信息技术领域技术统治趋势加强;能够意味着"应当"的"技术命令"大行其道;③政务微博等新媒体技术,使网络环境下的责任伦理成为重要的微博行政伦理规约形式,其范围虽小于信念伦理,但效果则不可低估。

制度伦理既可指制度中的道德伦理含量,也可指道德伦理的制度化。我们会从后面来论及制度伦理。由于政务微博技术本身负荷着何种行政价值尚属新研究,加上我国传统行政伦理的影响,政务微博条件下的行政伦理关系必然存在伦理制度建设滞后现象。微博技术与伦理规范只能在实际过程中达到统一,即有着共同的实践基础。伦理规范和伦理目标具有一般的抽象性特征,也只有依赖具体的行动措施才能落实。相对而言有着刚性特征的制度,则能

---

① 马克斯·韦伯:《学术与政治》,冯克利译,三联书店 1999 年版,第 108—109 页。
② 易显飞、黎昔柒:《论价值对现代技术创新的前置性规约》,《理论界》2012 年第 3 期。
③ 王健:《现代技术伦理规约的特性》,《自然辩证法研究》2006 年第 11 期。

够依科层体系的分工将行政伦理目标量化为具体要求,从行政事务的范围、标准、程序到行政责任、义务、作风明确化,因此制度已经成为未来网络行政和微博行政伦理机制构建的联结点。

综上所述,基于政务微博环境的行政伦理规约是渐进发生的,层次分别居于信念、责任和制度三个层次,它们既相互独立又彼此关联,互为补充。作为内心信念的信念伦理是行政伦理规约的最高层次,它广泛地作用于所有相关的行政人,通过对行政人楷模式的行政行为的激励,以难以轻易撼动的庄重感引导人们向道德行为靠近。责任伦理是行政伦理规约的中间层次,在以各司其职为基本特征的行政流程中,行政人员恪尽职守方能体现公共精神,有效地防范和减弱政务微博技术系统漏洞可能产生的负效应。由于责任伦理对政务微博活动主体的规约是针对其操作过程中的具体职责而展开的,责任性更强。制度伦理是把原属对行政主体的行政行为制度化。从信念、责任到制度,以上三个层次的伦理规约的效度增强,但规约范围渐小。三个层次的伦理规约渐进地结合在一起,共同构成微博行政伦理规约的完整体系。

二、微博行政伦理规约的动态性和过程性

之所以认为基于政务微博环境的行政伦理规约是动态的过程规约,是因为政务微博系统作为技术开发产品,从需求分析到产品升级换代有其生命周期。不同的行政程序阶段决定了行政活动主体有所不同,可以赋予的行政伦理规约也有不同,主要表现为过程性特征。

基于政务微博环境的行政伦理规约,无论是从需求分析到产品升级换代,既包括信息化资源配置和微博功能技术选择的前置规约,也包括对政务微博功能产品使用方式的后置规约。基于政务微平台环境的行政伦理规约的过程性一般可划为四个阶段:

首先是政务微博产品设计阶段的伦理评估:即主要通过信息化专家咨询委员会等机构对技术设计进行包括伦理内容的评估。我国政府政务微博应用

系统在信息基础设施、网络和数据库建设方面已经规模可观,但重复建设现象导致的收益回报率和功能创新问题日渐显著。我国在2016年《国家信息化发展战略纲要》的出台和对《2006—2020国家信息化发展战略》的终止,某种角度就是审时度势,对以上问题的回应。

其次,政务微博产品试验阶段的伦理鉴定。通过微博产品功能的试用,进一步检验新产品可能带来的负面影响,并给出初步的伦理鉴定。这一阶段的伦理规约主要通过一些道德规范来约束技术活动主体的行为,作用的方式是自律与他律相结合。

第三,政务微博产品应用阶段的伦理立法规约,对已经获得应用的政务微博应用产品,一旦发现其应用会给国家安全、信息保密带来危害,必须通过立法的形式加以禁止。这一阶段主要通过法律和制度的手段来实现政府部门人员的伦理责任,作用的方式是以他律为主。

我国已颁布的《电子签名法》被看做是我国第一部信息化的法律,将对我国信息化的发展产生巨大的促进作用,因而受到人们的高度关注。但依据《电子签名法》的规定,其适用范围却仅仅限于电子商务领域,而随着我国政务微博建设以及其他社会部门信息化建设的深入,对电子签名和电子签章法律效用的要求越来越高。业界专家提出,电子签名是政务微博深入发展的客观需要。随着政务微博由简单的信息发布阶段向交互式业务提供阶段的过渡,网络世界中政府机关及企业、公民的身份及业务内容的真实性、合法性和有效性的确认就成为政务微博发展的首要问题,这一点在公文传输、电子海关、电子纳税等政府行政业务方面显得尤其重要。经过这几年的发展,我国的政务微微博已经取得了相当的成就,一些地方政府及政府部门微博已经陆续开始了交互式业务。因此,让这些已有的政务微博交互式业务获得法律效力就对电子签名产生了现实而又迫切的需求。否则,很多政府机关正在开展的这些交互式业务就存在着不合法的嫌疑。

我国行政管理体制的特色,电子签名的行政法规在一些条款的具体规定方面与现在的电子签名法应该会有所不同。这些不同主要体现在以下几个方面:首先是立法原则的差异。在政务微博领域,功能等同、技术中立及当事人意思自制这三个原则中,技术中立原则应该是没有问题的,但是其他两个原则却可能产生差异。就"当事人意思自治"而言,对政府通过网络进行采购和招标来说,政府作为商务活动的当事人与企业之间订立具体合同条款是可以的。但是就网上办公来说,这条原则就不具可行性了。因为,前一种情况是"点对点"的情形,而后一种情况则是"点对面"的情形。就"功能等同"原则来说,现在的电子签名法是以书面形式为参照,突出和强调电子签名与数据电文;而在政务微博领域,政府为了促进政务微博的实施,可能会要求所有的行政相对人就某些网上政务完全地采行电子方式,如以前海淀数字园区所实施的"硬切换"的做法。在这种情况下如果还要求书面形式,就会给政府机关带来额外的行政成本,行政效率也难以提高。其次是认证服务机构管理的差异。现在的电子签名法实际上是采取"市场运作、政府监管"的管理模式,由合乎一定条件的企业作为第三方给从事电子商务的企业发放电子证书,对该企业的身份加以确认,并由政府部门对这些提供认证服务的企业进行监管。但是,就政务微博而言,显然不应该由企业来确认政府机关的身份。其管理模式多种多样,其中可以采取"地方政府运作、中央政府部门监管"的管理模式。在这种情况下,必须妥善处理两种不同情况下的监管问题。再次是电子签名中的政府机构的"身份"应该与政府信息资源目录体系和信息交换体系相联系。电子签名包含两部分:一是对信息发送者的身份的确认;二是对所发送信息的真实性、有效性和合法性的确认,其中政府机构的身份应该与政府信息资源目录体系和信息交换体系统一起来。这样做可以集中、有效地加强对政府信息资源的管理与共享,也为政务微博绩效管理提供了信息统计来源。

最后,对政务微博产品推广阶段的动态伦理调整。一项新事物被普遍推广和应用的过程中往往会引起一些的伦理争论,甚至会遭到旧的伦理观念的抵制,因为新事物的推广往往会形成各种利益变化。和人类的伦理标准演进史中会出现的道德相对主义等相似,行政伦理在技术规划阶段既可以去适应业已形成的各种伦理规范,但更有必要对原有伦理观念通过新旧伦理观念的碰撞、冲突、论证之后,进而产生与新技术新产品相适应的伦理体系重塑,与时俱进地动态丰富人类行政价值体系。例如电子网络监控设备初步应用时,被监控者曾以可能暴露私人信息而被排斥,但当许多行政裁决争议因网络监控录像资料使公民的合法权益而得到公平裁决时,人们通过伦理论证,构建起与网络监控设备安放位置等相适应的伦理观,最终实现网络产品与伦理的相容。

在政府信息公开、信息化、互联网管理、保密制度与信息安全等领域,各种规则已初具规模。而在信息共享、电子签名、(个人信息)隐私保护等方面,尽管各方面都很强调,甚至制定了法律或者中央文件,但在部委规章或者地方性法规层面上并没有得到充分体现。不同领域巨大的反差说明,我国不论是在信息化还是在政务微博领域,都缺乏基础性的法律,从而导致不同领域的立法不平衡。不同省市的政务微博法规在调整的范围、规定的内容等方面都有区别,没有所谓的统一模式。发达国家基本已完成了国家基础设施建设与政府法治化等基本制度建构,法治政府、有限政府、透明政府、责任政府已经形成,其政务微博法规相对而言任务更为简单,纯粹是回应信息时代的新问题,构建政务微博。发展中国家在启动政务微博建设时,基础网络建设并不到位,现代政府建构的基本任务也没完全实现,不但法治政府的目标任重道远,政府管理的许多方面可能仍然停留在前工业化阶段。这就使发展中国家在构建政务微博时面临三重任务:既要进行政务微博基础设施建设,又要立足于应用构建政务微博,还要建设适应法治政府要求的公开政府、有效政府、能力政府和责任政府。从现实情况来看,政务微博都是率先在发达省市的个别部门或地方首先被采用的,然后再逐步向整个政府层面推广。不同发展阶段对于立法的要求不同,前者要求诱致性制度动态变迁,并不迫切需要进行综合性立法,而后者要求强制性制度变迁,必须有综合立法提供支撑。西部欠发达地区政务微平台法规在调整的范围上比发达地区更广,必须完成更多的任务。虽然发达省市在法规体系的结构、法律的调整范围、调整方式等方面不一样,但基本立法原则是一样的,都在于通过采用信息通信技术来提升公共服务效率,构建以公众和企业为中心的服务型政府。而在欠发达地区,政务微博除了提供更好的服务之外,还负有建设政府监管能力、责任制以及公开政府的责任,因此欠发达地区的服务型政府理念包含的维度更为丰富。

//【相关背景材料】

微博突然开放"评论先审后放"功能,究竟释放了几个信号?

新浪微博官方账号@微博管理员,在 2018 年 2 月 28 日下午 5 点 04 分发微博称,向所有头部用户和会员用户开放评论管理功能。这一做法很容易令人联想到微信公众号的评论留言功能,"微博要搞一言堂么?"许多网友在该条微博下评论表示担忧。

所谓的评论管理功能,就是允许用户对自己微博下的评论"先审后放",即收到的评论不会直接在前台显示,只有通过审核的才能显示。

其实开放"先审后放"功能,微博并不是第一家,这一论坛、博客、门户网站就存在的技术,最早是用来阻止垃圾信息的,到了 2008 年以后就成了引导舆论的工具。而且微博开放"先审后放"功能也不是第一次,2017 年微博官方已经对部分媒体账号和政务账号率先开通了评论管理功能,支持媒体微博、政务微博自己管理博文下面的评论,"传递更为积极的讨论信息"。

而这次微博针对头部用户和会员用户开放评论管理功能,在我看来,不单单是为了引导舆论,至少释放了以下信号:

1. 微博拥有甚至比微信还要广阔的创业前景

何为"头部用户"? 微博官方并没有给出一个明确的定义,透过媒体报道的只言片语,我们可以将微博的头部用户简单地理解为,每个月阅读量超过 10 万的账号,截至 2017 年底微博上这样的用户有41.8 万个,头部账号拥有的粉丝增量达到全站用户粉丝增量的45%,带来的阅读量超过微博平台全部阅读量的 50%,微博为这41.8 万个头部用户配备了 332 人的运营团队,今年考虑增加到 600多人;相应的内容审核团队将增加至 2000 人,2000 人什么概念呢?天涯最火的那几年内容审核编辑也才 50 人左右。微博即便有如此庞大的编辑团队,还要将评论管理功能开放给头部用户,可见这是足够大的生意。

2.意识形态领域技术推动互联网的"全面溃败"

从 Google 不肯屈服内容审核退出中国,到 Facebook 招聘 3000人内容审核团队,到今日头条被约谈,到微博开放给用户评论管理功能,大数据、机器算法经过这么多年的发展,我们能看到互联网巨头们在意识形态领域依然没有依靠技术做到天衣无缝,最终还是靠人海战术去迎合某种不可抗拒的力量,即便是 Facebook 也因用户直播自杀、种族歧视,长时间未删除而饱受争议。

随着微博对头部账号的赋能,一个账号就是一个互联网公司的现象会出现井喷式发展。开放评论功能给用户,从另一个方面看,微博放弃了单纯靠算法的方式呈现内容,引入人工干预会让内容更多元化,满足各圈层用户的需求,而不是像算法平台一样单纯迎合用户的猎奇心理。单单就明星群体,动辄一条微博上百万的评论,势必会催生出更多的运营岗位,而不只是叫做新媒体编辑。

(资料来源:简书,https://www.jianshu.com/p/d7ddc8baaa02)

三、微博行政伦理规约的偶然性和或然性

"或然"即"概率"在拉丁语中具有"可能""使有根据""可核准的"之意。

微博行政伦理规约，使行政主体有了一种伦理上的责任。该责任并非产生自技术成果出来之后，而是从技术规划发端便产生了，且贯穿于产品使用的始终。本书讨论的微博行政伦理规约必然可以实现规约技术负效应的目的吗？这个问题的实质在于，现代政务微平台技术的未来图景是否可以清晰预测把握。笔者认为：作为信息网络新媒体子集的政务微博技术，其发展有着技术发展的不确定性特征，决定了微博行政伦理规约或许可缩减政务微博产品应用中负效应的偶然概率，但不能保证实现负效应概率零，即具有"或然性"。微博行政伦理规约的"或然性"，即通过伦理规约对现代技术负面效应的防范和减弱只是一种偶然可能，却不能说是必然。

依据伦理原则和伦理规范，在政务微博技术产品应用过程中纵然可以选择多种功能应用方式，但实现相应的伦理责任却有难度。用非善即恶的决策标准选择技术产品时显现出一种机械和僵硬。事实上无论是行政决策还是设计计划，即使是"至善"的初衷也有可能伴随而来某种恶。关于技术的价值负荷之论本身也说明了这一点。因此，在建构和设计政务微平台技术方案时，只能是"两利相权取其重，两害相权取其轻"。事实上我们从生活经验中也不难得出结论，那就是，每个技术不可能绝对完美，通常情况下受到各种商业或者人文、政策、环境条件的制约，往往我们最后见到的产品，只是各方面立场的人们博弈妥协分歧而形成的结果。马克思早就指出，生产不仅生产出产品，还生产出相应的人本身。在生产过程（往往是包含着技术的创新与使用的生产过程）中，"生产者也改变着，炼出新的品质，通过生产而发展和改造着自身，造成新的力量和观念，造成新的交往方式，新的需要和语言"①。

基于"两利相权取其重，两害相权取其轻"思维的微博行政伦理规约，理应选择那些负面效应已有明朗结论的政务微博功能及其产品。但一项技术发展的走向及其远期效应总是不确定的，能否有一种伦理价值的评价予以前置

---

① 易显飞、黎昔柒：《论价值对现代技术创新的前置性规约》，《理论界》2012年第3期。

规约呢？这个问题的答案在实践中只能是概率的伦理规约，它应该是可昭示自然法和行政终极价值的前提上的经典价值，如公平、正义、平等服务性。假设行政主体的行为符合以上前提，则能使政务微博价值体现尽可能多的"善"而消解尽可能多的"恶"。例如对政务信息的公开以条例形式确定，能使政务微博建设的外部环境更加有利。而网络举报系统以要求实名，就是保证举报的责任和被举报人的权益不被该系统使用者滥用等。

为了确定有尽可能多的善和尽可能少的恶，则需要综合各方信息予以折中或平衡。政务微博技术的发展和环境的变化频度则导致先前建立的折中平衡应该被新的平衡替代。政务微博技术产品的升级换代越加迅速，则其复杂度决定了行政价值的负效应可能越加难以预测，也即行政伦理的前置规约难度越大。

尽管不确定性深入到社会的各个层面，但科学技术毕竟掌握在人类手中，科学技术或许可以使人产生异化，但不可能完全控制人。伴随着新型政务微博功能层出不穷，行政责任表现方式日趋多样，基于政务微博网络多元参与的协商关系所产生的行政伦理规则已经初见端倪，为了更好地实现公共行政价值，使政务微博技术理性发展，这些具有诸多新特征的行政伦理必须在技术开发规划时就加以高度重视。

第三节　协商与博弈——过程规约的机制

为了克服信息技术的加速变迁与社会伦理价值体系的巨大惯性之间的矛盾，将技术活动拓展为开放性的政务微博技术——微博行政伦理实践，必须建立一种互动协调机制，即信息技术的伦理"软着陆"的机制。可以看到，层出不穷的政务微博产品功能往往使技术与伦理价值体系之间的互动陷入一种两难困境：一方面，以信息网络技术为核心的政务微博功能可能对行政活动带来深远的影响，同时伴随着伦理上的冲突和困惑；另一方面，如果绝对禁止技术和产品,又可能浪费掉许多有利于更加有效地体现"善治"理想的新手段,甚至与新的发展趋势错失机遇。显然,除了某些极端性的信息技术及其运用应受到禁止之外(如恐怖主义和算法诱导人性弱点之类),对于大多数可能带来伦理冲突的现代信息网络技术,而较为明智的方法是引入一种伦理"渐进性"的机制。

所谓新技术的伦理"渐进性"机制,就是新技术与社会伦理价值体系之间的缓冲机制。这个机制主要包括两个方面:其一,社会公众对新技术所涉及的伦理价值问题进行广泛、深入、具体的讨论听证,使支持方、反对方和持审慎态度者的立场及其前提充分地展现在公众面前,然后,通过层层深入的讨论和磋商,对新技术在伦理上可接受的条件形成一定程度的共识;其二,科技工作者和管理决策者,尽可能客观、公正、负责任地向公众揭示新技术的潜在风险,并且自觉地用伦理价值规范及其伦理精神制约其研究活动。

笔者研究认为,这种对包括政务微博技术在内的现代技术引入伦理的"渐进性"机制是有启发意义的,对该机制所包括的内容的概括,也较为准确地反映了政务微博技术活动的特点,并成为对这一问题进行继续探讨的理论基础。但是,围绕政务微博功能开发和政务微博系统的应用等各方之间的协商何以可能,形成共识的条件是什么,如何才能保证技术开发者和行政决策者尽可能客观、公正、负责地向社会揭示信息网络的潜在风险。

一、价值引领同一性——同质群体间的协商与共识

如何确立具有普遍意义的道德规范,是伦理学所要探究和回答的一个基本问题。笔者借鉴哈贝马斯的"协商伦理学"。他认为,道德法则并不是先验的,也不能通过自律来确证,而是交往行为的产物,是不同主体间通过协商而达成的共识。因此,协商伦理学是从"主体间性"和"交往合理性"出发研究问题的,它主张通过协商和论证的方式来确立具有普遍意义的道德规范。哈贝马斯有感于工具理性过度膨胀所产生的异化现象,提出"沟通理性"主张,以

使个人能从系统扭曲的沟通情境或僵化封闭的意识形态束缚中获致解放。依据他的观点,沟通理性的基本内涵,可归纳为下列七点:沟通理性是对工具理性与实践理性辩证的综合;沟通理性是重建人类生活世界理性化的基础;沟通理性是人类寻回自我尊严和意义价值,迈向理性社会的先决条件;沟通理性表现为一种通过反复论辩的民主沟通程序,以追求真理共识的理性;沟通理性系一种启蒙的理性,其目的在于批判、反省被社会系统所扭曲了的沟通,以重建人类沟通之潜能;沟通理性具有民主、多元、开放、整全、普遍与实践之特质;沟通理性是一种透过教育的启蒙,以培养具有自主、成熟、负责的整全人格为理想。哈贝马斯所批判的主要代表是美国伦理学家麦金太尔。麦金太尔把共同体(社群)视为道德规范确立的基础和出发点,主张个体在由家庭、邻居、城邦、部族等组成的社会共同体中寻求具有普遍意义的道德规范。哈贝马斯认为,麦金太尔共同体主义的立场依然比较狭隘。在现代社会中,个体与社会集团的生活方式是多样化的,我们必须放弃那种将某一社会共同体的生活方式凌驾于其他生活方式之上的做法,赋予不同的生活方式以平等存在的权利、相互开放和展开协商的机会,并据此形成某种具有普遍意义的道德规范。协商伦理学正是从这一基本立场出发而得以建构和展开的。

　　协商伦理学对于微博行政伦理规约研究的价值显而易见:互动性特色突出的政务微博各种功能应用,正在深刻地影响着人们的行政方式、行政价值取向,要确立一种为多数人认可的价值标准,就不能以某一个体或集团的利益诉求为中心,而必须建立起不同主体之间的沟通和协调机制,通过协商和论证来达到目的。以自我本位为中心,把自己的价值观念与发展模式当做普适性的真理的做法,这在理论和实践上难以持续。但是协商要成为可能并得以顺利进行,就必须保证参加协商的主体具有平等的话语权,并排除从外部或内部施加的压制,这在实践中很难实现。在微博行政活动中,行政主体和客体拥有的权利和机会是不同的。现实中,经济实力形成的社会地位往往成为协商的主要筹码,以至于经常出现"强权压倒公理"的局面。哈贝马斯本人也承认,协商伦理学的一些原则和条件具有理想化的特征。但这并不能掩盖协商伦理学的价值和意义,因为理想虽然高于现实,但失去了诸如向善的理想,人类就失去了完善和改造自身的动力。

费舍尔对技术活动中权利的层次划分也给我们以启示。他把技术结构分为三层,处于最上端的政治和精英阶层,处在中间的是技术专家和职业行政管理者,处于下端的是普通公众。在政务微博技术功能的开发过程中,这种协商的结果总是因为各种原因的分歧而远远低于期望值。笔者则认为即使是这种分歧,也是有层次性的,对于相同知识背景的个体集合,他们会不自觉地表现出某种一致性。例如,微博技术开发者总是对信息技术有效性有偏好;微博开发商总是对微博粉丝数量带来的经济效益有关注;政府用户总是对微博技术产品的社会效益有关注。在此把具有一致价值追求、相同知识背景的个体组成的群体称为同质性群体,而将处于不同知识背景和不同价值追求的个体组成的群体称为异质性群体。

同质性群体协商的可能性虽大但协商范围并非无限大。鉴于围绕政务微博技术的活动中存在异质性和同质性群体的事实,笔者把技术活动中协商的可能性限制在同质性群体之间,暂且称为有限协商。例如微博技术开发群体崇尚技术的有效性,行政人群体追求微博功能产品的高效性,他们在协商中有可能达成局部共识。这种局部共识在网络行政活动中通过职业伦理表现出来。职业伦理是与人的职业角色和职业行为相联系的行为准则。从政务微博技术产品应用的活动过程考察,可以看出行政共同体、开发者群体、社会公众群体都有一定的群体目标和功能。政务微博功能的未知风险,迫使开发者群体思考技术伦理问题。也迫使行政共同体思考行政伦理问题。微博行政活动过程中,各方必须要思考行政活动的价值追求是什么,并纳入自己的职业伦理范畴。但能否对这种价值追求准确定位,却不能由某个群体或者某群体中的个体单独确立,而应该通过集体协商,才能形成一致的价值取向。例如在当代行政学研究潮流中,"向善"的价值取向则是各方协商的题中应有之义。

因此,围绕政务微博技术功能的开发乃至应用活动的不同主体,通过同质性群体内的协商的方式型塑成各自的职业伦理加以遵守,可以使政务微博技术活动的每个环节处于良性运作的可能性增加,便可能达到防范和减弱政务微博技术功能负面效应的规约目标。

二、价值消解对立性——异质性群体间的博弈与协同

前述过程规约表明,政务微博活动中存在同质性群体的合作与协同,那么异质性群体间存在道德分歧乃至利益冲突,他们之间行动的一致性如何实现呢? 前述的协商是建立在普遍原则基础之上的同质性群体之间的,协商的进行通过同质性群体中存在的一种道德共识,但这种存在必须借助于一定的物质手段和精神要素的参与才能体现。同质性群体的协商就是要把这种共识具体化为可以常态地规约他们的责任伦理规范。博弈是建立在异质性群体之间的,他们之间的利益不一致和经济人本性,决定了他们会追求自身所在群体利益的最大化,但对"公共的悲剧"效应的警惕迫使他们在谋取自身利益时尽量减少对他人的损害。他们通过博弈去形成一种类似"帕累托最优"目的的行动原则。这个过程中体现出一种利益与权利的交换和妥协。

博弈是指在一定的游戏规则约束下,基于直接相互作用的环境条件,各参与人依靠所掌握的信息,选择各自策略(行动),以实现利益最大化和风险成本最小化的过程。简言之就是人与人之间为了谋取各自利益而竞争。博弈论是指某个个人或是组织,面对一定的环境条件,在一定的规则约束下,依靠所掌握的信息,从各自选择的行为或是策略进行选择并加以实施,并从各自取得相应结果或收益的过程。在经济学上博弈论是个非常重要的理论概念,目前在生物学、经济学、国际关系学、计算机科学、政治学、军事战略和其他很多学科都有广泛的应用。博弈的分类根据不同的基准也有不同的分类。一般认为,博弈主要可以分为合作博弈和非合作博弈。合作博弈和非合作博弈的区别在于相互发生作用的当事人之间是否有一个具有约束力的协议,有则为合

作博弈,没有则为非合作博弈。

企业经济活动中存在的一个突出伦理问题是企业信誉的缺乏。为了解决合作中的信誉问题,博弈论引入了重复博弈。同样结构的博弈重复多次就叫做重复博弈,与重复博弈相连的是"冷酷战略"。所谓冷酷战略是指:开始选择合作,一旦发现对方采取了不合作行为,也采取对抗态度。在一次性博弈中,由于各博弈方只需要着眼于眼前利益,背叛总是对自己有利的,所以双方都会选择对自己有利的战略。如果是重复博弈,情况就不同了。因为同一个博弈的多次重复性,使得合作将比一次性博弈下的合作显得尤为重要。这就是说,重复博弈下的合作比一次性博弈下的合作能够为当事者带来更大的利益。这时候,如果博弈双方不只看重眼前的蝇头小利,彼此合作,必然能够使双方都实现长期的更大利益。由此,如果博弈次数足够多的话,合作双方将有积极性为自己建立乐于合作的声誉。多次的重复博弈使得任何的短期利益变得微不足道,与眼前的利益相比,双方对长远的更大利益更感兴趣。

以下通过一个案例说明异质性群体如果通过多次博弈可以达到最有利于自己的利益协同。

通过 P2P 结构的技术,人们可以直接连接到其他用户的计算机交换文件,而不是像过去那样连接到服务器去浏览与下载。而 BT 技术是一个多点下载的 P2P 软件。不像 FTP 那样只有一个发送源,BT 有多个发送点,当用户在下载时,同时也在上传,使许多用户都处在同步传送的状态。BT 下载技术使用于大文件的共享和分发变得更加容易,同时对运营商带宽的占用也更加明显。由于网络信息量日益倍增,采用基于 P2P 的政务微平台应用模式研究可使政务网络系统更高效灵活。该应用模式结合了 P2P 与传统服务器模式的优点,为政府主体提供了直接进行交互的方式,并通过服务器进行协调监控。P2P 技术主要指由硬件形成连接后的信息控制技术,其代表形式是软件。P2P 技术其特点是:每台计算机既是客户端又是服务器,如何表现取决于用户的要求,网络应用由使用者自由驱动;信息在网络设备间直接流动,降低中转服务成本提高了机关人员的办事效率;P2P 构成网络设备互动的基础和应用;在使网络信息分散化的同时,相同特性的 P2P 设备可以构成存在于互联网中的子网,使信息按新方式又一次集中。但是由于 P2P 新技术的采用,会引发政务网络技术与道德的博弈:P2P 结构与 www 所采用的结构方式最大的不同在于:整个网络结构中不存在中心节点,也就是说没有了所谓中心服务器的存在。在 P2P 结构中,每一个节点大都同时具有信息消费者、信息提供者和信息通信三方面的功能,每一个节点所拥有的权利和义务都是对等的。P2P 的一个普遍应用是 BT 下载技术。它抛弃了由一个中心服务器提供存储与下载服务的模式,而是采用了"人人为我、我为人人"的思想,充分地利用每一台电脑的计算能力。BT 软件自动将一个文件分割成若干块,当某一电脑在进行下载的同时,它也成为一个服务器,能够向其他的用户提供已经下载的文件块。事实上网络技术只提供一个平台,至于传载的信息真伪好坏则依赖传统道德和法律的判断和规范。在 P2P 技术结构中,中心服务器的意义被大大弱化甚至完全消解,网络传播结构的扁平化特点会进一步凸显。这样的传播结构,使网络信息传播的管理与控制更为复杂与困难,因此也更加缺乏道德的约束力和法律的规范性。P2P 的强大搜索功能和提供下载功能使得国家利用有限的资源去监管数以千万计的 IP 站点变得难上加难,因为随时传播、随时删除使得重点监控不再具有针对性。如何制定更完整的应对措施,控制不良信息在不同电脑之间的传播,将是一个多次的重复博弈过程中新课题。

在本位利益和社会责任的平衡杠杆上,尽管大多数人相信伦理道德,但在利益面前,伦理的力量目前还显得有些力不从心,于是出现在自身私利与社会责任间找平衡的现象。在这场在多种异质性群体用户之间的多次重复博弈,无论何方占先并不重要,但必将在技术和伦理的发展中得到解决。这不但需要政务网络技术的更新发展,也需要公众博弈过程中提升道德,而伦理规约也必将逐步渗透于 P2P 等新技术领域。

马克思曾经指出,对工业和技术不能仅仅从其表现效用方面来理解,相反只因为它们是人的本质力量的展示,才获得其价值。它们"创造着具有丰富的全面而深刻感觉的人","是人的一切感觉和特性的彻底解放"。马克思深刻揭示了生产与技术不仅给人类社会带来了物质财富价值,而且观念价值本身也来自生产与技术的创造。另一方面价值对技术创新实践也存在着"反制"作用,价值又对技术创新实践起到价值层面的规范作用。微博相关产品技术创新是在互联网时代背景下进行的实践活动,它不可避免地受到多方价值因素的制约。例如微博技术创新在原理构思、研究与开发等过程中将会受到技术创新主体价值取向、价值判断和价值评价的影响,而且在微博技术创新产品营销和使用的后续阶段也要受到大众的价值评价和价值反馈。价值从某种程度上有"积极的"与"消极的"区分,一般而言,消极保守落后的价值观会阻碍和抑制技术创新的发展。例如一些企业为谋取最大的利润,往往在其能力范围内控制算法技术创新与发明的走向,利用人性弱点来开发各种 APP 软件来大获其利。我国互联网管理部门鉴于此,已经在 2022 年年初出台了《互联网信息服务算法推荐管理规定》。

多次的重复博弈过程使得短期利益显得微不足道,与眼前的利益相比,双方对长远的更大利益更感兴趣。重复博弈过程有助于异质性群体之间在当前利益与长远利益之间,作出更符合伦理的选择。在处理长远利益与当前利益的关系中包含着伦理的选择。因为在这种关系中的不同选择,对主体生存发展的意义是不一样的,包含着不同的主体价值;另外选择当前利益还是长远利益的效果和手段与伦理是紧密联系在一起的。贪图一时之得,就会不择手段去获取利益;立足长远就会选择讲求道德,去创造长期发展的条件。类似 P2P 技术条件下的重复博弈过程就是异质性群体中的个体理性转变为集体理性,从单纯为个体利益最大值奋斗转变为共同利益整体利益最大值而奋斗的过程,这种过程会逐渐形成某种集体主义的精神,形成新的伦理秩序。

【相关背景材料】

微博多举措助力政务微博运营升级

2018年8月3日,2018"效·能"政务V影响力峰会在天津滨海新区举行。为推动政务微博持续提升运营实效,微博也从推动内容传播、完善服务矩阵等方面,对政务产品和服务体系进行了全面升级。

在提升政务内容发布与传播方面,微博正在升级政务微博发布内容的标签,通过原创、首发、独家、权威等内容标签,对应不同内容,以提高重要内容在信息流和搜索结果中的曝光量。在此次峰会上,微博云剪联合@共青团中央、@中国大学生在线、@天津交警、@宣讲家网站、@南京发布等代表共同启动政务新媒体资产管理系统。该系统旨在为政务微博提供多媒体内容资源的集纳存储、二次传播、矩阵分发、资源推广、数据统计服务。通过该系统,政务微博可以进行内容资源的存储、浏览、检索、共享、剪辑和发布。

在助力政务微博矩阵发展方面,微博产品全面规划。近期,已经在政务微博主页增加了矩阵列表,粉丝可以通过矩阵主账号了解矩阵全部成员账号和发布动态。同时,微博即将推出新的政务微博操作后台,提供矩阵管理、数据统计、分析工具集合、运营助手等功能。今后政务微博还可以自定义主页模块,在主页增加服务和个性化业务入口,方便网民在线办理业务。此外,微博还计划为政务微博提供政务服务平台的开发与接入服务,帮助政府部门提升政务微博在移动端的服务效能。

随着移动互联网的发展,热点事件高频化、政务新媒体平台多元化成为趋势。政务新媒体更应当紧紧围绕"倾听—对话—服务"的价值主线,发挥微博开放、动态、协同传播的特性,结合自身特征、优势和目标,打造创新高效团队,掌握切实可行、服务民生的运营方法论,发挥政务新媒体倾听群众声音、平等与群众对话、真诚为群众服务的核心价值。

（资料来源:人民网,http://yuqing.people.com.cn/n1/2018/0803/c209043-30205381.html）

//【相关背景材料】

国家互联网信息办公室等四部门发布
《互联网信息服务算法推荐管理规定》

2022年初,国家互联网信息办公室、工业和信息化部、公安部、国家市场监督管理总局联合发布《互联网信息服务算法推荐管理规定》(以下简称《规定》),自2022年3月1日起施行。国家互联网信息办公室有关负责人表示,出台《规定》,旨在规范互联网信息服务算法推荐活动,维护国家安全和社会公共利益,保护公民、法人和其他组织的合法权益,促进互联网信息服务健康发展。

近年来,算法应用在给政治、经济、社会发展注入新动能的同时,算法歧视、"大数据杀熟"、诱导沉迷等算法不合理应用导致的问题也深刻影响着正常的传播秩序、市场秩序和社会秩序,给维护意识形态安全、社会公平公正和网民合法权益带来挑战。在互联网信息服务领域出台具有针对性的算法推荐规章制度,是防范化解安全风险的需要,也是促进算法推荐服务健康发展、提升监管能力水平的需要。

《规定》明确,应用算法推荐技术,是指利用生成合成类、个性化推送类、排序精选类、检索过滤类、调度决策类等算法技术向用户提供信息。国家网信部门负责统筹协调全国算法推荐服务治理和相关监督管理工作。国务院电信、公安、市场监管等有关部门依据各自职责负责算法推荐服务监督管理工作。地方网信部门负责统筹协调本行政区域内的算法推荐服务治理和相关监督管理工作。地方有关部门依据各自职责负责本行政区域内的算法推荐服务监督管理工作。

《规定》明确了算法推荐服务提供者的信息服务规范,要求算法推荐服务提供者应当坚持主流价值导向,积极传播正能量,不得利用算法推荐服务从事违法活动或者传播违法信息,应当采取措施防范和抵制传播不良信息;建立健全用户注册、信息发布审核、数据安全和个人信息保护、安全事件应急处置等管理制度和技术措施,定期审核、评估、验证算法机制机理、模型、数据和应用结果等;建立健全用于识别违法和不良信息的特征库,发现违法和不良信息的,应当采取相应的处置措施;加强用户模型和用户标签管理,完善记入用户模型的兴趣点规则和用户标签管理规则;加强算法推荐服务版面页面生态管理,建立完善人工干预和用户自主选择机制,在重点环节积极呈现符合主流价值导向的信息;规范开展互联网新闻信息服务,不得生成合成虚假新闻信息或者传播非国家规定范围内的单位发布的新闻信息;不得利用算法实施影响网络舆论、规避监督管理以及垄断和不正当竞争行为。

《规定》明确了算法推荐服务提供者的用户权益保护要求,包括保障算法知情权,要求告知用户其提供算法推荐服务的情况,并公示服务的基本原理、目的意图和主要运行机制等;保障算法选择权,应当向用户提供不针对其个人特征的选项,或者便捷的关闭算法推荐服务的选项。此外,对向未成年人、老年人、劳动者和消费者等主体提供算法推荐服务的,《规定》明确了具体要求,如不得利用算法推荐服务诱导未成年人沉迷网络,应当便利老年人安全使用算法推荐服务,应当建立完善平台订单分配、报酬构成及支付、工作时间、奖惩等相关算法,以及不得根据消费者的偏好、交易习惯等特征利用算法在交易价格等交易条件上实施不合理的差别待遇等。

《规定》要求,具有舆论属性或者社会动员能力的算法推荐服务提供者应当在提供服务之日起十个工作日内通过互联网信息服务算法备案系统填报备案信息,履行备案手续;备案信息发生变更的,应当在规定时间内办理变更手续。算法推荐服务提供者应当依法留存网络日志,配合有关部门开展安全评估和监督检查工作,并提供必要的技术、数据等支持和协助。

国家互联网信息办公室有关负责人指出,算法推荐服务治理需要政府、企业、社会、网民等多方主体共同参与,推动算法推荐服务公正公平、规范透明,促进算法推荐服务向上向善,营造更加清朗的网络空间。

（资料来源：中国政府网,http://www.gov.cn/xinwen/2022-01/04/content_5666387.htm）

第五章　微博行政伦理规约的
多重原则

第一节　微博行政伦理规约的多重原则

微博行政伦理规约的本质是过程规约。参与政务微博技术过程的主体是异质的和多元的,包括技术开发者、外包商、政府用户、专家顾问等。在政务微博技术开发过程中,一方面,不同技术主体的价值取向和目标不尽相同。如技术开发者关注如何通过高新技术的有效性提高系统产品的效率;外包商关注如何通过高新技术最大程度地实现经济目的和利润回报;政府用户关注如何通过政务微博技术减少行政弊端拓展政府职能。政府及其各级组织、非政府组织和其他各类群体目标的差异,决定了各种不同利益群体所遵循的伦理原则有所差异甚至有原则间冲突。但另一方面,各主体在基于网络的行政环境条件下,他们的活动不同程度地要体现政务微博系统的公共性和服务性价值的共同伦理指向,即共同标准。笔者把将此作为不同伦理原则之间的可以进行整合的道德基础。

一、微博技术对传统行政伦理的解构

网络技术的互联和跨地域性带来信息传递方式和效率的变化的同时,正

在改变着人类地缘和血缘等传统关系基础上的伦理结构、伦理规范和伦理观念等层面,已经对传统伦理精神栖身的物质根基形成一种解构。相对扁平的政务网络中的行政活动有开放、多元、平等与个性特征,冲击着传统金字塔式的封闭、一元、等级与共性特征,形成了行政伦理发展的内在矛盾与动力机制。从伦理结构层面、伦理规范层面和伦理观念三个层面来看,政务微博技术越先进,则带来的伦理变革也越来越深远,而且这三个层面有着递进的关系。

第一,从伦理结构层面分析会发现,网络微博技术使传统的一元化伦理结构向着多向度伦理结构转变。一元式伦理结构是指在原有伦理体系中,各种伦理原则之间的关联和交叉较少,是一种具有线性因果关系的规范体系。在行政领域,传统的管制型理念随着人类文明的进步向着服务型、治理型乃至善治型理念变迁。传统行政伦理中以长官意志为准、或以官为本、或唯 GDP 为本等各种看似多样,实则在不同时期总是在突出着一种单向度的政绩评价指标。在后工业社会,这种单向度伦理趋向也在随之被拓展至更加科学全面的多元化绩效评价体系。政务微博凸显服务型价值理念,在此过程中通过工具价值,还要有经济价值,但更重要的是政务微博要有助于体现行政责任和行政活动的向"善"。

从重大新闻事件中,可以看出政务微博影响力日益凸显主流化趋势。政务微博在向公众提供了服务和信息平台的同时,在客观上也起到了消除关于地震的各种谣言的负面影响、稳定民心团结一致的巨大作用。但是对一些未经证实的轰动性小道消息,有政务网络也报道。在政务网络面对某些伪事件也开始鼓噪的时候,受损的是社会公信力和公共利益。此类失范现象,尤其是对政务微博网络作为公共性资源应该承担何种和何种程度的社会责任日益被重视。政务网络必须要秉承多向度的伦理趋向,例如把握公正、效率、服务、人文等原则,体现政务微平台的行政伦理导向而不能仅仅停留在有闻必录等事项方面。基于政务微平台网络,有论坛、博客、新闻评论、即时短信等,均可成为公众参与方式。

显然,网络的多元性、异质性、互动性决定了微博行政伦理结构是多元结构。微博行政伦理取向必须在传递更多信息的同时承担更多的社会责任,这些的伦理原则互有牵涉。本书把这种既有相互联系又有区别的伦理趋向称为多向度伦理结构。

第二,从伦理规范层面分析,政务微博使伦理规约由传统的管理者自律式约束向着自律和他律相结合的规约形式转变。尽管技术后果不再是简单的个体性的,而是以网络行政的共同体形式出现,但政务微博网络的运行并不能完全脱离传统官僚制组织模式。对行政共同体中个人行为责任的判断,并不能简单地用群体规约裁判,因为政务微博条件下,个体大多只是网络中的节点和部件而已。管理者的自律式约束转向自律和他律相结合,是可以通过政务微博的技术手段实现和强化的。如某市政府采购网有了一整套的在线招投标的平台,由于暂时尚无技术规范等基本标准,自律的作用有限,政府网上采购出现了各自为政的局面,因而横向、纵向适度集中的问题需解决。

显然,自律和他律的约束方式,在政务微博条件下是可以通过技术保证的。

中国现有上百万个论坛、数亿博客用户,据抽样统计,每天人们通过论坛、新闻评论、博客等渠道发表的言论达亿万条,中国网民可以经常在网上发表言论,表达思想观点和利益诉求。总体看,中国政府一直在积极创造条件让人民监督政府。国内主流门户网站人民网"地方领导留言板",上至中共中央政治局委员,下至相关地市书记,跨越了科层层级直接和公众对话。

据抽样调查,超过一半的网民对政府发挥互联网的监督作用予以积极评价,认为这是中国社会民主与进步的体现。但是在现实生活中,网络问政多时却是"问"多"答"少,不少政府微博都开放市民留言板块、领导邮箱,但尚未发挥出太大的实际作用。如我国也有部分网络举报效果不佳,主要原因之一是要求实名举报。导致举报者个人最后要承担遭报复的巨大风险。而且在这种情况下,个体的道德自律和他律的结合仍然不能很好地解决问题,必须对举报者权利有制度性保证,或者专门设立政务微博新闻发言以方便增加透明度,才能减少那种为内部集体责任而由个人承担声誉代价的情况,也才能使得个人的自律和他律的结合成为现实的可能。

第三,从伦理观念层面分析,政务微博所需的公共服务理念和传统行政管理思维之间存在的差异或张力,形成行政伦理困境。政务微博提供的公共信息服务是一种蕴含未来行政价值的取向,实质也是一种准公共信息产品,它的公共性随着政务微博发展层次的提升而提升。政务微博提倡的以公众为导向、政府为公众服务的“公众中心”价值观,例如用“一站式”服务取消了传统的政务定时、定点的诸多限制,公民可依个人意图享受无缝隙公共服务。同时,公众可以通过网络跨越行政层级,对政府提供的服务水平、服务内容提出意见和改进要求并有权获得及时满意的回复。显然,推行政务微博的过程就是摒弃“官本位、权力本位”的传统观念,树立并不断强化“公民本位、权利本位”服务型政府理念的过程。这个过程是充满了各种利益需求的各方博弈或协商的过程。实践证明,行政力量试图通过种种努力对网络的全面掌控努力收效十分有限,监控甚至经常使问题的处理变得更加复杂。从湖北“邓玉娇案”到上海城管“钓鱼执法”案,可以看到网络汇聚起的舆论力量变成为弱势群体伸张正义的强大武器,也对政府执政能力提出了挑战。

微博行政由于网络互动性和及时性特征,在特定环境下非但达不到服务性目的甚至还会导致反面效应。如在某城市市长微博开通后,公众的发言会“有意见请面谈”“已阅”等回复。公众对这样的回复,自然从语气上感到官员的傲慢和推诿敷衍的“官本位”思维。事实上,这和现实中某些官员的“等研究研究再说”“领导没时间”“得按程序走”等口头回答只是载体不同而已。此类现象在政务微博发展初级阶段是官本位思维的普遍景观。处在互联网时代,蝴蝶效应异常明显,当一些官本位口语引起舆论抗议,公众追问事情的处理结果时,导致有关部门对事件的处理反而行政成本增加。比如让个别优秀干部与仅仅因一句微博不当言论而被解职,导致其他人宁可保持沉默。

不少微博案例表明个别官员因为习惯性官本位言论,被网络舆论诟病甚至罢职。南京江宁区房管局原局长周久耕因为其在网络照片中佩戴的手表和嘴里的香烟价值不菲,最终被革职查办入狱,就此成为中国网络媒介发展中的标志性案例。

网络的扁平化意味着一个新的空间。行政主体必须反思管理型思维和服务型思维的异同,重视虚拟空间内的公众舆论表达自由和对政务微博的伦理自律行为以免被人诟病。从一些政府网站微博被爆料字数限制可以看出,地方官员对网络民意已经变得十分敏感。权力体系内部表现出的谨慎和对民意的重视,进而对"官本位"观念的过时,从虚拟舆论向现实压力的转变,都离不开提供了政务微博平台。民意反应一旦失去理性的引导和控制,就会成为非理性情绪的发泄地导致扩大事态。因此,在网络条件下的行政,行政人要以顺应行政环境的新时代好干部精神状态,主动积极回应各种质疑和提问。包括政府微博管理人员和编辑在内的行政主体在传统条件下的行政伦理操守是必要的,所不同的是在微博行政环境下,还必须从内心真正树立服务性理念。微博行政要求"技术官僚"向公众提供到位的服务,这是政务微博行政主体所应具备的最基本的伦理观念。

▰▰ 【相关背景材料】

政务微博报告:从发布到问政再到行政的综合价值升级

2019 年 1 月 22 日,由人民日报主办、微博和新浪网承办的 2019 政务 V 影响力峰会在北京举行。会上,人民网舆情数据中心发布了《2018 年度人民日报政务指数·微博影响力报告》(以下简称《报告》)。报告指出,2018 年政务微博的总阅读量超过 3890 亿,在政务公开、政民互动、政务服务、规范运营方面均有明显表现,实现了从发布到问政再到行政的综合价值升级,并继续在政务新媒体矩阵中发挥核心作用。微博还发布了政务微博未来发展计划重点培养一批优质账号,同时宣布每年将投入 10 亿资源,用于提升政务微博的运营效果和影响力。

政务微博组成结构进入优化阶段,行业和地区发展更均衡

《报告》指出,2018 年政务微博在政务公开、政民互动、规范运营方面均有明显提升。政务微博的行业和地区发展也更均衡。行业方面,除了外宣、公安等行业外,文化、气象等行业的运营能力也快速提升。仅文博行业,2018 年国际博物馆日、国家文化和自然遗产日、国家公祭日等主题日期间,各地文博官微联动开展主题策划,推动传统文化在微博上的广泛传播,取得良好效果。地域方面,中西部地区政务微博的运营能力继续稳步提升。在城市政务微博竞争力排行榜上,安徽宿州上升 12 位排名第四,前十名中还有成都、西安、郑州、甘肃陇南四个中西部城市。省份竞争力方面,内蒙古上升 13 位排名第十,湖北、云南、重庆的排名也比 2017 年有所提升。

政务官微角色升级,协同工作机制更立体

打击网络谣言和回应突发事件,是政务微博的两大重要价值。过去一年里,政务微博围绕这两项核心价值的协同机制更加立体化。

一方面,在打击网络谣言的工作中,政务微博从信息提供者升级为平台内容治理的主体,与媒体、专业机构和微博平台的协同能力进一步提升。2018 年微博将媒体辟谣平台升级为媒体政务辟谣共治平台,又有近 3000 个各地政务和媒体微博加入平台。更多身处社会治理一线的政务微博可以直接对不实信息进行标记,极大地提高了打击谣言的效率。另一方面,应对事故灾难等突发事件的过程中,政务微博跨行业、跨地区的协同也逐渐成为常态。随着社会治理重心

的下移,县级官微的重要性进一步提升。陕西米脂、四川荣县、吉林东丰等县级政务微博,在本地发生重大突发事件后,都在第一时间发布权威信息,体现出地方基层政府在新媒体时代政务公开与社会治理能力的提升。《报告》特别指出,随着县级融媒体中心建设的全面推进,县级账号可以借助微博向上与省、市微博互联互通互动,让自己"走出去",向下可以与县、乡、村构建微博矩阵,放大传播效应。

综合服务效能提升,政务微博发展开启新阶段

9 年来,政务微博实现了从发布到问政再到行政的"三级跳"。在继续承担政务信息公开职能的同时,政务微博的问政和行政能力不断提升,形成以@问政银川为代表的问政型矩阵和以@成都服务为代表的服务型矩阵。@湖南公安通过微博联动在 15 个国家救助 38 名中国公民,@成都服务接到市民求助日均超过 1200 人次,成为政务新媒体服务的典范。

2018 年 12 月 27 日发布的《国务院办公厅关于推进政务新媒体健康有序发展的意见》明确提出,到 2022 年,建成以中国政府网政务新媒体为龙头,整体协同、响应迅速的政务新媒体矩阵体系,建设更加权威的信息发布和解读回应平台、更加便捷的政民互动和办事服务平台。以此意见为指导,微博表示将推出一系列计划和举措,将从运营策略、资源、产品等层面,加大对县域基层微博和城市、行业维度的服务矩阵的扶持力度。

(资料来源:新华网 2018 中国政务微博报告和榜单新鲜出炉,http://dy.163.com/v2/article/detail/E650BJU20514Q0KM.html)

二、多重原则并存叠加形成复式结构

建构微博行政伦理准则当然需要遵循一定的基本原则,这些原则是制定

微博行政伦理相关道德规范的核心,也是建立网络行政伦理教育的理论依据和形成微博行政伦理体系及其运行机制的重要环节。国内外学者对这一相关问题论者颇多,大多是网络伦理原则的表述。从国外同行来看,比较有代表性的主要有巴格和斯皮内洛。美国网络伦理研究者巴格提出了建构网络伦理的三条基本原则:首先是一致同意的原则,如诚实公正和真实等。其次是把这些原则运用到对不道德行为的禁止上。最后通过惩罚并且或者通过对遵守规则行为的积极鼓励来加强对不道德行为的禁止①。另一位美国学者斯皮内洛在《信息技术的伦理方面》一书中,依据功利主义的义务论、权利论等基本道德理论,对计算机信息技术伦理问题作了较深入的分析,提出了计算机伦理道德的是非判断应当遵守的三条一般规范性原则,即自主原则、无害原则、知情同意原则。② 到目前为止,国内对网络伦理原则也有了一定的研究,其中比较有代表性的观点有"人人参与原则""自由发展原则""互利互惠原则""效率原则""可持续发展原则""包容原则""全民原则""综合原则""统一原则"等。

本书在分析比较各种网络伦理原则和技术伦理原则的基础上,新提出网络行政伦理原则至少应该具有以下四种原则:

1. 效率效能原则

行政效率是检查和衡量公共组织和公共行政活动的有效性的重要标准,也是检验政务微平台技术系统的重要标准。政务信息化建设的首要目标就在于提高行政效率。政务信息化的逐步推进将为塑造新时代高效、廉洁的政府新形象提供物质设备和技术支持。微博行政伦理的效率效能原则有助于从机制上提高行政效率。在较短时间内通过信息畅通改造政府工作流程、整合政府资源等手段来提高政府生产率,是当前政务新媒体和微博发展建设面临的重大挑战。社会事务的庞杂决定了效率效能原则是当前微博行政主体日益重

---

① 何明升:《网络行为的哲学意义》,《自然辩证法研究》2000 年第 11 期。
② 郑洁、陈纯柱:《网络社会的伦理困境及建构原则》,《社会科学论坛(学术研究卷)》2009 年第 6 期。

视的原则。行政效率一般包括服务效率、服务规模、公众满意度等四个方面，均可通过政务微博的功能技术系统来提升。从政务微博实践来看，基于行政流程改造的政务微博应用对于效率提升的影响最为显著。因实施了网上审批信息主动公开，建筑许可的审批时间减少了一半以上。另外，公众的满意度与政府部门效率存在着密切的联系。对服务规模提升的关注也会对公众满意度产生积极的影响。网上提供的服务越丰富，满意度评分就越高。政府部门应采取成熟的、融合的网络平台，并且在部署产品应用前，改造业务流程以提高效率。一个公开的、标准化的应用系统和政务信息一站式服务平台，可以自动执行各个业务流程和互联网应用，并将它们与其他服务职能集成到一起。将来通过部署正规的衡量系统，以跟踪运作效率。因此微博行政主体毋庸置疑地在行政信息活动中要体现出这一效率原则。广州市政府微博围绕老人、儿童、民营企业、外资企业等不同用户对象，全面梳理行政服务信息资源，建立绿色通道，为特定用户提供方便快捷的信息服务。此外，广州市政府网站整合民生领域公共服务信息资源，设立"百件实事网上办"、常用信息查询等专题，涵盖了医疗卫生、劳动保障等多个民生领域，涉及环保绿化、公用事业等 20 个主题，全面满足用户需求，体现了"便民、利民"的建设理念。

2. 公平正义原则

公平正义是指在网络行政活动中，各方能平等地享有权利和承担责任，不应存在有特殊权利的人或机构。"人们所具有的正义感，是一笔巨大的财富，有助于稳定正义的制度安排"。[①] 人们一般会认为无偏见的公正在虚拟的网络社会更容易实现，但事实是网络行政活动出现了不同的网络主体阶层、"信息垄断"和"数字鸿沟"等新的不平衡问题。

计算机网络的出现改变了现实社会的分层，而出现两大新的阶层，即掌握和控制信息的群体和不占有信息的群体，而网络规范是由网络中的技术掌握

---

① ［美］约翰·罗尔斯：《正义论》，何怀宏译，中国社会科学出版社 1988 年版，第 325 页。

者制定的,他们只是单向度地和具有同样技术水平的网络使用者进行某种约定,并有意无意地导致信息占有者受益而信息贫困者受损。"信息垄断""数字鸿沟"不仅是一种经济行为和现象,而且也是一个涉及社会公正的伦理问题。基于此,一方面,社会有义务为微博主体平等地提供和享受服务提供平台;另一方面,社会需要考虑降低上政务微博的门槛和移动服务等费用,提供各种培训和指导,尽量能使社会上越来越多的人也能享受政务微平台信息服务,并引导他们正确理性地使用微博。另外,还有服务商、网络产品制造商与网络使用者之间的公平。软件制造商、微博服务商开发的程序有可能带有许多安全性问题,这种情况也许是制造商本人无法知晓,但是也存在制造商开发商明知该程序存在隐患,却等向使用者隐瞒的情况。如果如此,则软件供应商或微博的管理者如何对这一问题负责呢?政务微博推进的不均衡特点,使人们必须对推进过程中资源配置和资源使用过程中的公正、平等、义务责任等概念进行反思。在这里,我们准备把罗尔斯的正义理论作为我们思考问题的坐标。从罗尔斯的正义原则第二条可以引申出如下观点:各参与者在最低限度的基础上共同寻求具有最大普遍性的正义原则,依次而选择的原则既是最起码层次上的,又是具有最广泛适用性的。因此,在社会合作系统中,人们所选择的基本正义原则必须确保人的基本平等权利,其次应保证人人机会均等,最后应当适当限制社会实际不平等的差别。这一限制的合理正当性在于,它应以少数处于社会最不利地位的人的利益为基点。在这里,照顾处于社会最不利地位的人的利益成为正义的基本要求之一。对于政务微博技术是否应该成为公民网络权利及利益分配的标准问题,我们的基本态度是建立在罗尔斯的正义理论基础上的,技术上的实现并不代表实际可以轻松实现。

3.社会责任原则

社会责任原则要求政府微博管理制度建立一套完整而有制约机制的微博行政责任体系,使社会公众能够借助政务微博手段有效监督政府的服务水平,真正实行民主行政和责任行政。社会责任原则有两层含义:一是政务微博行为对社会公众负责,滥用微博技术的政府注定会给社会带来负面效果。二是政务微博信息发布要对自己的行为负责,对自身的失职、失误承担相应的责任。微博信息服务的行政责任体系应当由经济、政治、法律、道德组织等多方制定的责任制度构成。适用于微博空间的社会责任是指行政主体能够自觉地养成责任感,履行职责,为了公共性目的约束私人行为目的。微博行政伦理在某种意义上说是责任伦理,它要求公众也要树立社会责任意识,以微博伦理规约约束网络空间的行为。公众的社会责任意识有助于约束自己行为,拒绝不利于公共网络发展的行为。道德义务是社会责任理论的基石,假设人在网络空间中的行为尚未有明确规则调控的情况下,网络行为主要受制于自己的良知,这也是一切道德义务的发端。对于政务微博,社会责任理论所表达的基本精神是,只有人自身负起道德义务时才有道德权利和言论自由。也有学者认为,在当代中国公共行政的现实中,政府及其官员"拒绝权利"有合理性,并且,拒绝权利的途径只有用责任取代权利①。某市政府办公厅作为网站主管部门,将自身定位从微博建设的直接参与者转变为规划者、指导者、协调者和监督者,规定并落实了全市所有区县、部门、公共企事业单位的保障责任。市政府办公厅联合监察局将信息公开、网上审批服务、政民互动处理等多项指标纳入电子监察系统,定期通报监察结果,提高了各部门对保证工作的重视程度和责任意识。

4. 人性关怀原则

真正的符合人本性的人应该是智力和体力得到自由全面发展且体现出人性的人。政务微博的服务功能应该体现人性化,把为公众提供便捷服务的道德意识内化到政务微博网络技术规划和发展的全过程,使网络技术与服务功能协调统一。政务微博的服务性和公共性目标,决定了它所提供的空间是一个面向公众的开放空间。政务微博系统在设计过程中,必须考虑根据人的行

---

① 刘祖云:《用责任取代权利——公共行政的逻辑》,《南京农业大学学报》2003 年第 1 期。

为习惯、生理结构、思维方式等，在原有设计基本功能和性能的基础上，对产品界面或功能优化。这是技术设计中对人性的尊重。

微博行政伦理要体现人性化管理，即在行政过程中充分注意人性要素行政过程。如果说政务微平台在某种程度上用技术替代了人工，使技术和先进工具对人力扩大和延伸。但是现实技术越发展，人的依赖性越多，而失去了技术工具则后果严重。人性关怀原则是以人性为中心，将政务微博功能按照正常的人性需求加以改变，使技术真正为人服务，从而实现人真正意义上的自由解放。对于技术人性化，学界存在不同的看法。有学者认为技术人性化旨在坚持以人为本、关注人本身的立场上。强调对技术研究和应用进行人性化治理，体现着人文的终极关怀意义；而有的学者认为技术人性化当前最常见的表现形式是"公众需求、技术进步和利益三方博弈的结果"，三方中占优势者，便会在技术研究、应用等诸多领域占据主导地位；同时，另外二者会对其发挥一定的制约作用。结合中国社会发展的现实而言，如何体现网络行政的人性关怀原则，牵涉引导公众需求、技术进步和利益博弈等重要议题。科技是人类本质力量的展示，科学的最高价值就在于为人类全面发展创造和提供物质的和精神的条件。近年来政务微博的"僵硬无活力"问题的提及表明，对政府中负责公共事务信息管理的公务员，如何控制他们的自由裁量权是西方学者研究"系统官僚"与政务微博建设之间的关系的一种新微观公共管理理论。人对政务微博微信等新媒体的过多依赖只会造成更多的伦理困境不断解构传统伦理体系，而微博行政过程的人性关怀原则会改变人们的传统道德观念和生产习惯，带来思想上的解放，促生新的道德规范。"深圳政府微博"是最早全面整合部门场景式服务的政府微博。深圳市向市属各部门推广普及微博人性化服务理念，先后组织 28 个部门，围绕业务职能，利用统一平台开发实现了养老保险、医疗保险、出入境、住房、婚姻、供水等 40 多个场景式服务，并在微博统一展现。深圳市在场景式服务统筹规划建设方面的探索和实践，为推动我国政府微博人性化发展积累了宝贵的经验。

微博行政伦理原则为网络行政伦理设定了基本的框架,这些原则的意义需要具体行政道德规范和机制措施来保障其实现。要实现网络行政伦理的这些原则,第一要针对网络行政共同体的具体行为,提出一些具体的、可操作性强的道德规范设计,以用来约束网络主体的行动;第二要通过强化微博行政伦理的制度安排,由他律而达到自律;第三要依托政务微博技术制高点,强化监督控制;第四要强化与政务微博共同成长的新一代管理者的网络行政道德教育。微博行政伦理的建设是系统工程,其原则及规范的确立,行政伦理的实施,需要所有的政务微博使用者的共同参与。

第二节　微博行政伦理规约多重原则的
确立和归依

以上列举了效率效能原则、公平正义原则、社会责任原则、人文关怀原则四项网络行政伦理原则,体现了行政过程中多元化的价值原则和取向。由于这些道德原则和价值理念实质上是分别建立在不同的哲学立场之上,所以,它们之间并没有一种逻辑上的推演关系。这就使微博行政伦理原则不可避免地带有了多向度性的特征。它们作用于网络行政活动中,碰撞和冲突是时有发生的,因此有必要协调和整合。

后工业社会变迁、政务微博的持续推进、利益群体价值多元化等因素,使行政主体面临的伦理困境和伦理冲突日多。本书所指的行政伦理困境和伦理冲突是指行政主体面对同一种情况,意识到不同伦理准则意味着两个以上的不同诉求。行政过程不能同时遵守这些要求,必须在伦理冲突中作出某种选择,而此类选择并非易事,常常是遵守其中一种诉求则意味着舍弃甚至背离了其他的诉求。无论何种选择,都有部分群体利益受损,导致行政主体处于伦理困境中。

一、微博行政伦理多重原则间的冲突

微博行政伦理原则之间的冲突,即微博行政活动过程中,由于对某项原则的偏重而减少了依据其他伦理原则行动的可能性。例如如果偏重效率效能原则,则常常会弱化了公平正义原则。如果强调了公平正义原则,则有可能弱化了效率效能原则。经济学中效率与公平是一个矛盾的统一体,其矛盾表现在追求效率的同时常会在一定程度上影响公平实现;追求公平又常会在一定程度上妨碍效率提高。其统一性的表现,一般在于效率实现事实上的公平手段,而公平是效率的保证。

政务微博系统的建立目标是由一系列的价值判断构成的,评价该技术系统主要有两方面的价值评估点,即技术系统的有效性和效益,效益包括经济效益和社会效益。

如果用 $f(aX1, bX2, cX3, dX4)$ 表现政务微博系统的效益综合;那么 $a+b+c+d=1$,其中 $X1, X2, X3, X4$ 分别代表效率效能原则、公平正义原则、社会责任原则、人文关怀原则,而技术系统的效益是微博行政伦理原则选择的函数。当

$a=1, b=c=d=0$ 时,$F=X1$ 政务微博技术系统平台的效益表现为单一的效率效能效益

$b=1, a=c=d=0$ 时,$F=X2$ 政务微博技术系统平台的效益表现为单一的公平正义效益

$c=1, a=b=d=0$ 时,$F=X3$ 政务微博技术系统平台的效益表现为单一的社会责任效益

$d=1, a=b=c=0$ 时,$F=X4$ 政务微博技术系统平台的效益表现为单一的人文关怀效益

在网络行政过程中,伦理原则冲突的重要表现是对效率效能原则的过分偏好(当 $a=1, b=c=d=0$ 时,$F=X1$),结果是在强调行政主体目标的同时,忽

视了其他原则,主要表现在如下几个方面。

首先是对网络行政活动中效能价值的片面追求。政务微博系统的价值是多元的,在微博问政过程中,官本位等思维的存在往往导致微博问政成为狭隘的效率效能原则追求。如某市某镇政府要求员工将户外工作实时拍照发到微博上,目的主要是便于管理,提高工作效率。比如在会议室开会,如果有人提前溜走,领导通过命令员工户外拍照后就能在第一时间判断此人是否在工作现场。但这种监视的结果引起了职员的反感和抗拒,并影响了工作态度。实质则是只顾效率效能,而忽视了人文关怀。马克思对自然、人和社会密切相关的技术问题进行深刻的哲学探讨的同时,对技术异化现象及其如何克服做出了极富创见性揭示,"在我们这个时代,每一种事物好像都包含有自己的反面。……技术的胜利似乎是以道德败坏为代价换来的。随着人类愈益控制自然,个人却似乎愈益成为别人的奴隶或自身卑劣行为的奴隶,甚至科学的纯洁的光辉仿佛也只能在愚昧无知的黑暗背景上闪耀。我们的一切发现和进步,似乎结果是物质具有理智生命,而人的生命则化为愚钝的物质力量。"马尔库塞在《单向度的人》中强调,科学技术和生产力的发展,使西方社会变成了"富裕社会",但是同时也变成了"病态社会",在这个病态的、单向度的社会中,人也是单向度的,病态的。哈贝马斯则认为居于支配地位的技术所有者使人类失去了人性,反受技术的控制与支配。伯格曼认为技术的广泛使用,作为装置范式在消解人类生活中的一切聚焦物和聚焦活动,使人类离幸福的生活越来越远。海德格尔在《技术的追问》中指出:"现代技术不仅不是人们可以控制的力量,恰恰相反,人无处不受现代技术的统治,……现代技术已经不是中性的东西,它作为'坐架'控制和支配了现代人的全部生活,技术和财富使人成为它们的奴隶,使人成为了附属品。"①

而在马克思的著作中蕴含丰富的技术异化思想,他不仅揭示了技术对人

① 娄成武、宝胜:《论海德格尔的技术批判思想及特点》,《沈阳农业大学学报(社会科学版)》2002年第6期。

的奴役和人的主体沦丧的表现,而且深入剖析了技术异化发生的原因,那就是资本主义方式的规模化应用。马克思指出了扬弃技术异化和促进人全面发展的路径。如果我们以马克思技术异化理论为基础,去认识微博开发时的智能算法推送技术掌控的根源和本质,就能探寻到微博技术发展的价值旨归,对超越当前微博技术负面效应必将具有深刻的启示。因此,在马克思主义者看来,正视微博类技术异化是前提,扬弃资本逻辑是抓手,实现政务微博健康发展出发点和归宿。

在政务微博活动的伦理原则冲突中对效率效能原则的过分偏好,还体现在网络行政资源配置过程中重效率轻公平。由于数字鸿沟和彼得效应导致那些最需要获得某类公共服务的部门或群体却恰好成为最无法得到这种服务的人群。资源配置过程中的效率牵涉发展速度也牵涉社会发展方式,而资源配置的公平是一种价值分配和社会心理状态,牵涉社会稳定。政务微博的价值之一是通过信息对称提升行政效率,公共行政的价值之一是凸显公平。微博行政资源配置过程中的效率与公平问题只能通过各方通过行政行为、行政程序和行政制度的博弈与协商来解决。

正确处理微博行政伦理规约过程中的效率效能原则与公平正义原则之间的关系,必须注重效率优先兼顾公平和资源分配机会是否平等等问题。某地2009年受理部门投诉的网络办公室试运行,公众可以足不出户按规定程序点击鼠标输入内容即可完成微博投诉事项。投诉机构通过政务微博系统网上办理投诉,15天内就会给投诉人回复。投诉人还可通过政务微博系统可以跟踪投诉事项的处理过程和查看投诉处理结果。政务微博从技术上确实可以保证高效的投诉服务,确保民情、民意、民智顺畅上达,确保公民诉求得到及时反映和有效处理。但为了避免投诉系统受到诽谤诬告信息的干扰,同时为了确保举报的严肃性,该系统还有实名制要求。事实上即使是匿名,也可通过IP地址查到举报人信息。因此掌握重要信息的举报人则最有顾虑,而虚假举报信息耗费行政资源巨大却无果而终,从而效果上失去了公平正义。因此通过政务微博的网络举报机制建立过程中,只靠技术系统的效率优势并不能解决所有问题。

微博行政伦理规约的效率效能原则偏好能引发一系列的不公平问题,雅斯贝尔斯曾经将现代技术引发的问题归结为人与自然的梳理、劳动异化、人性危机、生活秩序的群众化、技术内在价值的无限扩张。为了解决或者弱化这些问题,必须实现微博行政伦理原则的过程整合。

二、微博行政伦理多重原则的过程整合

微博技术是具有代表性的现代网络技术之一,在信息网络的数据世界里,普通人变得渺小,为道德相对主义流行提供了滋生的土壤和借口。一些网民在虚拟空间使用博客头像、昵称等代替真实身份,可以不再顾及熟人社会的舆论、习俗等约束,道德感与自制力降低,极端自由主义随之滋生蔓延。伴随着互联网络技术而迅速膨胀的道德相对主义思想,不仅注重个人的思想和感受还常常拒绝来自他人或团体的任何道德评判,并质疑共享伦理价值标准存在的意义。因此,很多时候人们会认为道德是一种纯粹个人化的主观问题。在道德相对主义者看来,在道德这个领域内根本不存在像自然科学技术通过开发设计便可以发现的科学真理那样的客观道德真理或者准则。

微博行政行为中的效率效能原则、公平正义原则、社会责任原则、人文关怀原则,常常并存于行政过程中,它们之间不是推理和替代的逻辑关系,但是却有着某种交叉关系。例如公平原则包含了社会责任原则的内容。但是社会责任的充分履行并不意味着公平正义得到了伸张。如果这四项原则离开其他三项的存在而推向极致,则必然会出现谬误。与政务微博系统的技术特质相比,这里的伦理道德缺少一种客观统一的特质。事实上,关于伦理道德原则的是非对错问题,不仅难以达到一致的意见,人们有时甚至会觉得根本就不可能达成一致的意见。

笔者则认为,这种具有多向度结构的伦理原则,在一定的条件下,应该允

许通过一种外在的手段使之得到某种程度的调和,以使这些不同的道德原则和价值理念得以同时并存发挥作用。假如不对多种向度结构的伦理原则调和,就会因它的多向度性而割裂。例如奉行效率效能原则至上,则会导致公平正义失去伦理理论所必要的普遍性素质和特征,沦为抽象虚无的公平正义,最终使微博行政伦理规约的设计因失去实际操作性而取消。微博行政伦理规约应当把伦理价值判断与判断之后的行为的具体区分开来,既肯定行政活动的一般性要求,又肯定网络环境下行政行为的特殊性,从而使微博行政伦理具有伦理理论所应有的普遍性价值,也保证了它在实践上的一定的可行性。事实上,在不同的伦理原则和价值理念之间相冲突的时候,微博行政伦理原则之间的调和方式,只能根据具体行政过程做出,这是行政伦理困境的诉求所决定的,从总体上看可以说它是合乎现实或实践的逻辑的。

既然微博行政伦理规约是一种针对互动过程的规约,那么整合也是在互动过程中进行的。微博行政伦理原则的整合是过程整合,脱离微博行政过程探讨微博行政伦理原则的整合只能是舍本逐末。

首先,微博行政行为的过程决定了行政伦理原则整合的结构。原则间的整合并非单纯的平均调和,而是针对不同的微博行政行为进行类似于加权平均的调和。因为在不同的微博行政活动中,对行政伦理原则的诉求权重是有差异的。有学者将行政伦理关系划分为三个方面:宏观方面,即政府与自然、政府与社会、政府与市场的伦理关系;中观方面,即政府与企业、政府与非政府组织、政府与公民个人、政府与学府的伦理关系;微观方面,即政府间、政府成员上下级间、政府与其成员间的伦理关系①。假设在政府对企业(即 G2B)的政务微博活动模式下,目前主要运用于电子采购与招标信息、电子化报税信息、电子证照办理与审批信息、相关政策信息发布、提供咨询服务信息等目标。那么效率效能原则、社会责任原则、公平正义原则、人文关怀原则中效率效能

---

① 刘祖云:《行政伦理关系研究》,人民出版社 2007 年版,第 12—33 页。

原则、社会责任原则可以作为目的性原则,而公平正义原则、人文关怀原则可以作为手段性原则。但在政府对公民(即 G2C)的政务微博活动模式下,目前主要运用于电子公众信息服务、电子社会保障信息、电子医疗服务信息、电子就业服务信息等目标。那么公平正义原则、人文关怀原则又具有首要地位,当然为了使这一服务目标实现,也必须根据实际需要兼顾效率效能原则和社会责任原则。

其次,微博行政行为的过程决定了整合的特点。微博行政活动是一个动态的过程,科层制的分工合作决定了行政行为的不同环节所遵循的目标有所差异,相应地决定了行政伦理原则整合有动态性特点。围绕政务微博的全部活动过程中离不开互动、调整和协调行为。在政务微博系统开发设计阶段,秉持人文关怀原则开发出功能方便实用的产品,应该是微博网络系统设计者选择的共同趋向。这一原则前提下通过微博技术来实现最简捷又最完备的人性化功能。

显然,微博行政伦理原则的整合不是静态的,如果从割裂技术产品从开发到使用的整个过程来讨论微博行政伦理原则的整合,是难以实现的。因为政务微博网络产品开发到试点推广使用,各个阶段依据不同的伦理原则。只有把政务微博技术系统做动态的思考,从过程的观点来分析,就会发现只有在动态转化和调整过程中,各个伦理原则才能得到整合。

最后,微博行政行为的过程决定了整合的机制。前述已经说明基于微博技术的行政行为的过程具有阶段性,不同阶段的微博行政行为所遵循的伦理原则以及各个原则之间的整合机制也相异。例如在政务微博技术功能的研发阶段,伦理原则之间的冲突、整合主要发生在技术研发共同体内部。不同开发语言、开发背景的技术人员通过博弈和协商来达成共识以共同完成开发任务。而在微博功能试点应用阶段的技术产品,伦理原则之间的冲突已经扩展到不同群体主体之间,包括应用技术产品的行政共同体与企业(G2B)、个人(G2C)、政府(G2G)之间。他们之间的异质性差距决定了沟通和协商难度的差距,必须借助于更加完备的手段和制度化机制,例如协商、博弈、调查、听证等机制。而对于已经被大范围推向市场的政务微博系统功能产品,各个伦理原则的权重已经形成了相对稳固的状态,为了使这种市场认可度较高的政务微博功能产品更好地发挥效益,则需要按照凸显公平正义原则的制度安排予以推广以便发挥更多社会效益。

//【相关背景材料】

政务大 v"段子手"式普法,探索政务新媒体运营新模式

"看了#啥是佩奇#,职业病犯了……我是不是病得很重""'玫瑰金手镯'不可以盘,转发更不会送,谢谢"……随着一条条政务微博官宣的走红,公众发现@平安北京、@中国消防等政务大 V 已经在"讲段子"的路上越走越远,同时他们并不排斥这种花样普法方式,反而会欣欣然地接受。

@中国消防发布"吃鸡"短视频科普防火

2018年11月13日,时值中国消防宣传月,中国消协官方微博@中国消防发布了一条利用当前热门游戏《绝地求生》的内容所剪辑的消防知识科普短视频。视频包含了火场逃生、违禁物品清单在内的许多防火、救火小知识,短视频通过结合吃鸡游戏的人物动画、模拟的火灾现场以及作为相关违禁的道具等,搭配官方的消防专题科普配音,生动形象地为我们讲解了如何预防火灾险情,怎样安全逃脱火灾现场等重要知识。

据新浪舆情通统计,该条微博在发布11月13日8:35发布后,于14日凌晨达到转发、评论高峰,覆盖人次达12912415人。@广东消防、广州消防、@走进中国消防纷纷联动宣传,转发微博并成为关键传播用户。

引爆点

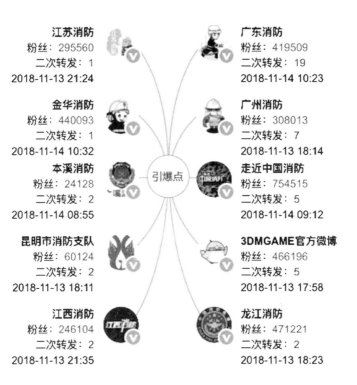

江苏消防
粉丝:295560
二次转发:1
2018-11-13 21:24

广东消防
粉丝:419509
二次转发:19
2018-11-14 10:23

金华消防
粉丝:440093
二次转发:1
2018-11-14 10:32

广州消防
粉丝:308013
二次转发:7
2018-11-13 18:14

本溪消防
粉丝:24128
二次转发:2
2018-11-14 08:55

走近中国消防
粉丝:754515
二次转发:5
2018-11-14 09:12

昆明市消防支队
粉丝:60124
二次转发:2
2018-11-13 18:11

3DMGAME官方微博
粉丝:466196
二次转发:5
2018-11-13 17:58

江西消防
粉丝:246104
二次转发:2
2018-11-13 21:35

龙江消防
粉丝:471221
二次转发:2
2018-11-13 18:23

据新浪舆情通对网友与转发相关政务微博的情绪分析可知，"话筒""心""赞"等表情使用较多，说明政务微博站在群众的角度为人民发声，收获了公众的爱心与好评，政务部门也在通过官方微博与网民进行良性互动，从而达到传播力和公信力双提升的效果。

（资料来源：数英网，https：//www.digitaling.com/articles/111474. html？plat＝ios）

第六章　微博行政伦理规约的
制度安排

伦理制度化已经成为道德建设具有当代特征的对策性措施和有效途径，许多国家伦理研究都有伦理制度化和制度伦理化并行研究的趋势。对处于百年未有之大变局时期的当代中国而言，更有着中国特色社会主义进入新时代后的紧迫现实要求。当然过于强调依赖伦理制度化建设，会在一定程度上弱化道德的固有功能。本章在前述内容基础上，从微博行政伦理规约的制度安排视角，提出对我国出台《政务微博行政伦理规约准则》的内容建议。

第一节　微博行政伦理规约制度
安排的意义

关于政务微博的功能开发技术、网络行政、信息服务等活动离不开社会因素，而这些活动中尤其是网络化行政过程中所形成的各种行政关系是复杂和多层次的。笔者所研究的微博行政伦理规约过程也是复杂和多层次的，既有信念伦理层面也有责任伦理层面，还有制度伦理层面。从信念伦理层面而言，微博行政伦理规约主要表现为对基本伦理理念的遵守，而遵守的标志是在微博行政活动中对相关责任的履行。但我国的转型期社会具有诸多阶段性特征,在完善中国特色社会主义制度的进程中,一些领域行政责任主体的多元存在和行政主体的内涵,目前尚存在的模糊性,使对网络行政责任更多时候应该由作为行政共同体的集体来承担,而不是由个体来独自承担。这种责任的承担和传统的个体责任的区别在于,传统的个体责任的承担和履行依赖于个体行政良心和职业信仰,道德的约束力量主要源自主体内部。而对于集体责任的承担和履行,则因为不同主体之间存在不同的价值取向和利益追求所形成的冲突,仅仅依靠个体的内在道德力量是不够的。如果调整彼此之间冲突的制度安排缺位,则网络微博行政过程中的集体责任很难得到承担和履行。因此,伦理规约的制度化层面探讨微博行政伦理规约是必要的。

对行政伦理失范的规约历来有内部控制和外部控制。内部控制主要表现为行政伦理建设,它试图通过职业的社会化过程来培养、强化公务员等行政人员的职业价值观和职业水平;外部控制主要表现为行政制度建设,它着眼于组织结构的合理安排或者立法、制定组织规则、设立严格的监督机构等。有的内部控制论者反对伦理立法是认为伦理立法缺乏人性化,会使行政人员失去道德自律而成为法律制度的奴隶;外部控制论者认为行政人员的服从是职业本分,人性是不可靠的,必须通过伦理立法建立硬性约束机制防范行政伦理失范行为。考察政务微博功能的技术开发过程,如果缺乏违背技术伦理规范的惩戒机制,在社会心理上就会暗示不守技术伦理规范是允许的。必须在法律上坚决禁止和惩治不道德行为,才能保证技术向善的方向发展。还有学者认为,约束科技工作者科技行为的具体原则如何成为价值方针,是值得研究的。推动人们的道德实践仅靠内部自觉的力量是不够的,必须依托外部制裁尤其是法律的制裁,并将两者力量结合起来。笔者认为,行政伦理作为规范行政人员行为的价值标准,不会自发转化为行政人员的内在道德实践。行政伦理的制度化能有效克服行政管理中的伦理失范现象,相应的制度建设是对行政伦理重构的有效途径。应通过伦理制度化建立约束行政行为的外在机制,将微博行政伦理规约和道德意识内化为自律行为,从而达到行政伦理规约的目的。

　　人民网舆情监测室"地方应对网络舆情能力排行榜"的历年监测数据显示,随着政府信息化建设政府信息公开工作的推进,政府信息透明度、政府公信力等各项指标综合得分与以往明显增长。人民网舆情监测室分析指出,留言、跟帖和评论成为 Web2.0 时代的主要特色之一。网络留言和评论也成为党政机关了解民情、听取民意、集中民智的新形式。多年来,地方党政机关应对网络舆情的能力稳步提高。有的省委办公厅还下发《人民网网友给省委书记留言办理工作暂行规定》,对网民留言的办理主体、办理时限均做出明确限定;对网民反映的问题不及时认真解决,造成严重后果的,严肃追究有关领导和工作人员的责任。在一些省市,"微博行政"也已经具备某种制度意义上的架构。

　　制度化无疑是让微博行政和微博问政走得更远的最好出路。在微博问政中,政府无疑是主导,而政府最应该做的,就是让微博问政制度化,促其走上常态化,应该将微博问政机制纳入政府工作条例,真正用成文的规章制度来保证网络问政的健康运行。截至目前,全国已有多个省市下发文件,明确要求各级党委、政府认真解决网友问题,并结合当地实际情况建立回复办理网络微博留言的固定工作机制。

　　伦理的制度化和制度的伦理化是不同的,伦理的制度化一方面是指体现在制度中的道德精神理念,另一方面是指制度化、法律化的道德规范,强调的是依靠制度的力量来规范人的道德行为。笔者是在道德的制度化层面上来讨论微博行政伦理规约的制度化。微博行政伦理规约的制度安排是指通过制度伦理或者称为制度化伦理对网络行政行为进行规约。在传统行政环境下,伦理对行政活动的约束主要依赖于个体职业伦理规范和党纪等,微博行政过程是与微博环境下高度分工与密切合作相结合的。如前所述,个人对政务微博技术的发展和微博行政活动的作用是有限的,在科层制层级中,政务微博对科层制的冲击并不等于可以使上下级关系变化,个体仍然各司其职地承担本位工作。微博行政过程中的责任更多地表现为行政共同体的集体协同责任、个人责任与集体责任、个人权利与集体义务往往处于冲突状态中,仅从个人自律已经不能对政务微博技术和微博行政过程进行有效的规约,而必须借助于相对刚性的制度手段来实现。

一、微博行政伦理规约中的"应然"与"实然"之辩

微博行政伦理规约是指在基于政务微博的网络行政活动中,各相关行政主体通过相互协商达成"道德共识",并形成一系列道德原则与道德规范,对微博行政过程进行引导和约束的过程。这是从对行政行为的"应当"即善的行政行为确认,到行政行为的"实在"即善的行政行为选择与践行,从知善到行善,从"应然"到"实然"的过程。微博行政伦理规约中的"微博行政应然"与"微博行政实然"问题,是从政务微博条件下行政伦理困境的社会现实,论证行政伦理存在的现代性价值,探讨在当前的时代背景和政务微博条件下,如何促进行政伦理的应然性趋向朝实然性实践转变,体现传统行政伦理规范在后工业社会的重构。

在伦理学中,尤其是在效用主义中,最具有争议性的题目,即"实然"与"应然"问题。"应然"即"应该"或者"应当",是伦理学的重要概念。它源于人们的社会实践,是对社会经济关系的反映,但它并非对社会经济关系、现实社会生活直接的、机械的反映,而是对社会经济关系、现实社会生活的价值认识与道德把握,既具有现实性和客观性,又具有对世俗生活的超越性和理想性。它既包括实际生活所蕴涵的道德价值,又包括道德标准、道德规范、道德评价。微博行政伦理规约中的"微博行政应然"是对政务微博技术的价值认识和道德把握,常常以微博伦理规范的形式表现出来。例如,政务微博的行政伦理意味着政务微博建设的主体在进行政务微博活动过程中所持有的价值理念。它应该包括以公众利益理念为前提、以政府创新理念为基础、以服务大众理念为核心、以效率理念为重点、以责任理念为保障等一系列的价值理念。因此,微博行政伦理规约所要体现的是微博行政主体在

"应然"领域内的要求,它不仅仅囿于某种认识的形式,关键是具有强烈的实践指向。

"实然"指实际发生的行为,具体表现为一定社会物质生活条件下,由人们需要所驱动的实际的群体或个人行为。这种行为,其中必定具有道德的性质,但从理论抽象的角度看,它并非一定都是道德行为本身,而是人们在客观社会历史条件下所进行的社会历史活动。在微博行政伦理规约过程中,"网络行政实然"是指由人的需要所驱动的微博行政行为事实。一般而言,在政务微博环境条件下的行政活动中,行政主体是具有理性的,其行为是以公共性价值利益至上为导向的。但实然层面上的行政行为事实并不一定都是体现了公共利益至上理念。在事实可能以"经济人"的方式生活,但在价值层面上必须坚持以"公共人"为导向。和传统行政活动相似,在网络行政过程中存在着假公济私行为。网络虚拟环境是复杂的,在政务微博的协同政务形式中,人们面临的是虚拟的行政环境,网络粉丝关系和层次越多,微博安全风险的不确定性就越大。人的理性只是有限理性,无法对所有风险都能预测控制。无论是违规登录还是滥用政务微博系统功能以图权力寻租,微博行政活动中的道德失范现象和伦理困境日渐增多。

在微博行政实践中,"微博行政应然"与"微博行政实然"存在着复杂的互动关系。首先,二者具有关联性,没有不反映"微博行政实然"的"微博行政应然",也不存在不蕴含"微博行政应然"的"微博行政实然"。实然和应然是两种不同的状态,两者是有距离的,应然高于实然。从价值判断上说应然的存在就是为实然,就是为指导实然,应然与实然必然有关联性。"微博行政实然"是由微博行政主体为了满足行政行为相对人利益需要的行政行为事实,而人的需要必须要在具体的社会历史条件下的特定社会关系体系中才能得以实现,因而行政相对人利益需要的满足过程,乃是一个处理或者建立重构人与人之间行政关系的过程。在这一过程中,人们达成了某种价值共识,确立了某种价值标准,建立了某种道德规范,以使各方利益分配获得权威性分配。所有这些都属于"微博行政应然"的范畴。如此看来,"微博行政应然"与"微博行政实然"存在着必然的联系,二者在某种程度上是统一的。正是因为这种统一关系,道德认识在确认什么是"应该"的微博行政行为的同时,也要求将这种"应该"的微博行政行为转化为实际行动。例如,当我们把"公平正义"原则作为微博行政伦理的原则时,就意味着任何不公平正义的行政活动是不允许的。从这一角度说,"微博行政应然"内含着"微博行政实然"意向。其次,二者的联系不是直接的,从"微博行政应然"到"微博行政实然"需要一系列的转化。尽管在"应当做什么"中已经蕴含着"如何做",但应当之事依然是希望或要求实现但未实现之事。因此,知道应该做什么,并不等于知道如何做。如何做牵涉到许多方式、程序上的问题。

以国务院新闻办、工业和信息化部、公安部、文化部、工商行政管理总局、广播电影电视总局、新闻出版总署等部门组织开展整治网络低俗之风专项行动为例,由于"低俗"这个词并非是法律概念,它会因语境不同和个人欣赏角度不同等原因,出现不同的理解,对其本身的认定首先存在歧义,所以整治低俗尽管是好事,但实际操作时低俗的划分标准是否合法合理就很存在争议,反"低俗"的过程很难体现科学性和标准性,导致某些网络低俗现象屡禁不止。因此要净化网络文化环境,清理整治网络低俗内容主要包括哪些内容,首先必须给出准确的规定。有些省市出台了13项"低俗内容"技术标准,如包括"表现或隐晦表现性行为、令人产生性联想、具有挑逗性或者侮辱性的内容","对人体性部位的直接暴露和描写","以挑逗性标题吸引点击的"等,事先设定了一系列关键词,再根据关键词用网络过滤技术对手机短信进行先期技术性屏蔽过滤。打击重点则指向牟利性群发,这样在打击牟利性群发问题信息行为的同时,并不干涉熟人之间发送的个别信息。网络屏蔽过滤技术系统对信息进行过滤时发现有问题,将对该公众号进行暂停信息发布功能的处理,如果用户有异议,可去公安部门对信息内容作鉴定。

再举例,微博发布后如果被删除。从别人转发后的效果来看,还能看到原发布者的情况,但如一些微博开发方通过算法修改,现在只告知你原来的信息源微博内容已经被删除了。之所以这样改就是为了防止对被删微博兴趣的人溯源去看原作者,反而通过网络技术算法特点,使微博内容的原发布者名声大噪,帮了造谣者的忙。

从上面两个例子可见,如果有了类似的低俗"标准"或"限度","微博行政应然"层面的伦理原则转化到"微博行政实然"层面的技术行为就具备了一种可实现的途径,但要真正达到舆情引导的目标,则仍然要通过微博技术算法设计。

二、制度安排是连接"应然"与"实然"的必由之路

从前述例子可以看出,基于政务微博的网络行政活动中"应然"层面的微博行政伦理准则与道德规范不会自动地、直接地转化为"实然"层面的行政行为,二者之间存在着复杂的转化关系。"微博行政应然"到"微博行政实然"的转换瓶颈是微博行政伦理规约容易沦为空谈的根本原因。正如政务微博开发专家所经常指出的那样,善治理念对政务微博技术开发寄予的各种设想是向善和美好的,但这种向善的"应然"理想到"实然"的转换过程总是困难重重。从"知善"到"行善"是一个从实然之知到应然之行、从一般规范到特定行为的转化过程,且在这个转化过程中总是渗透了行为主体的道德自觉作用。当然,道德践履的前提必须要有正确的道德认知。仅仅有先进的政务微博技术支持,并不意味着一定可以达致向善,因为政务微博技术功能应用方面很小的无知或无意往往会导致技术负面效应带来事实上很大的恶果。因此,从"知善"到"行善"的过程中,既要洞悉伦理关系、道德原则与规范,也要把握相应的社会条件、行为背景、行为方式和行为环节。

如何使微博行政伦理规约的向善理念真正转化为一种"善治"理念的践履力量,使政务微博真正成为增进公共治理效果的良性工具,如何真正实现"微博行政应然"到"微博行政实然"的转换,这个问题从罗尔斯的思想可以获

得启示："社会正义原则的主要问题是社会的基本结构,是一种合作体系中的主要的社会制度安排。"①笔者这里认为:制度安排是连接"微博行政应然"与"微博行政实然"的中介。

第一,制度安排为从一般的行为"应该怎么做"到特殊的行为"实际怎么做"提供具体的可操作性途径。"应然"作为行政伦理的价值规定,是一种侧重于一般性、普遍性的价值把握,往往游离了其行政行为的具体条件和实际环境。但是,不同时空条件下的"微博行政实然"是有区别的,这就要求"微博行政应然"在发挥其作用的时候必须适合于"微博行政实然"的具体时空条件,诸如地域传统、利益关系、阶层差别、经济条件以及其他各种复杂因素,并给出从一般的"微博行政应然"到特殊的"微博行政实然"的具体路径和方法。正如马克思在《1844年经济学哲学手稿》中指出:"动物只是按照它所属的那个种的尺度和需要来建造,而人却懂得按照任何一个种的尺度来进行生产,并且懂得怎样处处都把内在的尺度运用到对象上去"②。运用微博行政伦理规约的"内在尺度"于对象的过程,是一个依据微博行政伦理规约的"价值""应当"来确定微博行政活动方向的过程,是一个使"实然"听命于"应然"导引的过程。制度安排就是要探讨微博行政伦理规约(应然)与微博行政实践(实然)沟通的规律,探讨政务微博条件下的微博行政伦理原则和规范发生作用的制约因素、运行模式、应用范围、操作原则、操作方法、评价标准、矫正机制等等。

例如,在公益微博信息和微博信息预警机制出现以前,微博群发技术基本用于商业广告甚至为违法信息充当传播媒介。当我们将作为应然层面的公益性微博信息发放伦理准则转化为实然层面的行政行为时,就必须将"社会责任"这一伦理原则放到具体的行政实践情境中加以分析。政务微博等新媒体的作用到底有多大,关键要看它对良性社会构建的贡献值究竟有多高。政府

---

① [美]约翰·罗尔斯:《正义论》,中国社会科学出版社1988年版,第54页。
② 《马克思恩格斯全集》第42卷,人民出版社1979年版,第97页。

部门利用微博这一群发功能传播和发布公益信息和灾害预警预报,不仅直接拓宽了微博的应用范围,更将对微博媒体化进程产生长远的推动作用。民政部等部门已经肯定了目前我国已经在一些地区尝试通过微博做灾害预警,并在全国推广和健全微博信息预警预报机制。例如2009年兰州石化爆炸事故,政府微博发信息告知市民实情引导舆论;上海地铁1号线"12·22"事故时政府微博用信息等方式播报营运信息;北京市交通管理部门发送微博实时告知市民由于大雪部分路段实行交通管制提醒车辆注意绕行等行为,均获得良好效果。在某市政务微博上,微博问政平台平均每天接纳20多条问题留言,每个问题的回复状态和回复留言均会在平台上得以清晰地反映。在安徽宿州,"网络发言人"制度要求政府各职能部门对市民的建议和要求在3个小时内进行回应,3个工作日之内必须作出答复。

第二,制度安排通过一系列的制度规范将行政伦理的原则变成可以操作的、能够依据其行动的规定。它既使"微博行政实然"去适应"微博行政应然"的"向善"理念;又使"微博行政应然"适合"微博行政实然"的客观规律,并将二者有机地结合起来。"应然"作为对客观现实的价值性把握,具有超越性、理想性。如果离开了"实然"这个参照系,过分地强调"应然"的超越性、理想性,就会脱离实际导致空洞的口号。因此必须把"应然"与"实然"结合起来,力图使"应然"确实能变成"实然",适合于具体微博行政关系中人的需求、适合具体微博行政环境条件和公众的接受能力。这样的"应然"才会是合理且具有可操作性的,才能被行政行为各方所接受。例如,在安徽宿州,"微博发言人"制度要求政府各职能部门对市民的建议和要求在3个小时内进行回应,3个工作日之内必须作出答复。

"在伦理学中,理论探究的目的,就是精心论证一种完全充分而又合理可靠的善和最善概念。"[1]而应用伦理学或实践伦理学所要探究的,则是应

---

[1]　麦金太尔:《谁之正义？何种合理性？》,万俊人等译,当代中国出版社1996年版,第167页。

用这种规律或者道德价值的现实操作路径,是使道德价值现实化的操作性体系,也就是要把握"实然"。在当前我国行政活动中存在着两种现象,一种是过于强调行政活动的道德价值,把行政活动主体塑造为无欲无求的完人,主张行政人员排除一切功利的、物质的、世俗的需要,"毫不利己专门利人"。而另一种倾向是在市场经济和转型期社会形成的功利至上的权力寻租心理,将行政权力作为谋取部门和个人私利的手段。经济效益变成衡量一切事物的价值标准,技术产品变成谋取私利的手段,诸类问题交织导致社会道德失范经常出现。毋庸讳言,这其中也有转型期政治体制和经济体制性因素。

在政务微博应用活动过程中,在一定领域形成的伦理困境或道德失范现象必须得到规约。因此,对围绕政务微博系统产品应用过程中各方利益关系的厘清与界定,是从"微博行政应然"到"微博行政实然"的关键。符合公共性的行政价值的有序行政格局,要在政务微博功能应用过程中的实现,制度安排是实现上述目标的必然途径。政务微博系统产品及其使用是通过科学、严密、有效、合乎目的的开发机制设置,明确相关资源的分配原则,先规定微博行政各方的资源分配方式,体现出价值分配的权威性,并对这种方式实施有效督查,对越轨者给予惩治。这样就会在微博行政关系各方之间形成一种有序的利益格局,这种"序"使各个活动主体在体现各方利益的同时,显示出"应然"的微博伦理关系。最后,"微博行政应然"的行政伦理规范就会顺理成章地转化为"微博行政实然"的微博行政行为。

第三,制度安排可以决定微博行政道德行为的行政成本,并影响"微博行政应然"转化为"微博行政实然"的效率。伦理学认为,德行的崇高往往是以牺牲德性主体的现实幸福为代价的。在政务微平台活动过程中,"微博行政实然"具有善、恶以及价值中立等多种可能性,行政主体在进行"微博行政实然"的选择过程中通常要估量行政行为的成本收益比例,来决定行政行为的价值取向。"行政人"并非必然是"公共人",但现代公民社会要求"行政人成为公共人"①。在当代转型期中国公共行政领域,不只是制度不健全,还缺乏践履制度的自觉性,欲使"行政人成为公共人",制度的伦理化与伦理的制度化二者不可偏废。"微博行政应然"的公共性效益所得背后常常有着行政主体的个人成本投入,例如践履"微博行政应然"道德准则过程中丧失的机会、权力、荣誉、健康等现实利益。在微博行政活动中行政主体的德性行为的选择成本有时会高于自身的收益,这种奉献在很大程度上减弱了行政主体选择"应然"行为的动机,减少了由"应然"到"实然"的概率。马克思说过,在现实性上,人的本质是一切社会关系的总和。从管理学对"人性"的理解,"道德"属于人的社会属性,"人性"则包括人的自然属性和人的社会属性。用"人性"和"道德"一起来界定"公共人"是个老话题。一个自然而然的思路是,欲提高"微博行政应然"转化"微博行政实然"的效率,必须降低德性行为的成本,使"向善"的成本低于至少是等于"行善"的收益。这种补偿则离不开刚性的制度安排。例如,微博举报与传统的举报方式相比,提高了效率且互动性强,微博举报与信件举报相比更具优势。但微博举报的成本低且操作简单,给诬告者提供了便利,而实名举报又对举报者的安全形成风险,匿名举报形成的真实信息与虚假信息混杂,同样需要行政资源予以整理。试想如果从制度上保障举报者的权益,或者把微博信访纳入信访考核体系,使"应然"到"实然"成本付出得到制度性补偿,便可以降低举报行为的成本,提高道德失范行为的成本,提高选择"网络行政应然"的积极性。政府的信访管理部门应通过统一技术标准建立一套微博信访材料的安全体系,严格审查、控制政务信息流通环节。例如通过防火墙和加密技术防止微博上的非法信息登录者;利用一些过滤软件筛除冗余信息,通过层层技术验证,提高重要微博信息查阅权限等;通过技术负责制度,使有关机构可以对微博信访和微博举报责任主体行为有效控制,确定微博主体应承担的责任。

---

① 李建华:《行政伦理导论》,中南大学出版社 2005 年版,第 234—238 页。

第二节 微博行政伦理规约过程中的
制度缺位

如上节所述,基于政务微博的网络行政活动中,制度安排是连接"微博行政应然"与"微博行政实然"的中介。制度安排既可以促进政务微博等技术产品的有序研发,还可以促使技术产品进步的方向利于公共治理效能良性化而不是相反。但由于基于政务微博的微博行政活动的专业性、复杂性和未来不确定性等特点决定了技术产品开发应用方面的制度安排往往滞后于具体的开发应用实践。现有的基于政务微博的网络行政活动中的制度安排仍然存在制度缺位,制约着"微博行政应然"向"微博行政实然"的转化,影响着微博行政伦理规约的效果。主要表现在如下三个方面。

一、制度供给缺位和滞后的必然性

制度供给缺位主要指有关制度的需求远远大于实际的制度供给。这是因为制度需求的变动反映着人们对新制度的愿望和要求,不存在实际发生的成本和代价。而制度供给却意味着规则、习惯的重新确立,必然伴随着成本和风险,因此制度供给对应于制度需求总是滞后的,两者存在着明显的时间迟滞。尽管中国有几千年伦理政治传统和底蕴,但网络发展速度迅猛,当代网络技术发展的速度形成的强大的技术冲击使传统的价值观发生着从未有过的变化,不只是形成了许多伦理困境,而且许多新的伦理观念伴随着现代技术的发展而诞生。传统行政伦理熏陶下的人们在网络行政活动中常常面临困惑,因此国家在这个过程中,应积极通过伦理重构和伦理规约的制度化来发挥引导作用。近年来的此类困境主要表现在:微博虚拟空间与现实物理空间伦理困惑;微博信息共享与信息独有的伦理困惑;个人隐私与社会监督的伦理困惑;通讯自由与社会责任的伦理困惑;信息内容的地域性与信息传播方式的超地域性的伦理困惑等。政务微博引起的行政伦理的变化迫切要求人们为实现有序行政做出相应的制度安排，但制度安排时间相对滞后特征，形成了现阶段的制度真空，一定程度上还造成了微博行政主体的行为异化。

我国的政务微博为政府信息公开提供网络平台，政务微博的制度建设与政府信息公开的制度保障密不可分，而政府信息公开是我国政务微博建设的前提和基础，同时也是我国政务微博建设的重要目标之一。但目前我国信息公开制度的动力机制仍然存在缺陷。民众对信息公开的需求日益强烈，而信息公开的推动力模式，主要是自上而下的行政推动，自下而上的社会推动力还未能体现出应有的效果。2019 年新修订《中华人民共和国政府信息公开条例》不具有强制性，很多政府网站只做到了"条例"要求的"信息公开"。而对加强公众的网络表达权、参与权、监督权等内容，因缺少相应的考核制度、责任追究制度，一些地方政府对建立互动栏目并未落实。

应当承认，政府推动的信息公开，在一定程度上的确是一种政府"自我革命"。但在这种政府自我推动的模式中，存在一些问题。首先是制度传导的递减效应。《政府信息公开条例》在中央和省部级层次获得了较大的共识与推动力，但在基层却遭到不少"冷遇"。其次是主动公开的"不主动性"。政府动员模式主要提供的是《政府信息公开条例》实施的硬件基础，比如制度、机构、人员、平台等，政治理念却未能有效转化为具体的制度实践动力。再次是司法的"消遁"。围绕政府信息公开诉讼受理标准的司法解释不到位，以致信息公开权利的司法救济基本处于"慢作为"状态。由于难以获得有效的司法保护与支持，公民的信息公开申请权利，显得薄弱和不完整。

值得重视的是，制度规约常常出现"道德两难问题"，如 A 市和 B 市两地分别出台意在规制网络行为的措施，引发网民对其规制合理性的质疑。《A市计算机管理条例》论坛实名制要求被质疑以实名化扼杀网络反腐；《B 市计算机管理条例》被解读为"人肉搜索禁令"，引发如何划清腐败行为与个人隐私的争论，譬如包养情妇的行为是隐私还是腐败行为。对网络微博反腐制度规制的伦理原则该如何设定,反腐正义的道德边界如何界定,是网络微博规制的核心伦理问题。网络微博反腐规制的道德原则应该立足于中国当前的反腐实践。当前的政府信息公开和党务公开等虽然有长足进步,但是在"公"与"私"的边界上,许多部门仍然将本应该属于公开的公务行为假以"私"的名义进行遮蔽,导致在伦理层面的正义与具体部门的"保密"措施产生冲突。以广东海事法院的"出国门"事件为例,公务考察的费用本来就是在公开信息的范围,但网民曝光后被指侵入其办公系统属于违规行为。显然,网络规约的道德原则和制度制定的基点应该是以促使公共权力的公开透明来保护公职人员的基本权利,而不应该是以打压和限制普通网民的网络言论自由来规制网络。

二、已有制度存在结构性缺陷的原因

制度的结构缺陷是指制度系统中的各种制度缺乏关联性和互补性,影响制度功能的实现。任何一种制度都嵌入在一定的制度结构中,它必定内在地联结着制度结构中其他的制度安排,因而制度安排的效率取决于其他制度安排实现其功能的完善程度。制度结构及其互补性对制度绩效具有决定性作用,任何制度安排如果不能及时与以往的制度相融互补,制度绩效就很难实现。微博行政活动的复杂性使技术系统本身与多种社会因素相联系,受多种社会因素的制约,这就决定了技术系统的制度安排不是单一的,而是多层次的、多方面的,制度之间具有结构性关系。但行政伦理原则之间的矛盾与冲突又使建立其上的制度之间缺乏协调性,存在某种制度缺陷。

原来的《政府信息公开条例》2008 年颁布后,原本希望可以带来政务公开建设的新阶段,因为《政府信息公开条例》不但有利于打破政府部门之间的信息垄断,实现信息资源的共享与充分利用,还有利于实现政务微博建设本身的规范化与透明化。但在该《条例》实施过程中发现,该《条例》由于缺乏相关制度的支撑和该条例本身与已有保密法规方面的存在条文界定模糊等问题,使原《政府信息公开条例》的政策效果远小于预期。按照原《条例》第 14 条第 2

款的规定,即"行政机关在公开政府信息前,应当依照《保守国家秘密法》以及其他法律、法规和国家有关规定对拟公开的政府信息进行审查"。有专家认为,该款规定必然会使《条例》第9到12条有关政府信息公开重点范围的翔实规定大打折扣。因为根据该款规定,政府信息公开审查的依据不仅是法律效力高于《条例》的由全国人大及其常委会制定的法律,那些法律效力低于作为行政法规的《条例》的地方性法规、地方政府规章、部门规章,甚至国家部门的有关规范性文件(即所谓的"国家有关规定"),均可以此设置保密审查标准或者作出例外规定,成为对政府信息是否公开审查的依据。所谓"以公开原则,不公开为例外"的提法更是形式大于内容。由此产生最为严重的负面后果是,地方人大或国家部门都可以通过"法规和国家有关规定"的形式肆意设定政府信息公开的边界,所谓通过《条例》使政务微博建设大步发展在实践层面几乎沦为空谈。政府信息公开是我国政务微博服务的重要内容,《政府信息公开条例》使得网络媒介在推进政府信息公开服务方面有了法定依据,因此《政府信息公开条例》实际上成为了我国新媒体发展的第一法规。但是,"国家通过《政府信息公开条例》一只手给公众知情权,又可能会用另一只手不断地收缩公众的知情权的范围"①。

再如,网络反腐是公众对社会正义的伦理诉求,也是公民知情权、表达权、参与权和监督权权利意识的觉醒,是培养良好公民权利伦理的契机。靠技术和法律限制的网络自由权滥用是有限的,网络反腐的健康良性发展必须培养网民的权利伦理意识,在主张权利的同时加强道德自律,避免以伦理正义僭越法律,以权利滥用侵害其他公民权利的现象。不少网民已经不再限于仅仅从道德常识的角度对公职人员的行为进行评论,许多网民更是援引各种法律条文评价和驳斥部分公职人员的荒唐言论和行为,亦有网民遭受打击报复后依法请求国家赔偿的诉请。微博反腐在表达伦理正义诉求的同时也彰显网民制

①　章剑生:《知情权及其保障以政府信息公开条例为例》,《中国法学》2008 年第 4 期。

度反腐的正义诉求和权利行为能力在不断提高。

在开启第二个百年奋斗目标的新时代,推进现代国家治理体系建设必须要重视各领域的法治建设和制度设计。我们再看看马克思主义是怎样看待制度建设的。马克思在《〈经济政治学批判〉序言》中强调过:"随着经济基础的变更,全部庞大的上层建筑也或慢或快地发生变革。"社会意识是上层建筑的范畴,这里强调"或慢或快"说明社会意识与社会存在的发展并不完全同步。而相对于社会存在而言,滞后于社会存在发展的社会意识就会加强变迁中的制度惰性。那么,这种滞后性是如何加强制度变迁中的制度惰性和缺位的呢?首先,人的认识规律以及客观事物所固有的规律性决定社会意识的变化发展不一定同步于社会存在,而对社会存在发展认识的滞后会阻碍新制度的确立,从而使人们更偏向于安于现有的制度,制度惰性和缺位随即产生。因此,社会意识滞后于社会存在是难免的。再者,即便有富有创造性洞见的超前社会意识,但社会意识往往反映着一定特定阶层愿望和利益,为了维护自身利益,必然会以各种表现阻止新制度的进入和确立。这就是社会意识与社会存在发展不同步所造成制度变迁中的制度惰性和缺位的主要表现。

三、技术进步意味着制度建设无止境

这里提及的制度本身的缺陷,是指在网络时代政务微博网络行政活动中已经存在并且正在发挥作用的相关制度由于本身的不完善造成的缺陷。政府基于公共管理的职能掌握着海量的信息资源,其中不可避免地存在关涉个人隐私的信息,对于这部分信息的公开与否,直接关系到公民的知情权和隐私权能否得到有效保障,每个决定的背后实际上都蕴含着不同利益间的博弈与价值取舍。我们在此先举例详细说明《政府信息公开条例》修订前后的一些情况,之所以用这个例子是因为《政府信息公开条例》与政务微博的各种信息活动密切相关。作为政府信息公开例外规则的核心条款,《政府信息公开条例》一些条款适用情况关乎政府信息公开制度的整体运行效果。但是,由于其存在的概念界定缺位、程序规范缺失和解读适用不当等问题,实践层面的确引发了规则适用的乱象,影响到政府信息公开的效果。

我国《政府信息公开条例》在实施十余年后于 2019 年完成首次修订,其中关于个人隐私信息公开豁免的条款并未作较大调整,《条例》第 15 条基本沿用了先前的规定,将"涉及个人隐私"的"公开会对第三方合法权益造成损害"的政府信息划定在公开范围之外,又另将"第三方同意公开"或"行政机关认为不公开会对公共利益造成重大影响"的个人隐私信息作为公开豁免之例外。该条款背后所蕴含的便是立法者对公民个人隐私权和知情权的权衡与考量,而权利的本质内容来自法律对利益关系的确认与限定,隐私权与知情权冲突关系的实质在于不同利益诉求之间的价值抵牾。因此,《条例》第 15 条也赋予了行政机关在不同利益间作出价值判断与抉择的余地。从立法目标与功能来看,该条款意图通过划定个人隐私公开豁免的边界,实现知情权与隐私权的价值平衡,行政机关能够在其中扮演一个灵活自处的中立角色,在具体个案中可以恰当地找到多元价值中的平衡点,并最终做出公开与否的正确决断。然而,实践中有大量相关的执法和司法案例表明,由于行政机关在对相关事实认定的过程中缺乏统一明确的判断标准,对于"个人隐私"信息的界定、"不公开会对公共利益造成重大影响"中的"公共利益""重大影响"等相关不确定法律概念的解释与评判结果不一,容易导致不同行政机关即使针对同一法律事实的评判结果也截然不同,进而侵害行政相对人或第三人的合法权益。因此,如何保证行政机关在公民知情权与隐私权发生冲突时能够做到合理衡量,需要对这两项权利及其包含的不同利益诉求进行充分的法理分析与阐释,在行政自制理念的指导下,寻求合理的逻辑判断标准,划定行政机关的衡量边界①。

应该注意的一点是,政府信息公开制度在我国确立时间较短,集中表现为

① 崔梦雪:《政府信息公开中知情权与隐私权的冲突与平衡》,《湖北经济学院学报(人文社会科学版)》2021 年第 11 期。

公众日益增长的信息需求与信息公开尚不到位之间的矛盾。从十年来的情况看,推行政府信息公开的阻力不能忽视来自于制度本身的不健全。例如原《条例》中不公开信息的范围还有待明确细化,《条例》规定涉及国家秘密、商业秘密和个人隐私的事项属于政府信息公开的例外。但如何认定这些信息,《条例》没有设定具有操作性的条款,《条例》要求公开政府信息不得危害社会稳定,则给了政府机关过大的裁量权。另外,《条例》对申请公开负面设置了过高门槛。原《政府信息公开条例》中,第 8 条关于信息公开"不得危及国家安全、公共安全、经济安全和社会稳定"与第 14 条关于信息公开必须依《保密法》以及其他法律、法规和国家的规定审查该两条款之间的关系很难把握。行政机关按照第 14 条标准进行审查是否就符合第 8 条要求,还是行政机关审查政府信息公开既要满足第 14 条要求,同时还要根据《条例》第 8 条的规定进行审查? 这些问题从原《条例》本身无法得到清晰的解答。实践当中,这个条例还缺乏来自中央政府的细化指导,作为政府信息公开的义务主体行政机关很可能依循传统保密思维,将该两条款同时适用,以此限制公民获取政府信息。

根据我国近 40 多年来的立法经验,类似于政府信息公开这样的制度,更好的做法应该是先实践、后立法,先制定行政法规或者地方性法规、后转化为法律,不但有利于法律内容的完善和成熟,也有利于经验的积累和法律的最终实施。

再例如许多新媒体技术成果需要在技术应用中不断改进,才可能在更大范围内较好地实现为公共治理"善"的功能,用这一标准来衡量现代的专利保护制度,便可以发现它本身存在着某种缺陷。因为现行的专利保护制度赋予专利所有者拥有生产某种产品的垄断特权,并以国家法律的形式保证在一定时期内排除了竞争,以确保专利所有者利益,为以后的技术革新者设置技术发明壁垒。例如,现代专利制度使微软公司对其软件的源代码实行严格保密,从而阻碍了其他人在其办公软件基础上进行进一步的改进,导致其软件出现越来越多的技术漏洞,影响了软件技术"善"的功能的发挥。

///【相关背景材料】

立法禁止"人肉搜索"?

2010 年 5 月提交初审的《浙江省信息化促进条例》中,提出"任何单位和个人不得在网络与信息系统擅自发布、传播、删除、修改信息权利人的相关信息"。

该条款因被认为是拟立法禁止"人肉搜索"而广受关注。2010年 7 月该条款已被修改为"金融、保险、电信、供水、供电、供气、物业、房产中介等掌握公众信息的单位,不得将其在提供服务过程中获得的公民、法人和其他组织的信息出售或者以其他方式非法提供给他人"。而浙江《草案》的起草部门——浙江省经济和信息化委员会有关负责人在接受记者采访时称,上述条款主要是为保护当事人个人隐私,"并非针对'人肉搜索'"。同时,在 6 月底针对该《草案》召开的专家和有关部门立法座谈会上,浙江省政府法制办相关负责人对该条款的解释为,规范信用服务中介机构和掌握公众信息的公用事业单位采集、利用他人信息的行为,以及禁止在网络与信息系统发布、传播违法信息等,"起草这条规定是为了保护信息权利人的合法权益"。

浙江省经信委政策法规处处长表示,起草时也考虑过是否要禁止"人肉搜索",但因其特别复杂,最后没有作为立法内容。"草案本意是规范信用服务中介机构和掌握公众信息的公用企事业单位采集、利用他人信息的行为,以及禁止在网络与信息系统发布、传播违法信息等,并非针对'人肉搜索'的规范。"有关专家认为,原条款表述不够清晰确切,本意不够明确,因此作出了修改,突出"保护公众信息"的立法意图。

（资料来源：网络经济服务平台网，http://www.100ec.cn/detail--5296618.html）

第三节　微博行政伦理规约制度安排的实现路径

中共中央颁发的《建立健全教育、制度、监督并重的惩治和预防腐败体系实施纲要》，实际上已经提出了建设行政伦理法规体系的任务。中国正探索制定中国行政（公务员）伦理法。《实施纲要》所提出的"规范国家工作人员从政行为的制度""完善领导干部重大事项报告和收入申报制度"等相关规定，均属于行政伦理法的立法内容。廉政法作为行政伦理法规体系的最高层次，在我国正在加快廉政立法进程，研究制定反腐败方面的专门法律，亟须基础法律层次即行政伦理法的支持，否则可能出现制度结构缺陷。

此外，本书搜集到国外11个行政伦理法律法规，并译成中文列举：1.美国总统关于"政府官员及雇员的行政伦理行为准则"的行政命令；2.美国政府官员及雇员的行政伦理行为准则；3.韩国公务员服务规定；4.韩国公职人员伦理法；5.《韩国公职人员伦理法》实施令；6.韩国防止腐败法；7.经济合作与发展组织改善行政伦理行为建议书；8.经济合作与发展组织制止在国际商务活动中贿赂外国公共官员公约；9.日本国家公务员伦理法；10.日本国家公务员伦理规程；11.加拿大公共服务伦理规范。

如前所述，微博行政伦理规约是从"微博行政应然"到"微博行政实然"的过程，制度安排是实现这一转化的中介。为了保证安全，技术开发工程师不仅要采用科学的、技术的方法工作，还需要一系列社会制度环境保证。笔者认为，在政务微博行政条件下，针对微博行政活动的特点，科学进行微博行政伦理规约的制度安排应该重视以下方面：

一、在政务微博系统产品研究开发阶段建立伦理准入制度

信息技术尤其是网络技术在给人类带来巨大利益的同时,也可能带来巨大风险。加拿大学者麦克卢汉曾在1964年出版的专著《理解媒介:论人的延伸》中提及"媒介即讯息"的著名观点:一种新媒介的长处,将催生一种新文明的诞生。"媒介即讯息"这一传播学概念,高度肯定了传播媒介对于人类社会交流与发展的重要意义,意在阐释媒介本身乃是有价值的信息。麦克卢汉说,"所谓媒介即是讯息只不过是说:任何媒介(即人的任何延伸)对个人和社会的任何影响,都是由于新的尺度产生的,我们的任何一种延伸(或曰任何一种新的技术),都要在我们的事务中引进一种新的尺度"。① 人类的社会实践活动表明,有价值的信息,并非各个时代在社会广为流传的信息内容,而是其所运用的传播媒介及其所带来的社会创新与变革。为了防范和减弱这种技术风险,在技术的研究和开发阶段应该建立伦理准入制度。下面通过电子公文管理系统设计中的行政伦理制度导入对其加以说明。

目前电子公文大量涌现,对于电子公文信息的管理,各行各业根据自己的认知水平和主客观条件作了不同程度的反应和行动,但在实践中都碰到了难题。如IT公司开发的办公自动化系统多从信息的角度进行研发,虽然解决了信息的收集、传递与共享,但没有触及电子公文信息的真实性、完整性和有效性;行政部门多从政务平台要求出发,注重信息公开与网络安全,但忽视了电子公文信息、电子文件信息和电子档案信息管理的特殊性;档案部门考虑到了这个问题,多从档案管理学的角度进行一定的理论研究,在实际应用环节中却十分烦琐,因缺少人文的关怀而难以有效实施。笔者从微博行政伦理规约的效率效能原则、公平正义原则和人文关怀原则的视角作探讨。

为了实现以上伦理原则,主要基于以下原则进行三方面的制度设计。其

---

① ［加］马歇尔·麦克卢汉:《理解媒介:论人的延伸》,何道宽译,译林出版社2011年版,第18页。

中"效率效能原则"原则要求电子公文管理系统能提升使用者的工作效率；"公平正义"原则要求电子公文信息管理系统充分体现"最低受惠者"的公正与平等；"人文关怀"原则要求电子公文信息管理系统成为"轻松档案""快乐档案"的平台。电子公文信息系统的设计应包含多种管理思想。除了应体现人文关怀外，还应体现办公管理和工作信息流的思想、档案管理学的理论，如来源原则、元数据技术、文件连续体、文件信息生命周期等，对电子公文信息进行全程管理和前端控制；体现系统论、信息论的思想，优化电子公文信息的输入、处理、输出，方便电子公文信息的传输和共享。电子公文信息管理系统的人性关怀体现得越充分，对个体、工作人员的伦理道德要求就越高。这是软件所无法设计和控制的。这些制度安排思想，无疑极其有利于微博行政伦理从"应然"到"实然"。

▰▰ 【相关背景材料】

"剑网行动"建立侵权盗版微博黑名单制度

国家版权局、公安部、工信部联合打击网络侵权盗版专项治理的"剑网行动"，将建立侵权盗版微博黑名单制度。今后，被纳入侵权盗版黑名单的微博网站，运营商不得向其提供运营、接入服务，并须进行技术监控，一旦发现这些微博重新上线，将立即从严、从重、从快查处。名单将在国家版权局网站上不定期发布并抄送提交三大电信运营商，对于向黑名单网站再次提供接入、运营服务的电信运营机构追究其共同侵权责任，情节严重的将予以刑事打击。"剑网行动"将加强对音频视频及商务微博的监控力度，重点围绕热播影视剧、新近出版的图书、网游动漫、音乐作品、软件等，严厉打击未经许可非法上载、传播他人作品以及通过商务平台兜售盗版音像、软件制品等的违法犯罪活动；严厉打击非法传播上海世博会、广州亚运会相关音乐、电影、软件、图书等作品的网络侵权盗版活动。值得一提的是,专项行动将手机移动媒体和技术服务网站列为重点治理领域。此外,举报侵权盗版案件有功人员将获奖励,视不同情况奖励金额为 1000 元至 10000 元不等。

(资料来源:人民网,http://politics.people.com.cn/GB/1027/12263321.html)

二、在政务微博系统产品调试阶段建立伦理评估制度

国务院信息化工作办公室发布全国政府网站绩效评估报告,曾经提出我国政府网站的三大功能定位是"政务信息公开、在线办事、公众参与"。下一代微博技术研究与开发阶段对技术风险的预测往往是不准确的,因为微博技术产品功能的大部分属性还没有呈现出来。对技术功能风险较为准确的把握是在技术调试阶段,在这个阶段技术的大部分属性已经得以展现,关于技术风险的确定也会比较容易。技术评估发端于对技术发展的社会关怀,是以政策分析工具的形式出现的。它通过系统地收集、调查和分析有关技术及其可能产生的广泛影响,为制定科技政策提供客观的信息支持。技术评估从诞生起就有多种定义,如"一组政策研究,对技术产生及扩散后可能产生的社会后果进行系统的考察,它重视那些无意识的、非直接的或延滞的影响";"技术评估试图建立一种早期预警系统,以察觉、控制和引导技术变迁,从而使公众利益最大化并使风险最小化";"技术评估是系统识别、分析和评价技术对社会、文化、政策和环境系统潜在的无论有益的,还是有害的后果,从而为决策过程提供中性的、客观性的信息输入"。[①] 1972 年美国国会通过《技术评估法》,并设立了国家技术评估(OTA)专门机构,开始了技术评估的制度化。随后,欧洲的许多国家和日本相继设立了类似的机构,我国在 1997 年也成立了科技评估

---

① 邢怀滨、陈凡:《技术评估:从预警到建构的模式演变》,《自然辩证法通讯》2002 年第 1 期。

中心,并于 2016 年成立了全国科技评估机构协作网,提出将在科技评估协作网基础上,筹建中国科技评估协会,加强科技评估标准规范制定和制度建设,探索开发新的评估理论和方法,共建科技评估机构行为规范和评估从业人员自律准则。

一般的技术评估比较重视那些比较直接的、容易感觉到的、可以定量的"硬"影响,例如,经济效益、技术效率、安全性等;而对那些技术应用引起的社会、伦理和法律问题等"软"影响较容易忽视。电子公文信息管理系统的网络属性,决定了其只在一个单位实施无法顺畅流转,因此必须在至少某一区域或行业内实施,进行模块化嵌入。必须将体现档案管理学、行政伦理学、系统论和信息论思想的电子公文信息管理系统实行统一招标,然后配置给各单位免费安装使用,才可能使整个区域的电子公文信息最大程度地符合档案管理的要求,档案室与档案馆之间的交接才能真正体现政务平台的无缝隙服务水准。在政务平台系统产品调试阶段建立伦理评估制度,就是要建立关于政务平台技术的伦理、社会、法律方面影响的评估制度。

三、在政务微博系统产品应用阶段建立奖惩制度

对于一项已经处于推广之中的政务微博功能技术,主要问题是要实现政务微博功能的"善用"。政务微博产品使用者合理地使用技术,就有可能最大程度地实现技术"善"的功能,减少其"恶"的负效应。相应地,基于政务微博环境下的微博行政发挥"善"的效果,会体现社会治理的"善治"意蕴。信息网络技术的普及使网络行政共同体的社会责任日益重大,对政务微博技术及其应用必须从伦理道德的角度进行约束,但道德的力量须要在外在制度的规约下才能发挥,仅靠内部的、自觉的道德力量不能有效控制微博技术的"恶"用。人们必须借助一些内外结合的方式,将道德自律与制度制裁结合起来。

通过建立机制和制度,技术组织将某些道德规范以制度的形式固定下来,借助一定的强制性力量保证行政主体遵守,为技术主体的技术行为画出道德

上的警戒线,对技术"恶"用进行有效的控制。个体应将外部的制度和法律法规的控制转换成内在的工作责任、职业道德控制。调整和树立新型的价值评判标准和伦理规范,更多地谋求单位的共同利益、政府的公共利益和社会的公众利益。

通过建立道德激励制度,政务微博管理组织对政务微博主体"善"的技术应用进行激励,达到抑"恶技术应用"扬"善技术应用"的目的。利益是技术主体行为背后的根本动因,马克思曾指出:"任何人如果不同时为了自己的某种利益需要和为了这需要的器官做事,他就什么也不能做"。① 道德激励制度就是责之以利,当技术主体因为选择了能够给社会带来最大利益的技术行为时,社会通过道德激励制度给他以精神或其他方式的正面强化回报,这种回报就对未来好的微博行政行为形成新的驱动,激励其继续"善"的技术应用,同时也对其他技术主体起到示范作用。相反,如果技术主体的行为不符合技术伦理规范,就应该受到各种形式的负面强化惩罚,使其不得不改变自己的行为,弃恶从善。比如,电子公文信息管理系统的实施,应由政府牵头、档案部门提出系统分析和整体功能设计、信息主管部门进行组织和协调、各单位办公室提出功能需求。

在政务微博的发展中,如前所述,一般经历微博示政、微博问政、微博行政的阶段,即政务信息网上公布、再到网上互动以及实现真正的多功能政务微博。所以,对应这三个阶段,相应的微博行政伦理制度安排也就表现为,从建设计算机微博系统和维护微博安全的制度到政府信息公开、信息公开中个人数据保护的制度、再到电子签章、政务微博的制度。

截至目前,我国已颁布了大约 60 个与网上政务相关的法律法规与规章,如果将这些与政务微博相关的法律与规章进行分类,就会发现,每一方面都有相关的规定:1. 政务微博与政府信息公开类:如国家安全监管总局《政务微博

① 《马克思恩格斯全集》第 3 卷,人民出版社 1995 年版,第 286 页。

微信发布运行管理办法》、国务院办公厅《政务信息工作暂行办法》、海南省《政务信息化管理办法》等。2. 政务微博中的信息服务与信用体制建立类：如《互联网信息服务管理办法》《互联网电子公告服务管理规定》《互联网出版管理暂行规定》等。3. 电子签章与认证服务类：如海南省《数字证书认证管理试行办法》。4. 行业信息化类：如财政部《会计电算化管理办法》《网上银行业务管理暂行办法》《网上证券委托暂行管理办法》等。5. 信息系统建设及信息基础设施建设类：如《电信设施进网管理办法》《电信建设管理办法》等。6. 信息服务市场管理与登记许可类：如《中国互联网域名管理办法》《网站名称注册管理暂行办法》等。7. 信息安全与保密类：《中华人民共和国计算机信息系统安全保护条例》《计算机病毒防治管理办法》等。

也就是说，对应上述对我国政务微博相关法律法规所做的分类，第五类信息系统建设与信息基础设施建设类，第七类信息安全与保密类，都属于建设计算机网络系统和维护网络安全阶段的法规；而第二类政务微平台中的信息公开与信用体制建立类，信息服务市场管理与登记许可类则属于政府信息公开和信息公开中个人数据保护阶段的法规；其余的第一类、第三类、第四类的法规则属于政务微平台阶段的法规。所以，从这些法规的分布可以看出，我国的政务微平台政策法律还处于不同阶段不同种类并存的发展状态。

可以说，上述七大类约 60 部法规和规章就构成了我国目前政务微博的基本的政策法律环境。对于这样一个与政务微博相关的政策法律环境，笔者认为：这些法规涉及政务微平台、信息公开、信息服务、信用体制建设、信息安全保密、市场管理、部门和地方信息化建设等方面，但在电子签章、隐私权与个人数据保护、信息公开和信用体制等伦理性法规建设则显得滞后，当然有的法律已经在立法过程中。其次，我国政务微博政策法律环境主要由一些部门规章和地方规章组成，还未上升纳入司法体系中。我们认为除了一些地区政务微博尚处于不发达阶段外，最重要的是政务微博是与政府结构、功能密切相关的系统，其政策法律体系，也必须直接与这种行政结构相吻合。从已经颁布的法律法规看,我国60个与政务信息发布有关的法律法规中也有16个是完全针对网络安全与信息安全的,可见政务微博安全是重中之重。

综上所述,相比政务微博发达的地区,我国一些欠发达地区的政务微博活跃度和相关的政策法规建设状况均明显落后。尤其值得一提的是,美国一开始就重视在国家法律的层面上为政务信息化的推动和建设提供制度保障,而我国则主要在政策法规层面上制定制度规范,这就造成政务信息化建设法律环境的差异。从而对我国的政务信息化整体、有序的发展造成了明显的障碍。本书认为,我国政府尚待完善关于信息公开、电子信用、个人数据与隐私权网络保护、电子签章、网络信息服务的市场管理、网络信息安全、网络安全及保密、电子化税收与电子化海关、政府网上采购信息以及政务微博带来的对行政法及行政诉讼法冲击等一系列制度。我国有必要尽快制定和实施统一的"新媒体法",并在此基础上,构建完整的微博行政伦理规约的制度。尽管有些制度诉求并非政务微博领域所特有的,也可以脱离政务微博单独存在,但此类制度诉求本身的产生和发展与政务微平台有着密切联系,比如公务员在政务微平台环境下的行政伦理问题,网络信用伦理的立法问题,个人的网络隐私权保护问题,电子签章问题,政务信息安全与保密的问题,都是制度安排的重点。政务微博的应用对行政管理活动的深刻影响,还需要社会公众在利用技术力量的时候必须承担伦理责任,这种伦理责任的实现不仅依靠内在的道德力量,同时也必须将这种力量外化为一种制度安排,这样才能使伦理道德真正发挥出其规约力量。

▰▰【相关背景材料】

政务微博的最高境界就是社会治理的创新

新浪湖南讯由湖南省委宣传部、湖南省委网信办指导,新浪网、新浪微博主办,新浪湖南承办的2015湖南政务新媒体高峰论坛今日在长沙豪布斯卡酒店举行,新浪网营销中心政旅合作副总经理张跃颖发表主题演讲。

张跃颖认为微博从蛮荒时代已经进入秩序回归时代,政务微博在构建社会化城市服务体系、城市化行政公开体系方面已有强大的产品技术支撑,微博必将创新社会治理方式,形成新型社会治理格局。

微博正构建社会化服务体系技术日益完善

中央网信办网络信息传播局局长对微博做了一个阐述:微博已经进入了一个秩序回归时代,从蛮荒时代到金字塔时代,再到现在共同影响舆论的微博秩序回归时代,微博经过六年时间已经走向了良性的舆论环境。微博扮演三个角色,一是突发事件的稳定器;二是正面内容聚合器;三是公益行动的孵化器。另一方面是在社会化服务体系的基础上,就是微博的技术日益完善,通过大数据的开发给政府更好地进行研判、数据分析以及网络动态掌握,现在我们开发非常多的产品。另一方面我们微博产品也日益完善,包括四个方面,从信息公开到政务协同到掌握舆情到精准触达,能更好地展示我们政府机构的形象,包括做得很多的工作都能很好地展示。在政务协同部分也有微博政务管家、微助理、粉丝服务等,在技术上我们做了非常多的准备。

社会化城市服务体系三大构成:微博发布构建、微博问政、微博行动。微博发布主要是社会化响应与传播体系,核心的关键词是热点发声、热点辟谣和正能量的宣传。热点发声大家接触多比较多,热点辟谣是新浪提供非常专业的工具。

另一方面是从构建城市化行政公开体系,我给大家举一个案例,整个法院系统从高院下来都有公开执法、阳光司法的政策和要求,法院系统视频+微博庭审直播体系,在阳光执法的平台搭建中,有700个法院参与到这个平台里面。从社会化行动协同体系来讲,核心的关键词是微博矩阵,如何把矩阵管理进行规范化、制度化、线上线下工作流程化是最难的。各地真正实现这些的,到了这个体系的政府机构账号还是比较少的。刚才湘潭公安的领导有分享,湘潭公安已经形成了协同办公的体系,在垂直的公安系统里面,湘潭公安通过线上抓、公布信息、跟网民互动、及时交流,最后进行线下的公开抓捕,比如27分钟抓贼等等,它的影响力进入百强,并且是湖南省第二。我们可以做一个总结,湘潭公安在垂直里面更好地形成了协同办公的方式,更好地服务于群众,收集破案线索、发动群体参与然后进行抓捕。

我们希望与更多城市共建"互联网+微博平台"。现在在微博上有很多这样的入口,很多个地市已经开通了,最后我给大家分享一段话是政务新媒体专家对于政务微博的最高境界和本质回归的一段总结:"政务微博的最高境界和本质回归就是社会治理的创新。"现在越来越多的微博已经成为城市服务的标配,通过多层级的政务微博服务体系,沟通社会、服务社会,也必然能够形成互联网时代党委领导、政府负责、社会协同、民众参与的新型社会治理格局。

(资料来源:新浪网,http://hunan.sina.com.cn/news/2015-12-11/detail-ifxmpnqm3106197.shtml)

【相关背景材料】

全国第一家公安微博群

广东省公安厅及所有地级市公安局全部开通公安微博,是全国第一家公安微博群,已经汇聚了众多"粉丝"。但是,先行者也遇到了问题,比如有的地市准备不充分,出现害怕甚至限制部分评论功能的现象。广东省公安厅正在训练微博值班民警"说话有街坊味"。有街坊味也就是有人情味,而不是官话与套话。人民网舆情监测室认为,如果政府无视网上交流方式,不懂网络语言,把机关工作的那一套话语体系搬到网上,不仅无助于政府上网,提高政府亲民形象和进行网络问政与执政,反而会引起网民反感,感觉被敷衍,起到负面作用。传统行政环境下给群众乱扣帽子、乱贴标签的话语方式,不仅在网络空间中要坚决摒弃,也需要从文件、会议、报告、讲话等官方话语体系中努力清除并以制度化予以规范。

例如云南省制定了《云南省政务微平台应用推广绩效考核指标及办法》,以对各地各部门政务微平台应用实际效果的考核和监督。该省信息化领导小组第四次会议要求信息化工作办公室要"制定具体的考核考评办法,对州市、省直部门的应用工作实施量化考评",结合实际制定考核指标及办法,定期对各地区各部门的网络建设、应用系统、信息资源开发与共享、网站建设、培训、管理制度等工作进行绩效考核与评比。

(资料来源:云南政府网,http://www.yn.gov.cn/yn_zwlanmu/qy/wj/yzf/201901/t20190102_35281.html)

▨▨【相关背景材料】

香洲区出台制度:不得利用新媒体变相搞新闻报道

2019年4月28日,广东省珠海市香洲区正式印发《香洲区解决形式主义突出问题为基层减负工作措施》,其中规范香洲区直各单位、各镇街等单位微博公众号、微信工作群、新媒体账号管理是28条措施之一,包括原则上一个单位只建一个工作群,发言要有内容不得随意刷屏,原则上非工作时间不发布工作信息,因专项工作组建的微信群在结束工作后应及时解散等。

同时,各单位根据工作需要开设新媒体账号,原则上一个单位在同一平台只开设一个账号;不得利用新媒体(含微信群、公众号)变相搞新闻报道,大幅报道本单位领导日常政务工作。

（资料来源:广东网,http://www.gd.gov.cn/gdywdt/dsdt/content/post _2382356.html）

四、操作性对策建议

网络空间中的匿名性可以导致他律的削弱和对自律更高的要求,但自律所需要的用户自律精神境界的提升是渐进和永恒的课题。微博提供者和使用者都需要自律也需要他律,自律涉及整个健康社会的生态涵养,具体则涉及社会主义核心价值观和公民建设纲要的落实,因此这是一个系统性、全面性的工程,在这里我们提出如下操作性对策建议。

1.把握底线协同推进政务微博制度建设

伴随互联网新媒体的迅速发展,在各国出台的各种信息社会相关伦理规范中,政务微博方面的政策大多体现为新闻类和媒介管理类政策,特别针对政务型微博的政策很少。国内相关管理制度在制定时也比较笼统,仅仅作为发言发声的载体存在,由于多种新媒体格局和融媒体建设的推进,政务微博的优势常常被其他新媒介所淹没。我国许多省已经出台了许多政务微博内部管理条例,这些条例的共同点就是把中国特色社会主义核心价值观,具体就是清朗的网络空间和健康的网络社会氛围作为基本的价值指向。

本着以社会主义核心价值观引领和为人民服务为宗旨的方向,如果要做到政务微博的发展对最广大人民群众的合法利益产生积极作用,我们认为至少应该在制定相关制度规范时协同把握好以下条底线。这些底线归纳起来是:对人民美好生活有积极作用;避免伤害他人利益;做到新闻真实;重视知识产权;信息公开和隐私权兼顾;不得泄露国家秘密。

2.加强微博用户媒介伦理素养教育体系建设

媒介素养是指人们正确地判断和估计媒介信息的意义和作用,特别是在传播信息时应该具有的素养。媒介素养决定人们是否具有对信息合理使用的能力,也是形成独立判断与健全人格的途径。信息社会中人们必须充分了解媒介的特性,对自己的媒介行为有基本把握。譬如使用微博时,如何处理隐私权与知情权间的冲突,要有相关法律意识。微博运营平台可以开通像一些商业辟谣微博那样的官方微博,开通教学方面的官方微博,教会政务微博用户在使用微博时应该注意的事项。

微博空间信息发布的即时性与虚拟性使得用户容易忽视道德伦理和舆论监督。外在的他律失去明确的确定对象,其约束规范作用无形中被弱化。普通用户的行为主要依靠于理性和道德自觉。匿名性的网络空间中,不容许没有道德自律和法制意识淡薄的微博用户。这种社会氛围的形成,则需要加强微博用户的媒介伦理素养和道德自律教育,使发表言论者能时时意识到个人行为的自由是在法治社会中。媒介伦理素养的提高是渐进过程,进入新时代,我们必须通过全面深化改革提升社会环境,通过点滴逐步地提高人民的公德意识才能实现这个目标。

要构建微博用户媒介伦理教育体系,需要国家和整个教育制度的支持作为支撑,操作性的对策可以有如下举措:

在公务员和事业单位招聘中,把媒介伦理作为一项必考内容。在大学生思想品德教育中,将网络社会伦理规范作为一项重要内容。在全民国家安全教育中,把网络安全、政治安全、媒介素养等内容作为重点宣传。

3.建立不当政务微博信息提醒机制

这里我们之所以叫不当微博信息提醒,实际是为了尽可能减少网络上的诸如非理性言论、情绪化谩骂、谣言脏话等信息的大量出现。尤其是一些诽谤和谣言类信息,特别是曲解歪曲官方政务微博信息的扩散转发范围和转发速度极快,不采取应急管理性质的措施和手段,往往会迅速导致恶性后果。本着无害原则,我们建议进一步通过微博技术的过滤和微博信息源头的把关,尽可能地把不当信息在发布源头上阻击截断。

目前的关键字过滤技术和搜索引擎控制以及特定敏感字眼拒绝技术已经比较成熟,但争议常常在于,这种技术性微博平台插件在使用时,是否涉及干预言论自由的问题,这个问题笔者认为可以通过用户自行设计分级和相应责任承担来操作解决。

4.健全完善责任豁免申请制度

责任豁免一般包括伦理责任和法律责任。事实上,政务微博含有一种"自净机制",由于发表的信息内容大多涉及该政务部门的公信力和党政部门形象,所以转发量在某种程度上也是通过多个信息源的竞争格局来消弭单一信源的不确定和失真。微博转发与否实际上也是过滤虚假信息的过程。如果这种过程仍然无法避免一些负面事件的发生,那么政务微博技术平台的提供者自然应该负有相应的责任,但我们不能要求技术开发者能确保所有的用户都能按照他们的设计思维产生微博行为,更何况还有许多网络黑客和技术达人试图修改这些产品。

从可操作性角度看,责任豁免申请制度可以帮助微博技术平台开发方摆脱不该由他们承担的那部分责任。例如对谣言发布传播的过滤时间滞后性、对错别字导致的歧义等。这些事件的发生从实例看,都是和法律判例类似,是逐步积累完善而成熟的,因此需要一定的时间作为成本。一般而言,前台匿名后台实名是一种比较成熟的模式,《北京市微博客发展管理若干规定》中就有提到"后台实名,前台自愿"的原则。但在新媒体时代,许多行业性的微博是通过不完全实名来实现这种运行的,例如姓名的后两个字等。还有一些办法是积分制,真实信息越多,那么积分越高,享有的权限和诚信度也越高,这种诚信度还可以以标识出现,起到正面强化的作用。

5.鼓励官员或名编辑担任政务微博发言人或意见领袖

官员和名编辑担任政务微博"意见领袖"的好处在于,个人公信力和个人形象的已经成了该发言人的基本前提资源。其知名度远远高于普通工作人员,但问题在于官员和名编辑的形象常常是通过传统媒介,诸如报纸广播电视等媒体产生,所以仍然需要较长时间历练和打磨才能提高公众心中的信任度和口碑。

从目前的情况看,一个具体的发言人其实也可以通过一个虚拟的卡通或3D人物形象来代替,这种效应和著名电脑游戏人物一样完全可以起到相同的效果。在政务微博管理后台,则可以由一个团队来负责相关事宜,有利于培养造就一批专业化的职业政务微博发言人队伍。但是操作性虽然很强,弊端却在于,人们永远只能在抽象的虚拟空间中和发言人交互,而永远无法在现实生活中见到这样一位具体的发言人,其亲和力和吸引力终究有限。

6.采用图片"云印"技术

图片云印技术是指防止图片等多媒体资料被修改的技术,可以像密码印记一样不为人们所注意识别,然而一旦这个资料被不合法复制,那么这种数据云印便会受到破坏,数据也会损坏。在不影响图片信息的基础上,给要发布的图片覆盖一层透明度较低,但易于辨认的文字或图像标志,常用于独家图片,是在网络社会确定图片使用权利归属的依据。

政务微博用户与其他用户就图片使用产生争议时,就可通过检测云印来作为确定权利归属的依据。当盗图纠纷的双方出示的图片肉眼难辨时,可通过检测云印来作为判别依据。用户对政务微博云印图进行一般的人工编辑,如缩放、加标、剪切、多图拼接等,仍可保留下足够的云印信息。这个技术目前在电子商务网店使用比较广泛,本书认为这个技术也可以作为政务微博发布某些特别图片时采用,操作性较强。

结　　论

政务微博技术的快速发展和有关信息化政策的相继出台,使我国政务微博建设相应地得到快速推进。政务微博及其相关衍生技术不仅提升了行政活动的效率和效能,同时也使行政活动得以有更多、更新和更丰富的手段去有效率地实现治理目标。但这种进步同时也使行政活动日益面临各种形式的新风险、负效应和伦理困惑。防范和减弱这些风险,除了依靠技术和法律手段之外,通过对政务微博行政活动的规约,尽可能地规避和化解这些潜在的或已发生的风险,是当代学界责无旁贷的任务。笔者运用实证主义、系统整合、历史与逻辑统一和案例归纳演绎的方法,分析了行政手段和行政方式与行政伦理的相互关系,并认为基于政务微博的行政伦理研究,其实质是基于政务微博环境的行政伦理规约研究。笔者将这些问题集中到一点,就是基于现代通信网络的行政活动,并为言简意赅而将其命名为"政务微博行政伦理"问题,对该伦理问题的机制化解称为"微博行政伦理规约"。笔者对微博行政伦理规约问题进行了深入探讨,形成如下结论:

第一,关于微博行政伦理规约的定义。微博行政伦理规约是指在政务微博活动过程中,各相关活动主体通过相互协商,达成各自利益目标基础上的"道德共识",并形成一系列伦理原则与规范,对微博行政活动进行一定引导和约束的过程。伦理规约与伦理规范是既有相互区别又有相互联系的一对概念,规约是通过协商而达到的道德共识或约定,而对政务微博活动而言属于软约束;通过协商和博弈形成某种约定,以致最后形成伦理规范。相对伦理规约,伦理规范是硬约束,而在伦理规范基础上形成法律制约则是相对刚性的约束。笔者认为,规约中包含着规范,规约的外延大于规范,对于政务微博技术系统而言,伦理对微博行政活动的作用方式主要是以规约的形式实现。

第二,关于微博行政伦理规约的特征。微博行政伦理规约,首先,具有前置性特征。与传统行政手段不同,微博行政伦理规约不是在政务微博技术产品出现或者已经酿成负面效应才开始对其进行限制,而对于政务微博平台一样的网络技术,在其技术成果产品应用于网络行政活动之前,就应该对其进行有针对性的规约,以便将政务微博技术产品的负面效应或者使用风险控制在人类能够掌控的范围之内;其次,微博行政伦理规约具有协商性特征。微博行政伦理规约的过程是相关活动主体的共同协商过程,从政务微博功能技术产品的开发、技术专家、普通程序员、IT企业经理、CIO(首席信息官)、行政人、管理者一直到普通公众,通过民主参与机制,相互协商,实现价值多元化前提下的"道德共识";再次,微博行政伦理规约具有内在性特征。同传统行政手段不同,政务微博产品网络安全风险具有专业性和隐蔽性,一些微博技术产品和微博行政活动过程中的潜在风险只有互联网专业技术人士才可以做出预测判断,对安全风险的控制常常依靠政务微博专家内在的行政理想和行政道德力量,依靠"技术官僚"的行政良知和社会责任感;最后,微博行政伦理规约具有弹性。政务微博的进一步推进离不开社会环境的支持,它既需要社会伦理的支持,也需要社会伦理的限制和约束。这种限制和约束是潜在的、间接的、灵活的和变通的,是政务微博与社会伦理之间的协商整合。

第三,微博行政伦理规约的本质是过程规约。微博行政伦理规约既不是单纯对微博技术主体的规约,也不是单纯对政务微博产品功能的规约,更重要的是对微博行政活动过程的规约,即过程规约是微博行政伦理规约的本质。我们认为,作为过程存在的微博行政伦理规约,并非政务微博技术对伦理的臣服,也不是伦理对政务微博技术的服从,而是在政务微博——微博行政伦理这一开放结构中的协同和整合。这一整合过程具有"过程性""层次性"和"或然性"。特别值得指出的是,微博行政伦理规约的结果有偶然性,即人们对技术的有限理性决定了我们其实并不能完全彻底地把握和控制政务微博技术,以达到消除政务微博负效应的目的。理性的做法是,通过对微博行政活动的每个阶段的伦理规约,来增加防范政务微博活动风险和负效应的可能性。

第四,微博行政伦理规约的实现须要通过一系列制度安排。微博行政伦理规约必须遵循效率效能原则、公平正义原则、社会责任原则、人文关怀原则,微博行政伦理规约是以上微博行政原则协同与整合的过程,这种整合过程无法做到一蹴而就,而是通过一系列的制度安排予以实现的。

本书虽然对微博行政伦理规约问题做了初步探讨,但仍然有许多问题有待深入展开,例如,对不同文化背景中的微博行政伦理规约的特殊性没有进行论证,对下一代新型政务微博技术和融媒体时代的伦理规约的实证分析尽管已经有所涉及,但并未做更加广泛的研究,我们认为,这些不足也许将成为未来5G技术和人工智能技术大规模运用后新媒体研究的一个新起点。

第五,对我国出台《政务微博行政伦理规约准则》的内容要点建议:

(1)以为人民服务为宗旨确保微博内容权威真实,坚持正面报道;

(2)以社会主义核心价值观来确立报道基调,不夸大其词起标题;

(3)坚持新闻真实性原则力求微博信息无歧义,传导社会正能量;

(4)尊重各民族宗教习惯,微博发言人不应有歧视倾向附带表述;

(5)对涉及人员个人信息应予以隐私保护,涉及细节公布应慎重;

(6)对弱势群体遭遇应注意同情和善意表述,避免出现次生创伤;

(7)对老弱病残幼群体应该用规范描述,不得滥用口语作为称呼;

(8)依法依规发布信息,力求信息来源为正当渠道,不以讹传讹;

(9)微博转发信息应尊重原创,不得诱导读者同时避免过度解读;

(10)微博信息发布方和转发者应自觉遵守新媒体相关法律和规定;

（11）未核实和无根据行政行为后果责任应由具体的信息博主负责；

（12）政务微博技术平台开发方不得以追求额外经济效益设计产品；

（13）政务微博技术平台开发方应当对特定微博技术功能后果负责；

（14）微博行政行为价值导向绩效评估确保公共利益社会效益优先；

（15）政务微博评论和转发管理权不得恶意针对特定人的言论自由；

（16）官方微博和官员微博应以标识予以明显区分，不得混淆视听；

（17）官方微博矩阵管理应遵守党管媒体的原则和行业性管理要求；

（18）政务微博所涉视听信息著作权应遵依照法规，不得滥用版权。

参考文献

一、著作类

1. 国外著作

[1][美]古德诺:《政治与行政》,北京:华夏出版社 1987 年版。

[2][美]丹尼尔·A.雷恩:《管理思想的演变》,北京:中国社会科学出版社 1986 年版。

[3][德]马克斯·韦伯:《经济与社会》(上卷),北京:商务印书馆 1988 年版。

[4][德]马克斯·韦伯:《经济与社会》(下卷),北京:商务印书馆 1988 年版。

[5][德]马克斯·韦伯:《学术与政治》,北京:三联书店 1999 年版。

[6][美]B.盖伊·彼德斯:《政府未来的治理模式》北京:中国人民大学出版社 2001 年版。

[7][澳]欧文·休斯:《公共管理导论》,北京:中国人民大学出版社 2001 年版。

[8][美]戴维·奥斯本:《改革政府:企业精神如何改革着公共部门》,上海译文出版社 1996 年版。

[9][古希腊]亚里士多德:《尼各马科伦理学》,北京:中国社会科学出版社 1999 年版。

[10][古希腊]亚里士多德:《政治学》,北京:商务印书馆 1965 年版。

[11][美]希尔斯:《论传统》,上海人民出版社 1991 年版。

[12][美]约翰·罗尔斯:《正义论》,北京:中国社会科学出版社 1988 年版。

[13][美]约翰·罗尔斯:《政治自由主义》,南京:译林出版社 2000 年版。

[14][美]约翰·罗尔斯:《作为公平的正义——正义新论》,上海:上海三联书店

2002 年版。

　　[15][美]特里・L.库珀:《行政伦理学:实现行政责任的途径》,中国人民大学出版社 2001 年版。

　　[16]彭和平等编译:《国外公共行政理论精选》北京:中共中央党校出版社 1997 年版。

　　[17][美]乔治・弗雷德里克森:《公共行政的精神》,北京:中国人民大学出版社 2003 年版。

　　[18][美]文森特・奥斯特罗姆:《美国公共行政思想危机》,上海:上海三联书店 1999 年版。

　　[19][英]霍布斯:《利维坦》,北京:商务印书馆 1985 年版。

　　[20][英]洛克:《政府论》(上下篇),北京:商务印书馆 1964 年版。

　　[21][法]卢梭:《社会契约论》,北京:商务印书馆 1980 年版。

　　[22][英]密尔:《论自由》,北京:商务印书馆 1982 年版。

　　[23][法]孟德斯鸠:《论法的精神》(上下卷),北京:商务印书馆 1961 年版。

　　[24][法]托克维尔:《论美国的民主》,北京:商务印书馆 1991 年版。

　　[25][美]艾伦・布坎南:《伦理学、效率与市场》北京:中国社会科学出版社 1991 年版。

　　[26][英]培根:《培根论文集》,北京:商务印书馆 1985 年版。

　　[27]菲利克斯・A.尼格罗、劳埃德・G.尼格罗:《公共行政简明教程》,中央党校出版社 1997 年版。

　　[28][英]威廉・韦德:《行政法》,北京:中国大百科全书出版社 1997 年版。

　　[29][美]施瓦茨:《行政法》,北京:法律出版社 1985 年版。

　　[30][美]庞德:《通过法律的社会控制》,北京:商务印书馆 1984 年版。

　　[31][美]阿道夫・贝尔:《没有财产的权力》,北京:商务印书馆 1989 年版。

　　[32][美]博登海默:《法理学——法哲学及其法律方法》,北京:中国政法大学出版社 1999 年版。

　　[33][美]小詹姆斯・H.唐纳利等:《管理学基础》,北京:中国人民大学出版社 1982 年版。

　　[34][法]夏尔・德巴什:《行政科学》,上海:上海译文出版社 2000 年版。

　　[35][美]约翰・肯尼斯・加尔布雷斯:《权力的分析》,石家庄:河北人民出版社 1988 年版。

　　[36][美]丹尼斯・郎:《权力论》,北京:中国社会科学出版社 2001 年版。

[37][德]克里斯多夫·库克里克:《微粒社会》,北京:中信出版集团 2018 年版。

[38]玛格丽特·博登:《AI 的本质与未来》,中国人民大学出版社 2017 年版。

[39]桑尼尔·索雷斯:《大数据治理》,北京:清华大学出版社 2014 年版。

[40]佩德罗·多明戈斯:《终极算法:机器学习和 AI 如何重塑世界》,上海:中信出版集团 2017 年版。

2. 国内著作

[1]《论语》,北京:中华书局 1998 年版。

[2]《晏子春秋·内篇杂下》,上海:上海古籍出版社 1989 年版。

[3]《毛泽东选集》(第一至四卷),北京:人民出版社 1991 年版。

[4]罗国杰主编:《伦理学》,北京:人民出版社 1997 年版。

[5]甘葆露:《伦理学原理》,北京:高等教育出版社 1992 年版。

[6]唐凯麟:《伦理学》,北京:高等教育出版社 2001 年版。

[7]王海明:《新伦理学》,北京:商务印书馆 2001 年版。

[8]万俊人:《伦理学新论》,北京:中国青年出版社 1994 年版。

[9]李秀林等:《辩证唯物注意和历史唯物主义原理》,北京:中国人民大学出版社 1990 年版。

[10]巴新生:《西周伦理形态研究》,天津古籍出版社 1997 年版。

[11]王国维:《殷周制度论》,《观堂集林》(卷十),北京:中华书局 1961 年版。

[12]查德威克:《互联网政治学:国家公民与新传播技术》,任孟山译,北京:华夏出版社 2010 年版。

[13]朱贻庭:《中国传统伦理思想史》,上海:华东师范大学出版社 1989 年版。

[14]钱杭:《周代宗法制度史研究》,上海:学林出版社 1991 年版。

[15]侯外庐:《中国思想通史》(第一卷),北京:人民出版社 1957 年版。

[16]陈来:《古代思想文化的世界——春秋时代的宗教、伦理与社会思想》,北京:三联书店 2002 年版。

[17]刘泽华:《先秦政治思想史》,天津:南开大学出版社 1984 年版。

[18]曹德本:《中国政治思想史》,北京:高等教育出版社 1999 年版。

[19]樊浩:《中国伦理精神的现代建构》,南京:江苏人民出版社 1997 年版。

[20]李建华:《情感道德论——当代中国道德建设的一种视角》,长沙:湖南人民出版社 2001 年版。

[21]罗子明、张慧子:《新媒体时代的危机公关》,北京:清华大学出版社 2013 年版。

［22］李建华：《中国官德》，成都：四川人民出版社 2002 年版。

［23］曾钊新、李建华：《道德心理学》，长沙：中南大学出版社 2002 年版。

［24］苏勇：《管理伦理学》，上海：东方出版中心 1998 年 5 月版。

［25］唐兴霖：《公共行政学：历史与思想》，广州：中山大学出版社 2000 年版。

［26］杨文士、张雁主编：《管理学原理》，北京：中国人民大学出版社 1994 年版。

［27］马国泉：《美国公务员制与道德规范》，北京：清华大学出版社 1999 年版。

［28］谭健编著：《西方公务员制度》，北京：北京出版社 1989 年版。

［29］《国外公务员道德法律法规选编》，北京：中国方正出版社 1997 年版。

［30］何清涟：《现代化的陷阱》，北京：今日中国出版社 1998 年版。

［31］周榕：《中国公共危机传播中的媒介角色研究》，武汉：华中科技大学出版社 2014 年版。

［32］章剑生：《行政监督研究》，北京：人民出版社 2001 年版。

［33］方世荣主编：《行政法与行政诉讼法》，北京：中国政法大学出版社 2007 年版。

［34］王健：《现代技术伦理规约》，沈阳：东北大学出版社 2007 年版。

［35］《西方法律思考与道德》，北京：北京大学出版社 1983 年版。

［36］张康之：《寻找公共伦理的新视角》，北京：中国人民大学出版社 2002 年版。

［37］张康之：《行政伦理学教程》，北京：中国人民大学出版社 2004 年版。

［38］孙吴谈：《法律对行政的控制》，济南：山东人民出版社 1999 年版。

［39］窦含章、李未柠：《政务微博实用指南》，北京：中共中央党校出版社 2012 年版。

二、论文类

［1］赵景来：《新公共管理若干问题研究综述》，《国家行政学院学报》2001 年第 5 期。

［2］金太军：《新公共管理：当代西方公共行政的新趋势》，《国外社会科学》1997 年第 5 期。

［3］王慎行：《试论西周孝道观的形成及其特点》，《社会科学战线》1989 年第 1 期。

［4］王慎行：《论西周孝道观的本质》，《人文杂志》1991 年第 2 期。

［5］罗国杰：《对传统伦理道德的批判继承问题的思考》，《高校理论战线》1994 年第 2 期。

［6］李春成：《美国行政伦理学的兴起》，《广东社会科学》2001 年第 5 期。

［7］丁煌：《威尔逊的行政学思想》，《政治学研究》1998 年第 3 期。

［8］李文良:《西方国家行政伦理的内涵及其特点》,《华北电力大学学报》2001 年第 2 期。

［9］李文良:《西方行政伦理的正义论》,《中国行政伦理》2000 年第 10 期。

［10］王伟:《谈美国的行政伦理》,《教育艺术》1996 年第 1 期。

［11］丁煌:《威尔逊的行政学思想》,《政治学研究》1998 年第 3 期。

［12］严小庆、何鹏程:《政府诚信:社会信用体系的核心》,《哈尔滨学院学报》2003 年第 3 期。

［13］刘颖:《西方发达国家政府诚信制度的演变》,《广西社会科学》2004 年第 4 期。

［14］蔡小慎、贺利军:《试论我国政府诚信危机及其化解对策》,《求实》2004 年第 3 期。

［15］唐琮瑶:《论权力》,《海南大学学报(社会科学版)》1994 年第 3 期。

［16］王运浦:《强化权力制约是防止权力滥用的现实选择》,《探索与争鸣》1995 年第 7 期。

［17］鲁篱:《论社会对权力的制约》,《社会科学研究》2000 年第 5 期。

［18］王国华:《突发事件网络舆论危机应对研究——@ 上海发布为例》,《情报杂志》2015 年第 4 期。

［19］李兰芬:《行政忠诚与集团腐败》,《高校理论战线》2003 年第 1 期。

［20］倪星:《论民主政治中的委托——代理关系》,《新华文摘》2003 年第 4 期。

［21］唐凯麟:《试论道德人格的类型》,《湖南师大社会科学学报》1993 年第 4 期。

［22］李春成:《论作为美德的依法行政与合理服从》,《国家行政学院学报》2003 年第 2 期。

［23］张恩学、冯建设:《论行政行为的公定力》,《黑龙江省政法干部管理学院学报》2000 年第 2 期。

［24］兰月新、曾润喜:《突发事件网络舆情传播规律与预警阶段研究》,《情报杂志》2013 年第 5 期。

［25］俞可平:《全球治理引论》,《马克思主义与现实》2002 年第 1 期。

［26］谢耕耘、荣婷:《微博传播的关键节点及其影响因素分析》,《新闻与传播研究》2013 年第 3 期。

［27］王亚强:《韦伯官僚制在后工业社会的伦理趋向》,《甘肃理论学刊》2008 年第 4 期。

［28］人民网舆情监测室:《2017 新浪政务微博报告》, http://wenku.baidu.com/link?

url=qoHg1Ckm_qr902D2jM2-w392tpjIiL9DQwEhLJSjL5DaL2_lqIV6smv0KUhk3Fi2U5gWdhwZs
5z-7AcEVgeR1OqveQCv2YjLDTCIyQjXMpe。

[29]关清:《政务微博对政府形象的塑造和传播》,安徽大学学位论文,2012年。

[30]叶丹、戎飞腾:《广东2013年政务微博数量全国居首》,《南方日报》2013年12月10日。

[31]麦尚文:《佛山南海区政务微博发展模式与改革思路研究报告》,暨南大学学位论文,2012年。

[32]程曼丽:《新媒体对政府传播的挑战》,《对外大传播》2007年第12期。

[33]余锐:《论政务微博的特点及传播技巧》,《编辑学刊》2013年第5期。

[34]李少文、秦前红:《论微博问政的规范化》,《河南社会科学》2011年第4期。

[35]刘宁雯:《中国政务微博研究文献综述》,《电子政务》2017年第6期。

[36]颜晓萌:《政务微博传播效果微探——以@中国广州发布为例》,《新闻世界》2013年第6期。

[37]陈阳阳:《政务微博传播效果微探——以@中国广州发布和@上海发布为例》,暨南大学学位论文,2013年。

[38]百度百科:政务微博,http://baike.baidu.com/link? url=ql0CD5FvnsgRKNw-WNOdNvNLZ1oZwvBCdCDsEo0_TRisthPRupheZ0jS0vpTq-TWZFpO7jlgPFoLVybaXCnMV_。

[39]维基百科:社交媒体,http://zh.wikipedia.org/wiki/%E7%A4%BE%E4%BC%9A%E5%8C%96%E5%AA%92%E4%BD%93。

[40]刘娟娟:《印象管理及其相关研究述评》,《心理科学进展》2006年第2期。

[41]柳森、沈逸:《政务微博:如何持续积攒人气》,《解放日报》2012年12月1日。

[42]郑幂、魏颖、吴作:《政务微博危机管理》,《挑战与问题》,《电子政务》2012年第6期。

[43]蒋东旭、严功军:《微博问政与公共领域建构》,《新闻研究导论》2010年第4期。

[44]何帆:《政务微博传播特色与功能研究》湖南师范大学学位论文,2013年。

[45]陈力丹、曹文尼:《微博问政的优势及其有效开展的途径》,《人民论坛》2011年第12期。

[46]何舟、陈先红:《双重话语空间:公共危机传播中的中国官方与官方话语互动模式研究》,《国际新闻界》2010年第8期。

[47]刘畅:《地方政府政务微博的传播效应研究》,大连理工大学学位论文,2013年。

[48]张志安、曹艳辉:《政务微博和政务微信:传承与协同》,《新闻与写作》2014年

第 12 期。

[49]张志安、徐晓蕾:《新媒体环境下新闻发布的协同机制》,《新闻与写作》2014年第 4 期。

[50]刘晨:《新媒体传播对意识形态安全的影响探寻》,《新闻研究导刊》2016 年第17 期。

[51]李雪梅:《"互联网+"时代高校意识形态安全的风险与应对》,《安庆师范学院学报》2016 年第 4 期。

[52]陈静:《国内外政务微博研究述评化》,《情报科学》2014 年第 6 期。

[53]王海龙、岳志勇:《权力政治与责任伦理》,《社会科学家》2003 年第 7 期。

[54]国家行政学院电子政务研究中心:《中国政务微博客评估报告 2017》。

[55]人民网:《2016—2021 年人民日报·政务指数微博影响力报告》。

[56]新浪微博:《新浪政务微博报告 2012 年—2021 年》。

三、英文文献

[1]White,L:*Introduction to the Study of Public Administration*,3rd ed.New York:Macmillan,1948.

[2]Terry L.Cooper:*Handbook of Administrative Ethics*.Marcel Dekker,Inc.1994.

[3]Gaus,White,& Dimock.*The Frontiers of Public Administration*,Chicago:University of Chicago Press,1936.

[4]Marx,F:*Public Management in the New Democracy*,New York:Harper & Brothers 1940.

[5]Levitan,D:"The Neutrality of the Public Service",*Public Administration Review* 2,1942.

[6]Gerald M.Pops:"Ethics in Government:A Framework for Analysis",in *Ethics,Government and Public Policy:A Reference Guide*,edited by James S.Bowman and Frederick A.Elliston,Greenwood Press,Inc.1988.

[7]Robert T.Golembiewski,"Organization as Moral Problem",*Public Administration Review*.1962.

[8]Lawrence Kohlberg,"Moral Development and the Education of Adolscents",in Ellis D. Evans ed.,*Adolscents:Readings in Behavior and Development*,Hinsdale,IL:Dryden Press,1970.

[9]AbrahanH.Maslow,*Motivation and Personabity*,2ded,New York,1970.

[10]Djvind Larson,*Administration,Ethics and democracy*,Aldershort:Ashgate,2000.

[11] Willian Scott and Davis K. Hart, *Organizational America*, Boston: Houghton Mifflin, 1979.

[12] Stanley Milgram, *Obedience to Authority: An Experimental View*, New York: Harper & Row, 1974.

后　记

近十年来,随着我国网络和信息化建设的加快,各种数字新媒体的繁荣让政务信息资源的活跃度也随之空前提升,同时给政务新媒体的有序发展带来了挑战。我国政务微博和媒体融合传播经过多年发展,已经极大地改变了媒体生态,也使传统政务信息传播方式呈现出智能化新特征。防范新媒体传播行为失范,一方面靠制度从外部进行规范,另一方面靠伦理从内部进行约束,政务新媒体传播必须建立一些核心伦理理念、形成基本道德共识,而制度伦理化和伦理制度化也已是时代潮流。

随着 2023 年《数字中国建设整体布局规划》的出台,数字技术赋能经济社会发展成为强国建设的基础,"发展高效协同的数字政务""打造自信繁荣的数字文化""构建普惠便捷的数字社会"等具体目标,成为我国政务微博深入发展的又一次新机遇。短视频等各种新媒体及衍生功能性产品日新月异,后疫情时期新媒体相关政策法规的连续出台,也影响着这项研究的不断深化。尽管早在 2018 年国务院办公厅就发布了《关于推进政务新媒体健康有序发展的意见》,但是作为政务微博蓬勃发展的全球网络大国,在走向数字中国和网络强国的征途上,我国迄今尚未出台一部《政务微博行政伦理规约准则》,这正是本书的写作初衷。

互联网科技与人性原本并不对立,因为科技终究是人类文明的产物,并在相当长的时间内以属人的、为人的质的存在而彰显自身。二者之间在伦理和法律方面产生的张力和对立被人类所关注不过三十年,这个历史性的过程中也一直伴随着解决之道的探索。尽管我们总期望有最后的解决方案,但现实发展永远在不断提出新的课题。而目前已在讨论未来的 AI 类技术将把人类价值最终置于何种境地的严肃问题。人类社会在数字时代普惠便捷程度越来越高,挑战也就越多,如何实现从人性技术化到技术人性化的重大转变,其实取决于人类自己以何种价值导向去把握这一问题的主动权。

本书涉及内容有很强的交叉学科特征,涉及技术哲学、行政学、管理学、社会学、伦理学、新媒体技术、新闻传播学、公共政策分析等。国内相关高层次前沿成果较少,资料获得难度大于预期,主要原因是数字传播技术的快速发展和国家新媒体政策方面有待完善。由于新媒体制度建设相对技术进步较缓,加上我国政府机构改革,使部分可操作性问题的分析和解决显得复杂化。为使本书所述内容紧密结合我国具体国情,著者对此做了许多努力。在此特别感谢张雅丽副研究员做了大量案例整理、著述充实和翻译工作,涉及篇幅计 12 万字,使本书内容在学术探索的同时还能以精选的各种代表性案例予以佐证。

新时代十年,在习近平总书记关于网络强国的重要思想引领下,我国信息化建设高质量推进,数字新媒体发展日新月异,同时取得了许多制度化成果。结合数字中国网络强国发展政策,政务微博矩阵发展和微博功能拓展等方面还有很广阔的研究前景。我们正处于人工智能、互联网、大数据等新一轮科技革命和产业变革交织的潮流激荡中,尽管目前很多问题分析起来或许尚存在局限性,加上作者水平有限,总觉得还有许多思考不够成熟,故没有贸然收入本书中。在即将付梓时,又出现了算法推荐信息服务管理和生成式人工智能相关问题的研究新热点,笔者认为在网络强国战略实施背景下,政务微博的定义、功能、形态也在不断演化,因此本书题目有值得继续深化思考研究的更广阔前景。就以这本书抛砖引玉,真诚期待更多同仁能参与到这项研究中来,为中国特色社会主义新时代奉献出更多智慧成果!

2023 年 8 月写于知行居